工业和信息化普通高等教育
"十三五"规划教材立项项目

高等院校
会计学新形态 系列教材
ACCOUNTING

Excel 2016
在会计中的应用

微课版

崔杰 / 主编
姬昂 崔婕 / 副主编

人民邮电出版社
北京

图书在版编目（CIP）数据

Excel 2016在会计中的应用：微课版 / 崔杰主编
. -- 北京：人民邮电出版社，2022.1
高等院校会计学新形态系列教材
ISBN 978-7-115-57254-7

Ⅰ．①E… Ⅱ．①崔… Ⅲ．①表处理软件－应用－会
计－高等学校－教材 Ⅳ．①F232

中国版本图书馆CIP数据核字(2021)第180016号

内 容 提 要

本书以图文并茂的方式，结合大量实例和详尽的操作步骤说明，全面系统地向读者介绍了 Excel 2016
在会计中的具体运用。全书共分 10 章，具体包括 Excel 2016 的基础知识、进阶，以及 Excel 在会计凭证、
会计账簿、会计报表、会计核算流程、应收账款管理、固定资产管理、工资管理、财务分析和评价中的应
用。

本书实例丰富、针对性强，既可作为高等院校信息系统、信息管理、会计学及相关专业的教材，也可
作为 Excel 会计应用的培训教材，还可作为广大 Excel 使用者的参考书。

◆ 主　编　崔　杰
　　副主编　姬　昂　崔　婕
　　责任编辑　刘向荣
　　责任印制　李　东　胡　南

◆ 人民邮电出版社出版发行　　北京市丰台区成寿寺路 11 号
　　邮编　100164　　电子邮件　315@ptpress.com.cn
　　网址　https://www.ptpress.com.cn
　　北京盛通印刷股份有限公司印刷

◆ 开本：787×1092　1/16
　　印张：14.5　　　　　　　2022 年 1 月第 1 版
　　字数：398 千字　　　　　2025 年 9 月北京第 4 次印刷

定价：49.80 元

读者服务热线：(010)81055256　印装质量热线：(010)81055316
反盗版热线：(010)81055315

前 言 Preface

Excel 是 Office 系列软件中用于创建和维护电子表格的应用软件，它不仅具有强大的制表和绘图功能，而且还内置了数学、财务、统计和工程等多种函数，同时也提供了数据管理与分析等多种方法和工具。用户通过它可以进行各种数据处理、统计分析和辅助决策操作，因此 Excel 被广泛地运用于财务、会计、管理等领域。

本书以图文并茂的方式，结合大量实例和详尽的操作步骤说明，向读者全面地介绍了 Excel 2016 在会计中的运用方法。各章的具体内容如下。

第 1 章主要介绍 Excel 2016 的工作界面、工作表和单元格的操作方法，公式、函数等功能的应用；第 2 章主要介绍数据管理与分析、图表、图形与艺术字等高级应用，使读者对 Excel 的理解再上一个新台阶；第 3 章～第 5 章主要结合会计工作的账务处理程序，分别讲解了如何利用 Excel 编制会计凭证、会计账簿和会计报表；第 6 章是用 Excel 进行会计核算的综合案例，即运用所学的知识，通过一套完整的案例，使读者对使用 Excel 进行会计核算有更深入、更全面的认识；第 7 章介绍了 Excel 在应收账款管理中的应用，主要包括对现有应收账款进行统计、对逾期应收账款进行分析及计提坏账准备等；第 8 章介绍了 Excel 在固定资产管理中的应用，主要包括如何计算固定资产累计折旧、账面价值等；第 9 章介绍了 Excel 在工资管理中的应用，主要包括工资数据的查询、汇总分析等；第 10 章介绍了 Excel 在财务分析和评价中的应用，主要包括利用 Excel 对企业财务报表进行比率分析、趋势分析、比较分析和综合分析等。

本书为河南省高等学校青年骨干教师资助计划（课题号码：2014 GGJS-154）的阶段性成果，是多人智慧的结晶。编者都是多年从事教学工作并有丰富实践经验的老师。本书由崔杰担任主编，负责大纲拟定、全书总纂，姬昂、崔婕担任副主编。具体编写分工如下：第 1 章、

第 9 章由崔杰负责编写；第 2 章由崔杰和崔婕共同负责编写；第 3 章～第 5 章由崔婕负责编写；第 6 章和第 7 章由姬昂负责编写；第 8 章和第 10 章由赵小雅负责编写。本书的编纂工作得到了高光辉、董帅、付强等人的支持与帮助，在此特向他们表示感谢。本书的编写参考了相关文献，在此向这些文献的作者深表谢意。

编　者

2021 年 12 月

目 录 Contents

Excel 2016 的基础知识 | 第1章

![笔记图标] **本章的学习目标**

- 认识 Excel 2016 的工作界面
- 熟悉自定义工作环境
- 掌握 Excel 2016 的常用操作
- 了解 Excel 2016 的公式并熟练运用
- 了解 Excel 2016 的常用函数并灵活运用

Excel 是微软公司开发的用于对图表、数据等进行处理的工具，是目前市场上非常强大的电子表格制作软件，它和 Word、PowerPoint、Access 等软件一起，构成了 Microsoft Office 办公软件的完整体系。它不仅具有强大的数据组织、计算、分析和统计功能，还可以通过图表、图形等多种形式将处理结果形象地显示出来，并且能够方便地与 Office 其他软件互相调用数据，甚至能够通过 Internet 功能实现资源共享。Excel 自发布以来得到了广大用户的认可，至今已发布了多个版本，本书以 Excel 2016 为基础来介绍相关内容。

对于未曾用过 Excel 的用户来说，第一次运行 Excel 时，可能会因不熟悉 Excel 的界面、菜单和工具而不知所措。本章的主要目的便是帮助初学者建立对 Excel 的感性认识。实际上，Excel 的工作界面与 Office 系列其他软件的工作界面类似。作为功能强大的电子表格软件，Excel 具有很强的数据计算功能。用户可以在单元格中直接输入公式或者使用 Excel 提供的函数对工作表中的数据进行计算与分析。通过本章的学习，读者应能够熟练使用 Excel 的基本功能进行数据计算。

1.1

Excel 2016 的工作界面

随着计算机对人类社会的全方位渗透，面向各行各业的计算机应用应运而生。电子表格软件是一种高效的数据通信、组织、管理和分析工具，备受瞩目。作为办公自动化不可缺少的 Excel 正是其中的佼佼者。

Excel 2016 的工作界面主要由标题栏、功能区、名称框、编辑栏、工作区、状态栏和滚动条等部分组成，如图 1-1 所示。

1.1.1 标题栏

标题栏位于 Excel 2016 窗口的最上方，用于显示当前工作簿和窗口名称，由快速访问工具栏、工作簿名称和控制按钮等组

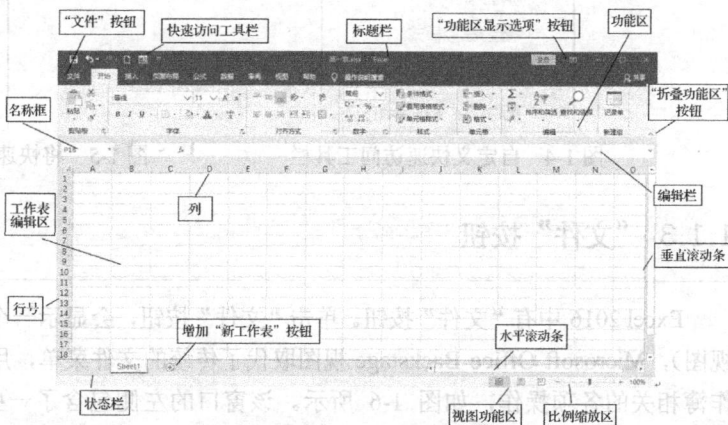

图 1-1　Excel 2016 的工作界面

成，如图 1-2 所示。标题栏的最左端是快速访问工具栏。标题栏的最右端是用于对 Excel 窗口进行操作的控制按钮，分别为"最小化"按钮 ▬、"最大化"按钮 ▢/"还原"按钮 ▣、"关闭"按钮 ✕，以及"功能区显示选项"按钮 ▣，单击按钮即可对窗口进行相应的操作。其中，"功能区显示选项"按钮为新增按钮，用于显示或隐藏功能区。

图 1-2　标题栏

1.1.2　快速访问工具栏

快速访问工具栏是 Excel 2016 左上角的一个工具栏，其中包含"保存"按钮 ▣、"撤消"按钮 ↶ 和"恢复"按钮 ↷ 等，如图 1-3 所示。

图 1-3　快速访问工具栏

快速访问工具栏可以放置在功能区的下方。单击快速访问工具栏右侧的"自定义快速访问工具栏"按钮 ▾，弹出"自定义快速访问工具栏"菜单，如图 1-4 所示。选择"在功能区下方显示"命令，可以将快速访问工具栏移动到功能区下方，效果如图 1-5 所示。

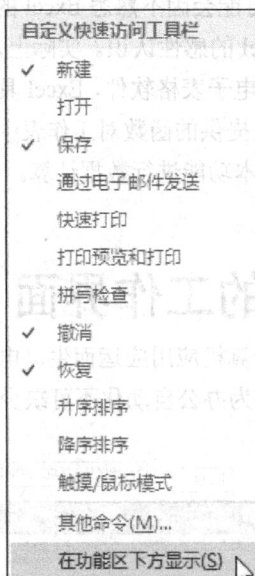

图 1-4　自定义快速访问工具栏　　　　　图 1-5　将快速访问工具栏移动到功能区的下方

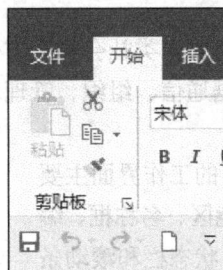

1.1.3　"文件"按钮

Excel 2016 中有"文件"按钮。单击"文件"按钮，会显示一个窗口（Microsoft Office Backstage 视图），Microsoft Office Backstage 视图取代了传统的文件菜单，用户只需通过单击，即可执行与工作簿相关的各项操作，如图 1-6 所示。该窗口的左侧包含了一些命令，要退出 Microsoft Office Backstage 视图，单击左上角的"返回"按钮即可。

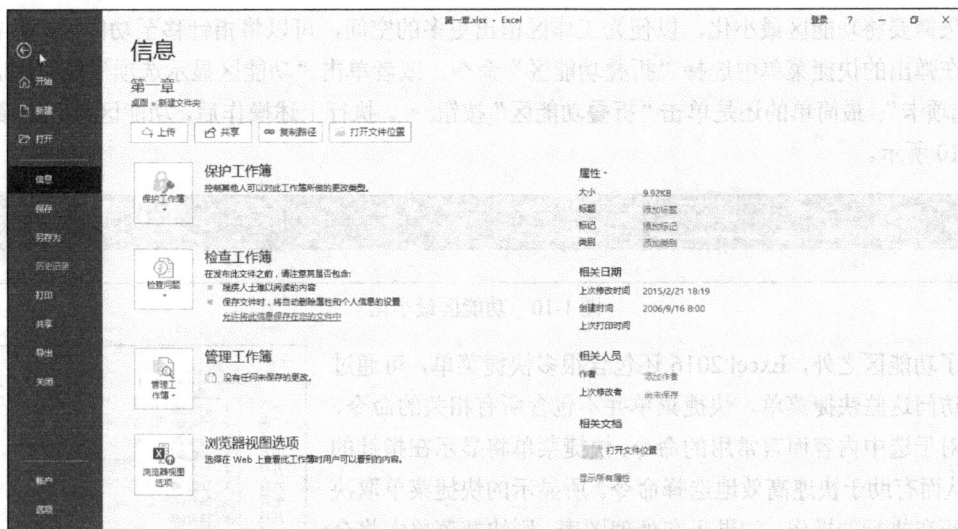

图 1-6　Microsoft Office Backstage 视图

1.1.4　功能区

Excel 2007 放弃了沿用多年的下拉菜单,将各个命令精心组织,以功能区这一全新的面貌出现。Excel 2016 沿用了 Excel 2007 中的功能区。功能区位于标题栏的下方,由一排选项卡组成较宽的带形区域,其中包含各种按钮和命令,如图 1-7 所示。默认情况下,功能区由开始、插入、页面布局、公式、数据、审阅、视图等选项卡组成。

图 1-7　功能区

各组成部分的含义如下。

(1)选项卡:每个选项卡代表在 Excel 中执行的一组核心任务,如图 1-8 所示。

(2)组:每个选项卡包含一些功能类似的组并且将组中相关项显示在一起,如图 1-8 所示。

(3)命令:选项卡的各种按钮或者菜单项,如图 1-8 所示。

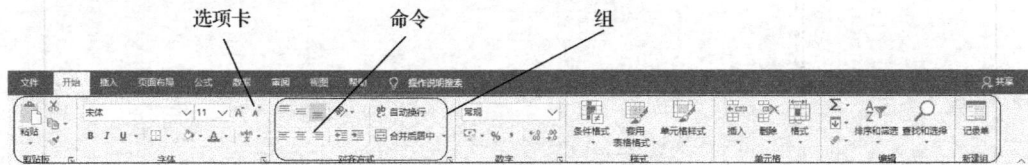

图 1-8　选项卡、组、命令

功能区中的各选项卡提供了不同的命令,并将相关命令进行了分组。使用功能区的方法很简单,单击需要使用的功能按钮即可。指针指向某个功能按钮并在其上停留片刻,将会出现该按钮的功能说明。

有些功能按钮含有下拉按钮,单击下拉按钮可以打开下拉菜单,从中可以选择该功能的子功能,如图 1-9 所示。下拉菜单在很大程度上简化了复杂的对话框设置。

图 1-9　下拉菜单

如果需要将功能区最小化，以便为工作区留出更多的空间，可以将指针移至功能区，单击鼠标右键，在弹出的快捷菜单中选择"折叠功能区"命令；或者单击"功能区显示选项"按钮 ，选择"显示选项卡"；最简单的还是单击"折叠功能区"按钮 ∧。执行上述操作后，功能区就会隐藏起来，如图 1-10 所示。

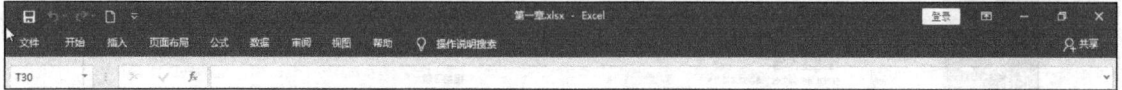

图 1-10　功能区最小化

除了功能区之外，Excel 2016 还包含很多快捷菜单，可通过右击来访问这些快捷菜单。快捷菜单并不包含所有相关的命令，但包含对于选中内容而言常用的命令。快捷菜单将显示在指针的位置，从而有助于快速高效地选择命令。所显示的快捷菜单取决于当前正在执行的操作。如果正在处理图表，则快捷菜单中将会包含有关选定图表元素的命令，如图 1-11 所示。

1.1.5　启动器按钮

启动器按钮 位于选项卡中某个组的右下方，单击某个组的启动器按钮，即可打开对应组的对话框或者任务选项，如图 1-12 所示。

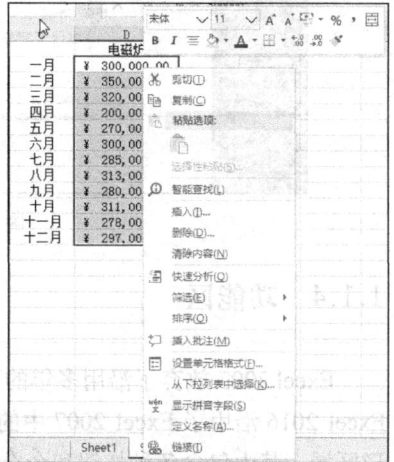

图 1-11　快捷菜单

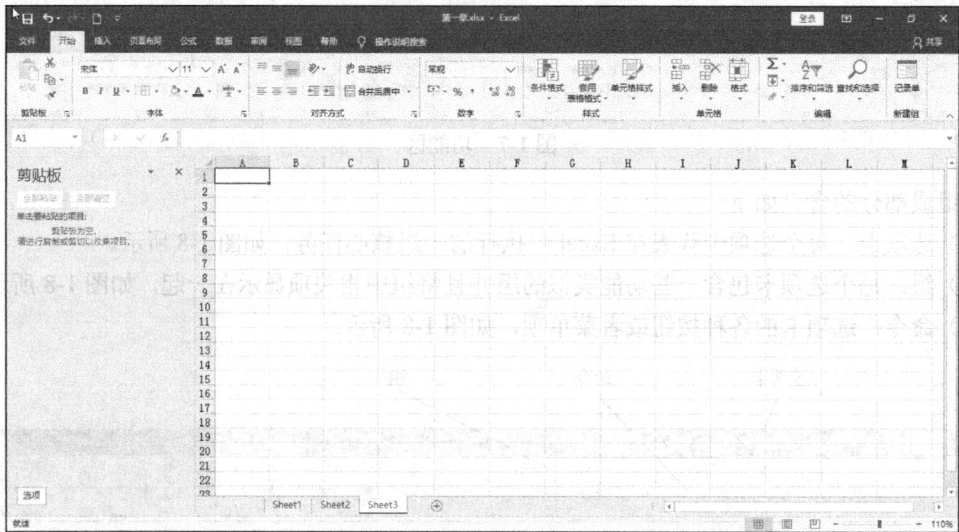

图 1-12　启动器按钮

1.1.6　名称框与编辑栏

名称框和编辑栏位于功能区的下方，如图 1-13 所示。名称框用于显示当前单元格或单元格区域的名称，如果单元格还未命名，则名称框显示该单元格的坐标。编辑栏用于显示当前活动单元格中的内容。

名称框 —— —— 编辑栏

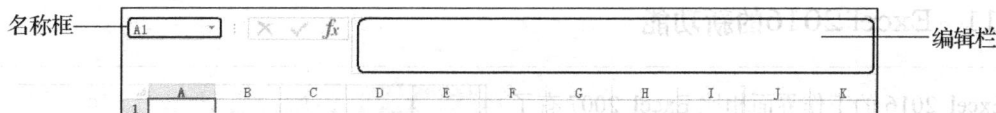

图 1-13　名称框和编辑栏

1.1.7　工作区

工作区是 Excel 的主要工作区域，即由行线和列线组成的表格区域，用于显示或者编辑工作表中的数据。它是占据屏幕最大且用于记录数据的区域，所有的信息都将存放于此，如图 1-14 所示。

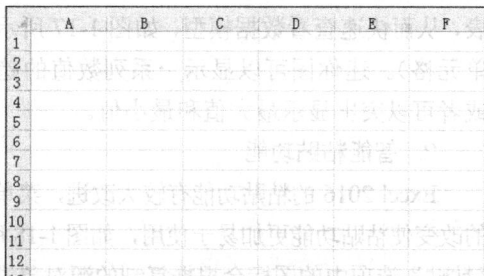

图 1-14　工作区

1.1.8　工作表标签

工作表标签位于工作表区域的左下方，如图 1-15 所示。工作表标签用于显示工作表的名称，可以通过单击"新工作表"按钮 ⊕ 来增加新的工作表。想要切换工作表，只需单击工作表标签就可以激活相应的工作表。

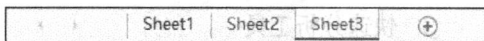

| ‹ › | Sheet1 | Sheet2 | Sheet3 | ⊕ |

图 1-15　工作表标签

1.1.9　状态栏

状态栏位于工作表区域的下方，如图 1-16 所示，状态栏不仅可以显示当前命令或操作的相关信息，而且可以根据当前的操作显示相应的提示信息。

就绪　　　　　　　　　　　　　　　　　　　　　　　　　　　　　⊞ ▤ ▥ － ——●—— ＋ 110%

图 1-16　状态栏

默认情况下，在状态栏的右侧显示视图切换区和比例缩放区。单击视图切换区的按钮 ⊞ ▤ ▥ 可以快速选择合适的视图方式，通过拖动比例缩放区中的滑块可以快速设置工作表编辑区的显示比例。

1.1.10　水平、垂直滚动条

水平、垂直滚动条分别位于工作表区域的右下方和右边，如图 1-1 所示。水平、垂直滚动条用于在水平、垂直方向改变工作表的可见区域。滚动条的使用方法有以下 3 种。

（1）单击滚动条两端的方向按钮，单击一次则工作表区域向指定的方向滚动一个单元格位置；如果长按鼠标，则工作表区域将一格一格地持续滚动。

（2）单击滚动条内的空白区，工作表区域将以一次一屏的频率向指定的方向滚动。

（3）拖动滚动条中的小方块，在拖动的过程中，屏幕将显示所移动到的行号或者列号，释放鼠标后，工作表区域将显示所移动到的区域。

1.1.11　Excel 2016的新功能

Excel 2016 的工作界面相比 Excel 2007 有了新的变化，同时也新增了一些功能。

1. 迷你图功能

迷你图是 Excel 2016 中的一个新功能，借助迷你图功能，用户可以在同一单元格中创建小图表，从而快速查看数据模型，如图 1-17 所示（C3 单元格）。迷你图可以显示一系列数值的趋势，或者可以突出显示最大值和最小值。

2. 智能粘贴功能

Excel 2016 的粘贴功能有较大改进，菜单格式的改变使粘贴功能更加易于使用，如图 1-18 所示。"粘贴"选项中的图标会根据复制的源对象进行自动调整。

图 1-17　迷你图

3. 快速分析工具

用户使用新增的"快速分析"工具，可以在两步内将数据转换为图表或表格，预览使用条件格式的数据、迷你图或图表，并且仅需一次单击即可完成选择。图 1-19 中，选择包含要分析数据的单元格，单击显示在选定数据右下方的"快速分析"按钮 ▦（或按"Ctrl+Q"快捷键），然后在"快速分析"库中选择所需的选项卡。

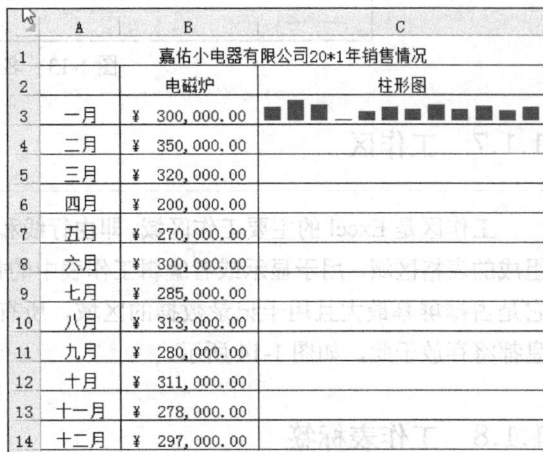

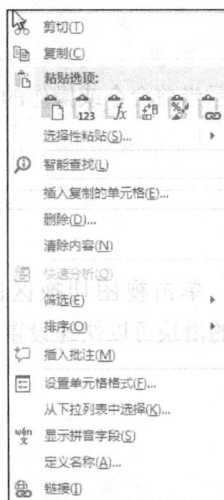

图 1-18　智能粘贴功能

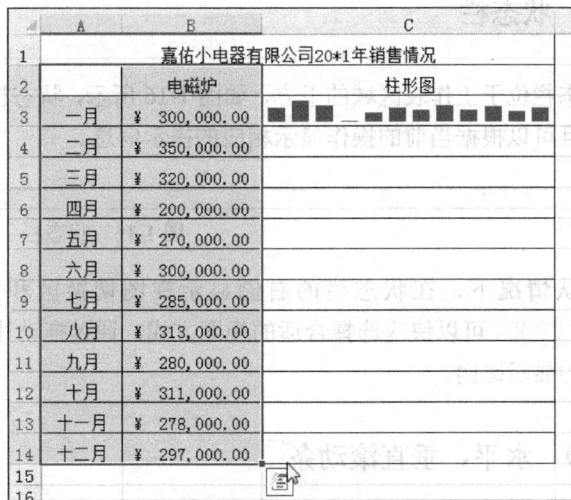

图 1-19　快速分析

"快速分析"库中可供选择的内容会随着在工作簿中选定的不同数据类型而改变。

"格式化"选项卡用于添加数据条和颜色等以突出显示部分数据，如图 1-20 所示。这样可以迅速看到高值和低值。

"图表"选项卡用于根据所选的数据类型建立不同图表。如果没有看到所需的图表，可单击"更多图表"，如图 1-21 所示。

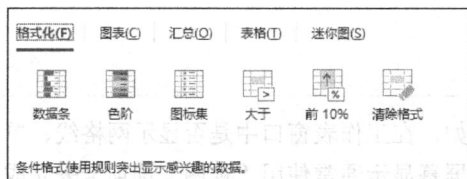

图 1-20 "快速分析"库—"格式化"选项卡

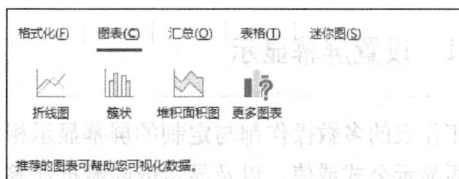

图 1-21 "快速分析"库—"图表"选项卡

"汇总"选项卡用于计算列和行中的数字。例如，"求和"用于计算数字之和，当向数据添加条目时，该数值会增大。单击左右两侧的黑色小箭头，可以查看其他选项，如图 1-22 所示。

"表格"选项卡用于轻松地排序、筛选和汇总数据。"空白数据"用于生成报表，从数据透视表列表字段中选择字段，如图 1-23 所示。

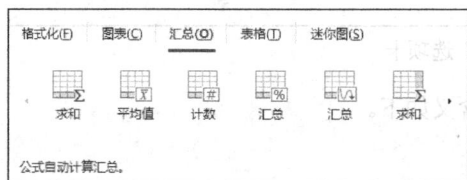

图 1-22 "快速分析"库—"汇总"选项卡

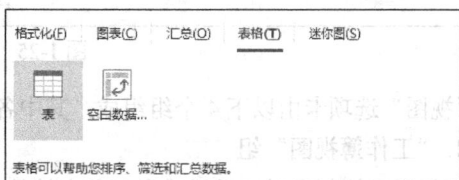

图 1-23 "快速分析"库—"表格"选项卡

迷你图是指可随数据一起显示的小图形。"迷你图"选项卡用于快速查看所选数据区域的趋势，如图 1-24 所示。

4．快速填充功能

"快速填充"能像数据助手一样帮用户完成工作。当检测到用户需要进行的工作时，"快速填充"会根据从数据中识别的模式，一次性输入剩余数据。快速填充是 Excel 2016 中新增的一项功能，它能让一些不

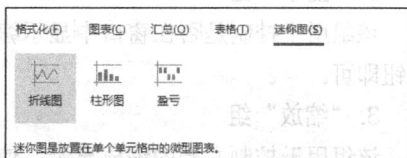

图 1-24 "快速分析"库—"迷你图"选项卡

太复杂的字符串处理工作变得更简单。在之前的版本中，使用单元格填充可以进行复制、按照一定的序列规律自动扩展等。而现在，除了上述功能以外，"快速填充"还能实现日期拆分、字符串分列和合并等以前需要借助公式或"分列"功能才能实现的功能。

快速填充必须在数据区域的相邻列使用，在横向填充过程中不起作用。使用快速填充有很多途径，至少有以下三种方式可以实现。

（1）选中填充起始单元格以及需要填充的目标区域，然后在"数据"选项卡中单击新增的"快速填充"按钮。

（2）选中填充起始单元格，使用双击或拖动填充柄（指针移至单元格右下角，出现黑色十字形图标）的方式填充至目标区域，填充完成后右下角会显示"自动填充选项"按钮，单击按钮出现下拉菜单，在其中选择"快速填充"命令。

（3）选中填充起始单元格以及需要填充的目标区域，按"Ctrl+E"快捷键。

除以上介绍的新增功能之外，Excel 2016 还新增了实时预览功能、增强数据透视表功能，以及更加智能的推荐数据透视表和推荐图表等功能。

1.2 自定义工作环境

用户在使用 Excel 2016 进行数据处理时，对工作环境中的某些参数进行设置，如设置工作表中网格线的颜色、设置是否显示滚动条等，可以通过系统设置来实现。

1.2.1 设置屏幕显示

工作表的多数操作都与定制的屏幕显示相关。例如，在工作表窗口中是否显示网格线、单元格中是否显示公式或值，以及显示或隐藏批注等。更改屏幕显示通常使用"视图"选项卡来完成，如图1-25所示。

图1-25 "视图"选项卡

"视图"选项卡由以下4个组组成，其中各组的含义如下。

1. "工作簿视图"组

该组用于控制查看、显示或者预览文档的外观。

2. "显示"组

该组用于控制是否在窗口中显示编辑栏、网格线和标题，用户只需选中或取消选中相应的命令按钮即可。

3. "缩放"组

该组用于控制文档的缩放显示，使文档缩放为用户所需的比例要求。单击"缩放"按钮，选择所需的缩放比例，然后单击"确定"按钮即可。

4. "窗口"组

"窗口"组用于设置工作窗口显示的方式。

1.2.2 设置默认值

如果不对Excel 2016进行设置，Excel 2016系统将自动使用其默认设置。在实际应用中，如果一些经常用的默认值不符合需要，可以对其进行修改。

1. 设置工作表中的字体、字号以及工作表的数量

单击"文件"按钮，在打开的窗口中单击"选项"标签，打开"Excel选项"对话框，在该对话框中单击"常规"标签，如图1-26所示。在"新建工作簿时"选项组中单击"使用此字体作为默认字体"下拉按钮，从下拉列表中选择需要使用的字体，单击"字号"下拉按钮，从下拉列表中选择需要使用的字号，然后单击"确定"按钮即可设置工作表中的字体及其大小。在"新建工作簿时"选项组的"包含的工作表数"文本框中输入所需工作表的数量，然后单击"确定"按钮即可设置工作簿中工作表的数量。

2. 设置默认文件位置

单击"文件"按钮，在打开的窗口中单击"选项"标签，在打开的"Excel选项"对话框中单击"保存"标签，如图1-27所示。在该选项卡的"默认本地文件位置"文本框中输入默认保存路径，然后单击"确定"按钮即可设置默认保存位置。除此之外，在"Excel选项"对话框中还可以对自定义功能区、快速访问工具栏等进行设定。

图 1-26 "Excel 选项"对话框"常规"界面

图 1-27 "Excel 选项"对话框"保存"界面

1.2.3 自定义状态栏

在状态栏上右击，在弹出的快捷菜单中可以通过选中或取消选中命令来实现在状态栏上显示或隐藏的信息，如图 1-28 所示。

1.2.4 自定义快速访问工具栏

如果要自定义快速访问工具栏，单击快速访问工具栏右侧的"自定义快速访问工具栏"按钮，在弹出的"自定义快速访问工具栏"菜单中选择其中的命令，添加后，此命令前会出现 ✓ 标记。若要将其从快速访问工具栏中移除，则把 ✓ 标记取消即可，如图 1-29 所示。选择"新建"命令，将"新建"按钮□添加到快速访问工具栏中，添加效果如图 1-30 所示。

图 1-28 "自定义状态栏"菜单

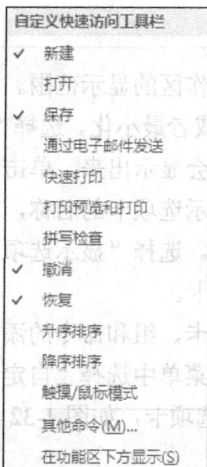

图 1-29 "自定义快速访问工具栏"菜单

图 1-30 添加"新建"按钮

Excel 2016 将某些早期版本中的功能设定为选择性命令，如果要在 Excel 2016 中使用这些命令，则选择"自定义快速访问工具栏"菜单中的"其他命令"命令，弹出"Excel 选项"对话框，此时已显示为"快速访问工具栏"选项卡，如图 1-31 所示。在右侧窗格中单击"添加"按钮，将左侧列表中的命令添加到右侧列表中，即可将该命令添加到快速访问工具栏中。当不需要该命令时，在右侧的命令列表中选中要删除的命令，单击"删除"按钮，即可将该命令从快速访问工具栏中移除。

图 1-31 "Excel 选项"中的"快速访问工具栏"

1.2.5 自定义功能区

Excel 2016 中可以将功能区隐藏或者最小化，以便扩大工作区的显示范围。单击标题栏右侧的"功能区显示选项"按钮，选择相应命令即可将功能区隐藏或者最小化。选择"自动隐藏功能区"命令，则功能区全部隐藏，单击应用程序的最顶部，功能区则会显示出来，单击工作区，功能区则继续保持隐藏状态。若选择"显示选项卡"命令，功能区只显示选项卡的名称，单击任意选项卡，选项卡则会浮于工作区的上方，单击工作区，选项卡就会消失。选择"显示选项卡和命令"命令，可将功能区按照默认形式显示，即始终显示功能区命令和选项卡。

功能区中的各选项卡可由用户自定义，包括功能区中选项卡、组和命令的添加、删除、重命名以及次序调整等操作。在功能区的空白处右击，在弹出的快捷菜单中选择"自定义功能区"命令，打开"Excel 选项"对话框，此时已显示为"自定义功能区"选项卡，如图 1-32 所示，在右侧的窗格中可以实现功能区的自定义。

图 1-32　"Excel 选项"中的"自定义功能区"

　　单击"自定义功能区"窗格下方的"新建选项卡"按钮，系统自动创建一个选项卡和一个组，单击"确定"按钮，功能区中即会出现新建的选项卡和组，如图 1-33 所示。在"自定义功能区"窗格右侧的列表中选择新添加的选项卡，单击"删除"按钮，即可从功能区中删除此选项卡。

　　在"自定义功能区"窗格右侧的列表中选择任一选项卡，单击下方的"新建组"按钮，系统会在此选项卡中创建组，单击"确定"按钮即可，如图 1-34 所示。在"自定义功能区"窗格右侧的列表中选择添加的组，单击"删除"按钮，即可从选项卡中删除此组。

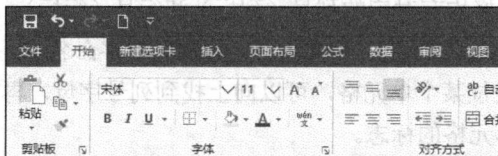

图 1-33　新建选项卡结果

图 1-34　新建组结果

　　在"自定义功能区"窗格右侧的列表中单击要添加命令的组，再单击左侧列表中要添加的命令，然后单击"添加"按钮，即可将此命令添加到指定的组中，单击"确定"按钮即可在功能区找到这些命令，如图 1-35 所示。但命令只能添加到自定义组中。在右侧列表中选择添加的命令，单击"删除"按钮，即可从组中删除此命令。

　　在"自定义功能区"窗格右侧的列表中选择任一选项卡，单击下方的"重命名"按钮，在弹出的"重命名"对话框中输入名称，单击"确定"按钮即可。重命名组、命令的操作和重命名选项卡的操作一致。重命名后的功能区如图 1-36 所示。可以通过单击"自定义功能区"窗格右侧的"上移"按钮 · 、"下移"按钮 · 来调整选项卡、组、命令的顺序。

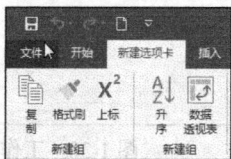

图 1-35　在自定义组中添加命令结果

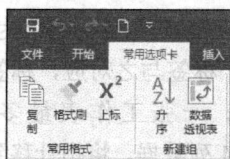

图 1-36　重命名选项卡和组结果

1.3 常用操作

Excel 的基本操作主要包括创建工作表、编辑工作表和修饰工作表等内容，下面分别进行详细介绍。

1.3.1 Excel的操作对象

Excel 的基本操作对象包括单元格、工作表、工作簿和工作范围，以下分别对其进行介绍。

1. 单元格

可以说单元格是工作簿的基本操作对象的核心，也是组成 Excel 工作簿的最小单位，如图 1-37 所示，图中的白色长方格就是单元格。单元格可以记录字符或者数据。在 Excel 的操作中，一个单元格内记录的信息多少并不重要，关键是以单元格作为整体进行操作。实际上，单元格的长度、宽度及单元格内字符串的类型是可以根据需要进行改变的。

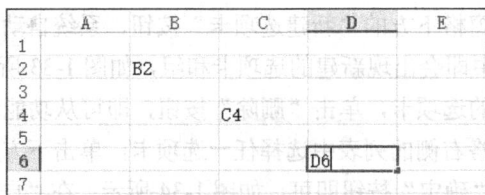

图 1-37 单元格示例

单元格可以通过位置标识，每一个单元格均有对应的列号（列标）和行号（行标）。工作表由单元格组成，纵向为列，分别以字母命名（A，B，C，…）；横向为行，分别以数字命名（1，2，3，…）。B2、C4、D6 等就是相应单元格的位置，定位某个单元格，可以向上找到列号字母，再向左找到行号数字，将它们结合在一起就可以作为该单元格的标志。

2. 工作表

用户使用工作表可以对数据进行组织和分析，可以同时在多张工作表上输入并编辑数据，并且可以对来自不同工作表的数据进行汇总计算。在创建图表之后，既可以将其置于源数据所在的工作表上，也可以将其放置在单独的图表工作表上。

工作表的名称显示于工作簿窗口底部的工作表标签上。要从一张工作表切换到另一张工作表进行编辑，可以单击工作表标签。活动工作表的名称以下划线显示。可以在同一工作簿内或两个工作簿之间对工作表进行改名、添加、删除、移动或复制等操作。

图 1-38 所示的工作表，当前的名字为 Sheet3。每张工作表均有一个标签与之对应，标签名称就是工作表的名称。一张工作表最多可以有 1 048 576 行、16 384 列数据。将指针移到工作表

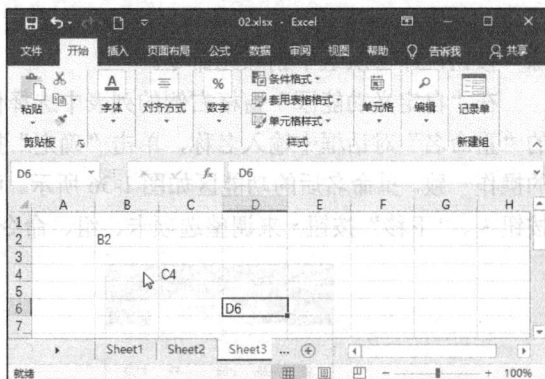

图 1-38 工作表

中的某一单元格上单击,该单元格的边框将变为粗线,表示该单元格已被选中。图 1-38 中选中的单元格是 D6 单元格,即 D 列第 6 行。在工作表中选中单元格后,即可输入字符串、数字、公式和图表等信息。

3. 工作簿

Excel 工作簿是计算和储存数据的文件,每一个工作簿都可以包含多张工作表,因此,可在单个文件中管理各种类型的相关信息。图 1-38 所示的工作簿就有 3 张工作表,分别是 Sheet1、Sheet2 和 Sheet3,当前的工作表是 Sheet3。

在工作簿中,要切换到相应的工作表,只需单击工作表标签,相应的工作表就会成为当前工作表,而其他工作表就会被隐藏起来。如果想要在屏幕上同时看到一个工作簿中的多张工作表(比如 Sheet3 和 Sheet2),只需打开该工作簿并且显示其中的一张工作表 Sheet3,然后执行以下操作步骤。

(1)选择"视图"|"窗口"|"新建窗口"命令。

(2)单击新建窗口中的 Sheet2。

(3)选择"视图"|"窗口"|"全部重排"命令,如图 1-39 所示。

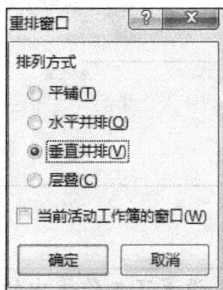

(4)在图 1-40 所示的"重排窗口"对话框中,选中"垂直并排"单选按钮,单击"确定"按钮,就可以在同一个工作簿中同时看到 Sheet2 和 Sheet3 工作表,如图 1-41 所示。

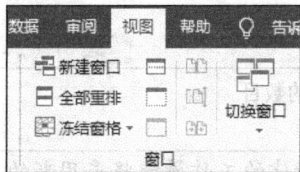

图 1-39 "视图"|"窗口"|"全部重排"命令　　　　图 1-40 "重排窗口"对话框

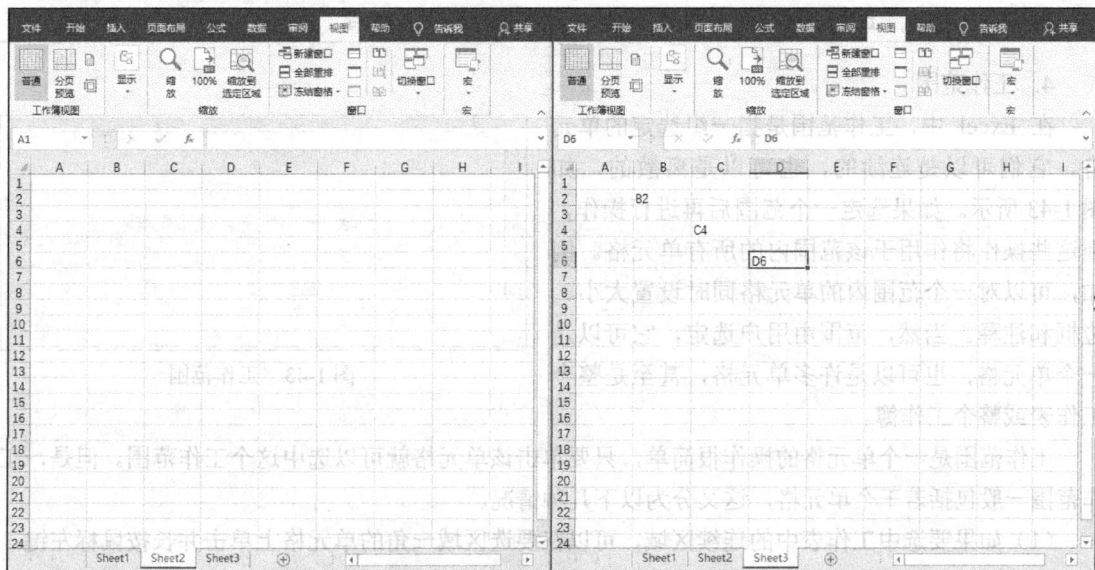

图 1-41 一个工作簿中显示多张工作表

可以根据需要决定一个工作簿包含多少工作表,具体操作步骤如下。

（1）单击"文件"按钮，在打开的窗口中单击"选项"标签。

（2）打开"Excel 选项"对话框，在"常规"选项卡下，修改"新建工作簿时"选项组下"包含的工作表数"文本框中的数字，然后单击"确定"按钮，如图 1-42 所示。

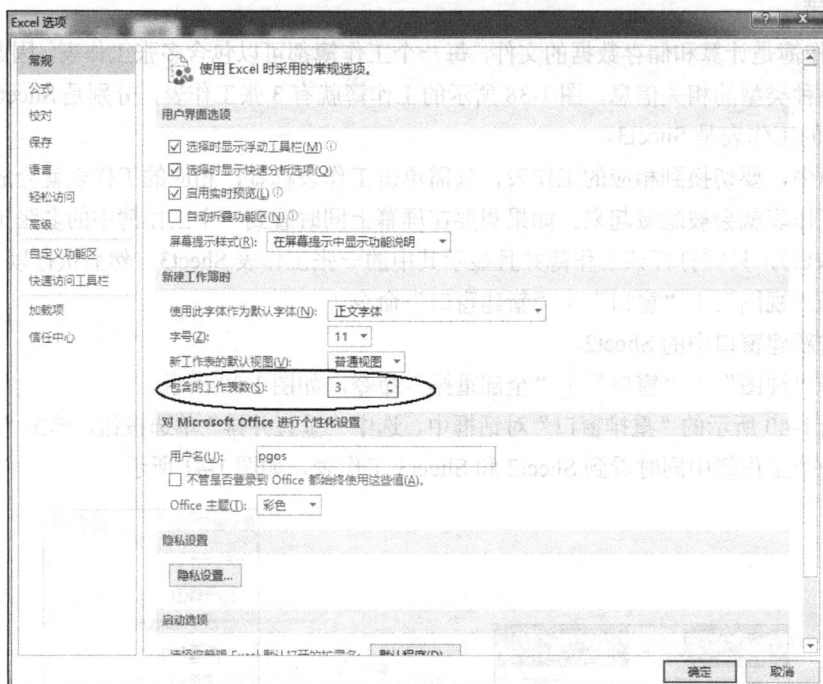

图 1-42　设置工作表的数目

> **注意**　设置了工作簿中的工作表数后，以后新建的工作簿就将采用新的工作表数目，当前工作簿的工作表数并不改变，而且，实际上一个工作簿中的工作表可以任意增加或删减，上述方法只用来设置新建工作簿中的工作表数目。

4. 工作范围

在 Excel 中，工作范围是指一组选定的单元格，它们可以是连续的，也可以是离散的，如图 1-43 所示。如果选定一个范围后再进行操作，则这些操作将作用于该范围内的所有单元格。例如，可以对一个范围内的单元格同时设置大小、边框和注释。当然，范围由用户选定，它可以是一个单元格，也可以是许多单元格，甚至是整个工作表或整个工作簿。

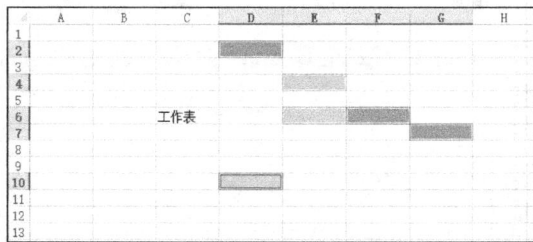

图 1-43　工作范围

工作范围是一个单元格的操作很简单，只要单击该单元格就可以选中这个工作范围。但是，工作范围一般包括若干个单元格，这又分为以下几种情况。

（1）如果要选中工作表中的连续区域，可以在要选区域一角的单元格上单击并长按鼠标左键，然后拖动鼠标，这时屏幕上会出现一片灰色区域，当这片灰色区域刚好覆盖要选中的区域时，释放鼠标左键，此区域就被选中为工作范围。

（2）如果要选中不相连的区域，可以按住 Ctrl 键，再选择单个或多个单元格即可，作为工作范围。

（3）如果要选中一列或一行，可以单击列号区的字母或者行号区的数字，则该列或者该行就被选中为工作范围。

（4）如果单击行号区和列号区的交界处，即选中工作区左上角的单元格，则整个工作表都被选中为工作范围。

1.3.2　数据的快速填充

在表格中经常要输入一些有规律的数据，如果按常规逐个输入这些数据，则既费时又容易出错。下面介绍如何又快又准确地输入有规律的数据。

1. 在多个单元格中输入相同的数据

如果表格中有很多单元格的内容是相同的，显然逐个单元格重复输入是很麻烦的。有没有一次就可以填充多个单元格的方法呢？有的。

首先选择需要输入相同数据的多个单元格，然后输入数据。这时候，只在活动单元格（最后选取的单元格）中显示输入的内容。最后，同时按 Ctrl 和 Enter 键，在所有选中的单元格中都将出现输入的数据，如图 1-44 所示。

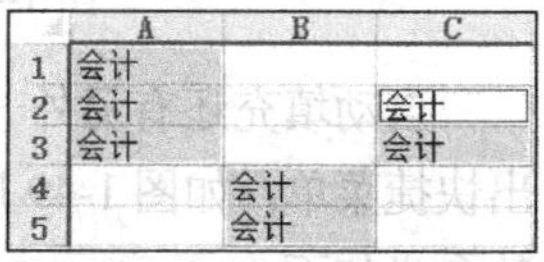

图 1-44　输入相同数据

> **注意**　一定要同时按 Ctrl 和 Enter 键。如果只按 Enter 键，那么只会在活动单元格中输入数据。

2. 自动输入功能

如果在单元格中输入的起始字符与该列已有单元格中的内容相符，那么 Excel 可以自动输入其余的字符，如图 1-45 所示。按 Enter 键可以确认自动输入的字符。如果不想采用自动输入的字符，想继续输入就可以忽略它。按 BackSpace 键可以清除自动输入的字符。

自动输入功能还有另外一种形式。在单元格上单击鼠标右键，然后在弹出的快捷菜单中选择"从下拉列表中选择"命令，Excel 将列出所在列所有相邻单元格中的内容供用户选择，如图 1-46 所示。

图 1-45　自动输入

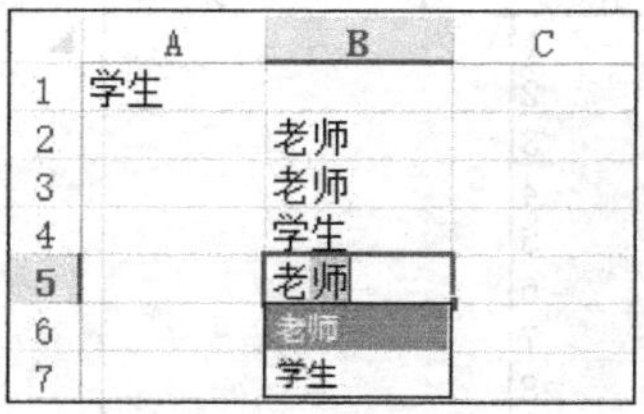

图 1-46　选择列表

3. 自动填充

如果需要输入的数字或文字数据并不完全一样，而是遵循某种规律，那么该如何处理呢？例如，需要输入 1～100 作为编号。显然，逐个手动输入是很麻烦的。这时就需要用到 Excel 的自动填充功能在连续的单元格内产生有规律的序列。

首先，应建立一段有规律的数据，然后选中它们。这段有规律的数据既可以在同一列，也可以在同一行，但是必须在相邻的单元格中。

假设建立了1~2的一个序列，如图1-47所示。

向下拖动填充柄到合适的位置后释放鼠标，Excel 就会按照已有数据的规律来填充选中的单元格，如图1-48所示。

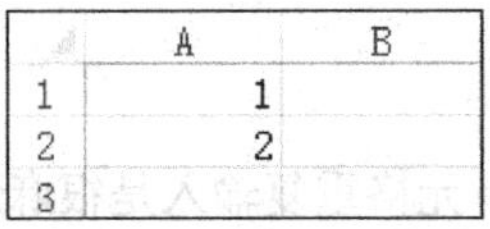

图1-47　自动填充前

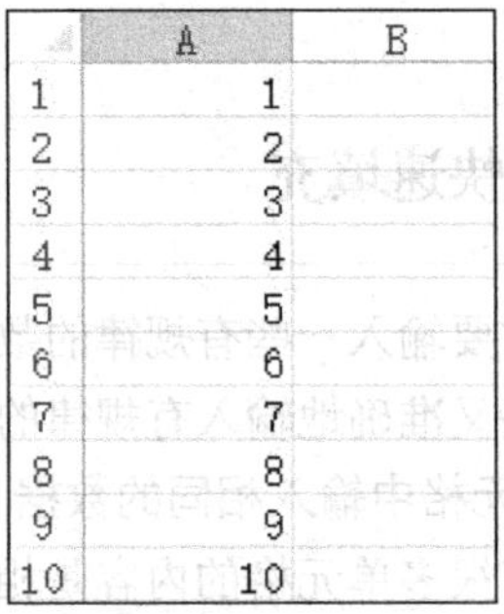

图1-48　自动填充后

自动填充还有另外一种方式。如果长按鼠标右键拖动填充柄，单击出现的下拉按钮 ，将会弹出快捷菜单，如图1-49所示。在这个快捷菜单中，可以改变填充的方式或指定填充的规律。各命令的含义如下。

（1）"复制单元格"指复制选中的单元格中的内容到拖动范围内其他的单元格中。

（2）"填充序列"指按照选中的单元格中数据的规律进行填充。

（3）"仅填充格式"指仅填充格式而不填充数据。

（4）"不带格式填充"指按照新单元格的格式填充数据。

（5）"快速填充"指根据从数据中识别的模式，一次性输入剩余数据。

使用 Excel 处理日常事务时，经常需要填充日期序列。Excel 提供了十分方便的日期填充功能。首先在单元格中输入一个日期，如 2021-01-15，然后长按鼠标右键拖动填充柄，在弹出的快捷菜单中选择日期的填充方式，Excel 将会填充日期到拖动的区域，如图1-50所示。此时，新增4种填充方式："以天数填充"指依次填入以输入日期开始的每一天；"填充工作日"指跳过周六和周日，只填充工作日；"以月填充"指填充每月中和输入日期同处在一天的日期；"以年填充"指填充每年中和输入日期处在同一月、同一天的日期（仅改变年份）。

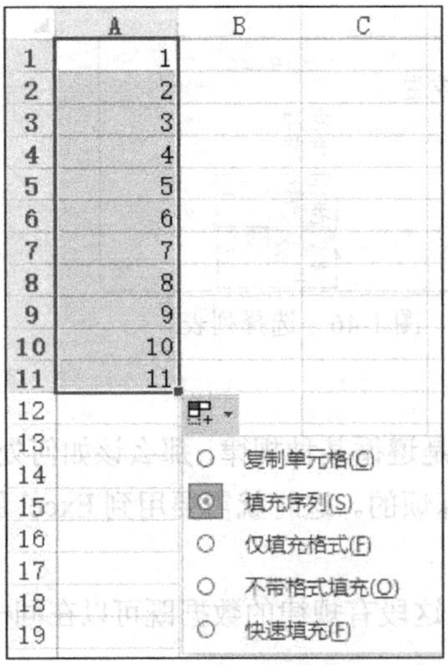

图1-49　填充快捷菜单

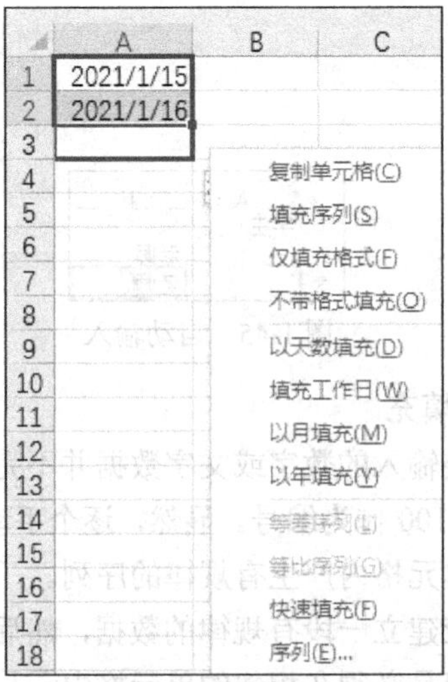

图1-50　填充日期

4. 根据所建议的内容拆分数据列

Excel 2016 有快速填充功能，根据所建议的内容拆分数据列就是快速填充功能的应用。例如，我们需要将图 1-51 学生名单表中 A 列的姓名按姓和名分填到单独的 B 列和 C 列，可按照以下步骤进行。

（1）在 B2 单元格输入"陈文娟"的姓"陈"，然后选择"开始"｜"编辑"｜"填充"｜"快速填充"命令，则 B 列填充完毕，如图 1-52 所示。

图 1-51　学生名单表　　　　图 1-52　快速填充姓的结果

（2）在 C2 单元格输入"陈文娟"的名"文娟"，然后选择"开始"｜"编辑"｜"填充"｜"快速填充"命令，则 C 列填充完毕，如图 1-53 所示。

5. 自定义填充序列

Excel 本身提供了 11 种预定义的序列，除此之外，还允许用户根据实际需要自定义序列。自定义序列的具体操作步骤如下。

（1）选择"文件"｜"选项"｜"高级"命令。

（2）在"Excel 选项"对话框的"常规"选项组中单击"编辑自定义列表"按钮，如图 1-54 所示。

图 1-53　快速填充名的结果

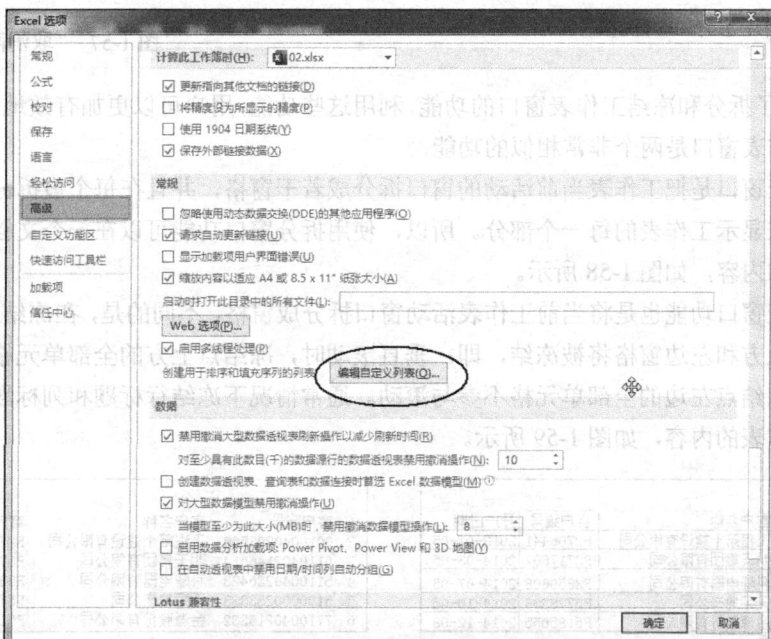

图 1-54　"编辑自定义列表"按钮

（3）弹出"自定义序列"对话框，对话框左侧有系统已经定义好的序列。如要定义一个新序列，在右侧输入新的序列数据。按Enter键隔列表条目。如输入"中，美，法，德"。

（4）单击"添加"按钮，此时自定义序列下方出现新建序列内容，如图1-55所示。

（5）单击"确定"按钮完成自定义序列的设置，并返回工作界面。

此时，单击工作表中的某一单元格，输入"中"，然后向右拖动填充柄，释放鼠标即可得到"中，美，法，德"序列内容，如图1-56所示。

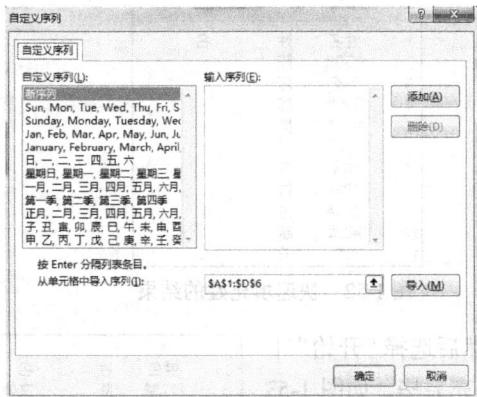

图1-55 自定义填充序列的设置

图1-56 自定义填充序列

显示隐藏的工作表的步骤如下。

（1）在工作表标签上单击鼠标右键，在弹出的快捷菜单中选择"取消隐藏"命令，打开"取消隐藏"对话框，如图1-57所示。

（2）在"取消隐藏"对话框中选择需要取消隐藏的工作表，然后单击"确定"按钮即可。

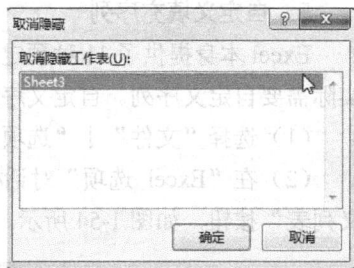

图1-57 "取消隐藏"对话框

1.3.3 拆分和冻结工作表

Excel提供了拆分和冻结工作表窗口的功能，利用这些功能，用户可以更加有效地利用屏幕空间。拆分和冻结工作表窗口是两个非常相似的功能。

拆分工作表窗口是把工作表当前活动的窗口拆分成若干窗格，并且在每个被拆分的窗格中都可以通过滚动条来显示工作表的每一个部分。所以，使用拆分窗口功能可以在一个文档窗口中查看工作表不同部分的内容，如图1-58所示。

冻结工作表窗口功能也是将当前工作表活动窗口拆分成窗格，不同的是，在冻结工作表窗口时，活动工作表的上方和左边窗格将被冻结，即：垂直滚动时，冻结点上方的全部单元格不参与滚动；水平滚动时，冻结点左边的全部单元格不参与滚动。通常情况下冻结行标题和列标题，然后通过滚动条来查看工作表的内容，如图1-59所示。

图1-58 拆分工作表窗口

图1-59 冻结工作表窗口

1．拆分工作表

拆分工作表的操作步骤如下。

（1）选定拆分分隔处的单元格，该单元格的左上角就是拆分的分隔点。

（2）选择"视图"｜"窗口"｜"拆分"命令，如图 1-60 所示。

图 1-60　"视图"｜"窗口"｜"拆分"命令

（3）工作表窗口将被拆分为四个部分，如图 1-58 所示。

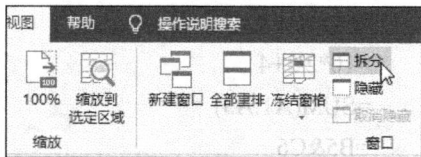

提示

所谓拆分框就是位于垂直滚动条之间和水平滚动条之间的分割条。

取消拆分窗口有以下两种方法。

方法一：单击拆分窗口的任一单元格，选择"视图"｜"窗口"｜"拆分"命令。

方法二：在分割条的交点处双击；如果要删除一条分割条，在该分割条上方双击。

2．冻结工作表

对于比较大的工作表，无法在一页里同时显示标题和数据。

Excel 提供的冻结工作表窗口功能可以将工作表中选定的单元格的上窗格和左窗格冻结，使得在滚动工作表时屏幕上一直显示行标题和列标题，而且使用冻结工作表窗口功能不影响打印。

（1）冻结。

第一步，选择一个单元格作为冻结点，在冻结点上方和左边的所有单元格都将被冻结。

第二步，选择"视图"｜"窗口"｜"冻结窗格"｜"冻结窗格"命令，如图 1-61 所示。

第三步，冻结工作表窗口后，工作表将变为图 1-59 所示的形式。拖动垂直/水平滚动条，可保持显示冻结区域中行/列的数据。

（2）取消冻结。

要取消被冻结的窗口，可以选择"视图"｜"窗口"｜"冻结窗格"｜"取消冻结窗格"命令。

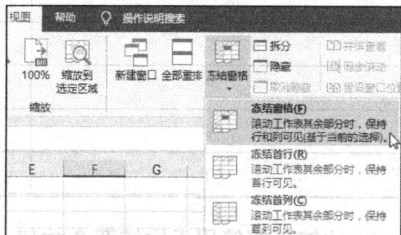

图 1-61　冻结工作表窗口

1.4 公式

本节介绍公式的一些基本概念和语法，然后详细介绍如何建立、修改、移动和复制公式，以及公式的引用、公式的审核、数组计算等内容。

1.4.1 公式概述

公式主要用于计算。可以说，没有公式的 Excel 就丧失了主要价值。使用公式可以进行简单的计算，如加、减、乘和除等；也可以完成很复杂的计算，如财务、统计和科学计算等；还可以使用公式进行比较或者操作文本和字符串。工作表中需要计算结果时，使用公式是提高效率的选择。

简单地说，公式就是一个等式，或者说是连续的一组数据和运算符组成的序列。

考察以下公式：

=10*2/3+4

=SUM(A1:A3)

=B5&C6

第一个公式是用户所熟悉的，第二个公式、第三个公式可能是以前没有接触过的。在 Excel 中，公式有其本身的特点，并且有自己的规定，或者叫作语法。

在工作表单元格中输入公式以后，公式的结果就会显示在工作表中。要想查看产生结果的公式，只需选中该单元格，公式就会出现在公式栏中。要在单元格中编辑公式，双击该单元格或者按 F2 键即可。

下面介绍公式中的运算符和公式的运算顺序等内容。

1. 运算符

在 Excel 中，运算符可以分为 4 类：算术运算符、比较运算符、文本运算符和引用运算符。

用户通过算术运算符可以完成基本的数学运算，如加、减、乘、除、乘方和求百分数等，表 1-1 所示的是 Excel 中的算术运算符。

表 1-1   Excel 中的算术运算符

算术运算符	含义	示例
+	加	8+8
–	减	8-8
–	负号	–8
*	乘	8*8
/	除	8/8
^	乘方	8^8
%	百分号	88%
( )	括号	(3+3)*3

比较运算符用于比较两个数值，并产生逻辑值 TRUE 或 FALSE，表 1-2 所示的是 Excel 中的比较运算符。

表 1-2   Excel 中的比较运算符

比较运算符	含义	示例
=	等于	C1=C2
>	大于	C1>C2
<	小于	C1<C2
>=	大于等于	C1>=C2
<=	小于等于	C1<=C2
<>	不等于	C1<>C2

文本运算符可以将一个或者多个文本连接为一个组合文本。文本运算符只有一个：&，其含义是将两个文本值连接或串联起来产生一个连续的文本值，如 CLASS&ROOM 的结果是 CLASSROOM。

引用运算符可以将单元格区域合并运算，表 1-3 所示的是 Excel 中的引用运算符。

表 1-3   Excel 中的引用运算符

引用运算符	含义	示例
：（冒号）	区域运算符，对两个引用之间，包括两个引用在内的所有单元格进行引用	A1:B5
，（逗号）	联合运算符，将多个引用合并为一个引用	SUM(A1:B2，A3:A4)
（空格）	交叉运算符，产生同时属于两个引用的单元格区域的引用	SUM(A4:H4 B3:B8)

2. 运算顺序

当公式中既有加、减、乘、除运算，又有乘方运算时，Excel 怎样确定其运算顺序呢？这就需要理解运算符的运算顺序，也就是运算符的优先级。对于同级运算符，按照从等号开始从左到右进行运算；对于不同级的运算符，则按照运算符的优先级进行运算。表 1-4 中列示了运算符的运算优先级，排在上面的运算符优先于排在下面的运算符。

表 1-4   公式中运算符的优先级

运算符	说明
：（冒号）	区域运算符
，（逗号）	联合运算符
（空格）	交叉运算符
（）	括号
－（负号）	如−5
%	百分号
^	乘方
*和/	乘和除
+和−	加和减
&	文本运算符
=、<、>、>=、<=、<>	比较运算符

3. 文本运算

文本运算符（&）用于连接字符串，如公式 "=″我爱″&″伟大的″&″中国″" 的结果是 "我爱伟大的中国"。当然，文本运算符还可以连接数字，例如公式 "=12&34" 的结果是 "1234"。

当用&来连接数字时，运算符两边的双引号可以没有，但连接一般的字母、字符串和文本时，双引号不可去掉，否则公式将返回错误值。

4. 比较运算

比较运算符可以将两个数字或者两个字符串进行比较，以产生逻辑值 TRUE 或 FALSE。例如公式 "=200<400" 的结果是 "TRUE"；而公式 "=100>400" 的结果则是 "FALSE"。

用比较运算符对字符串进行比较的时候，Excel 会先将字符串转化成内部的 ASCII，然后再做比较。因此公式 "=″AB″>″BC″" 的结果是 "FALSE"。

5. 数值转换

在公式中，每个运算符都需要特定类型的数值与之对应。如果输入数值的类型与所需的类型不同，Excel 有时可以对这个数值进行转换。下面举几个例子来说明公式中数值的转换。

例如公式"="1"+"2""的结果是 3。这是因为使用+时，Excel 会认为公式中运算项为数值。虽然公式中的引号说明 1 和 2 是文本型数据，但 Excel 会自动将文本数据转换成数值。又例如公式"="1"+"$2.00"",结果也是 3,其原因类似。又例如,使用函数的公式"=SQRT("9")",则公式也会先将字符 9 转换成数值 9,然后再计算 SQRT 函数,即对 9 开方(有关函数的使用参见本章后面的内容),得到结果 3。

例如,公式"="A"&TRUE"的结果是"ATRUE"。这是因为需要文本时,Excel 会自动将数值和逻辑型值转换成文本。

6. 日期和时间

在 Excel 中,不仅可以对数字或者字符进行运算,还可以对日期进行运算。Excel 会将日期存储为一系列的序列数,而将时间存储为小数,因为时间可以被看成日期的一部分。

用户可以用一个日期减去另外一个日期来计算两个日期的差值。例如,公式"="98/10/1"-"97/8/1""的结果为 426,即 1998 年 10 月 1 日和 1997 年 8 月 1 日之间相差 426 天。

同样可以对日期进行混合运算,例如,公式"="98/10/1"-"97/8/1"/"98/10/1""的结果为 36068.01。

> **提示** 当在 Excel 中输入日期,并且年份为两位数时,Excel 会将 00~29 的输入数解释为 2003—2029 年,而将 30~99 的输入数解释为 1930—1999 年。例如,对于 21/7/7,Excel 会认为这个日期为 2021 年 7 月 7 日,而将 95/10/1 认为是 1995 年 10 月 1 日。

7. 语法

所谓公式的语法,就是公式中元素的结构或者顺序。Excel 中的公式遵循一个特定的语法:最前面是等号"=",后面是参与运算的元素和运算符。元素可以是常量数值、单元格引用、标志名称以及工作表函数。

1.4.2 公式的基本操作

公式的运用在 Excel 中占有很重要的地位。下面介绍一些公式的基本操作。

1. 建立公式

在前面的一些例子中曾经提到过公式的建立,这一小节正式介绍怎样通过键盘和公式选项板来创立公式。

（1）用键盘输入公式

用键盘创立公式的操作步骤如下。

① 选择要输入公式的单元格。

② 先输入等号"=",然后输入计算表达式;如果是使用函数向导输入公式,Excel 会自动在公式前面插入等号。

③ 按 Enter 键完成公式的输入。

> **注意** 如果在某一单元格区域输入同一个公式,单个输入显然太慢了。这时可以选中该单元格区域,输入所需要的公式,然后按"Ctrl+Enter"快捷键,则 Excel 会自动将所有单元格都粘贴上该公式。这不仅对公式有效,而且对其他文本和字符都有效。

（2）用公式选项板输入公式

如果创建含有函数的公式,那么使用公式选项板有助于输入公式。

要显示公式选项板，可以单击编辑栏中的"插入函数"按钮 *fx*，打开"插入函数"对话框，如图 1-62 所示。"插入函数"对话框会显示一个函数类别下拉列表。当选择一个类别时，该类别中所有的函数都将显示在"选择函数"列表框中。若要使用常用函数，可从下拉列表中选择"常用函数"。如果不确定需要哪一个函数，可以使用对话框顶部的"搜索函数"搜索相应的函数。具体操作步骤如下。

① 输入搜索内容并单击"转到"按钮。这样将获得一个相关函数的列表。当在"选择函数"列表框中选择一个函数时，对话框中会显示此函数（及其参数名），以及对此函数用途的简短描述。

② 选择需要的函数以后，单击"确定"按钮，打开"函数参数"对话框，如图 1-63 所示。

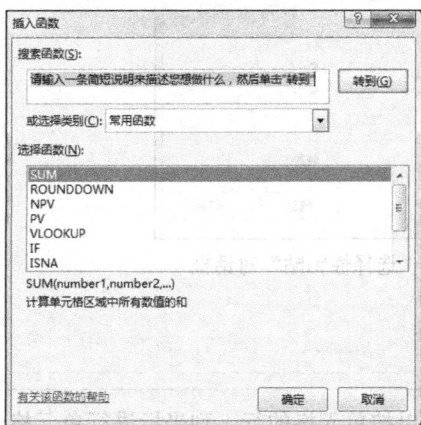

图 1-62 "插入函数"对话框　　　　　　　　　　图 1-63 "函数参数"对话框

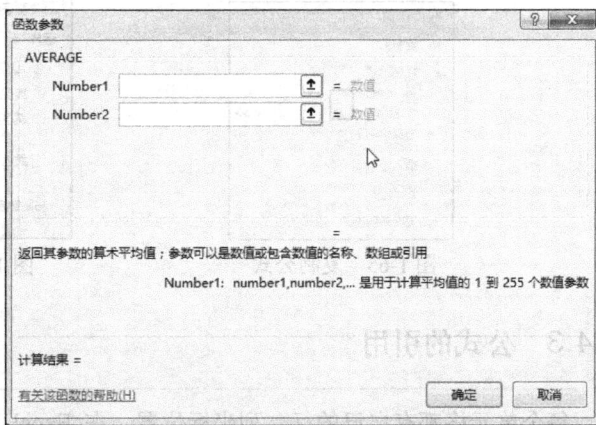

③ 为函数指定参数。"函数参数"对话框随插入函数的不同而有所不同。要使用单元格或单元格区域引用作为参数，可以手动输入地址，或在参数框中单击，然后选择工作表中的单元格或单元格区域。

④ 在设定所有函数参数之后，计算结果将出现在"函数参数"对话框中，单击"确定"按钮，完成公式的输入。完整的公式将出现在编辑栏中，而计算结果将显示在所选单元格中。

2. 修改公式

如果发现某个公式有错误，就必须对该公式进行修改。修改公式非常简单。

（1）单击包含需要修改公式的单元格。

（2）在编辑栏中对公式进行修改。如果需要修改公式中的函数，则替换或修改函数的参数。

3. 移动和复制公式

如果要将含有公式的整个单元格（包括公式本身、格式等）移动或者复制到另外的单元格或单元格区域，可以按照前面章节介绍的移动和复制单元格的方法，也可以只粘贴单元格的公式。

以图 1-64 为例，A1 单元格中的公式为"=40+50*3"，现在要将它移动或者复制到 C3 单元格，可以按照以下步骤进行操作。

（1）单击 A1 单元格。

（2）单击"开始"选项卡"剪贴板"组中的"复制"按钮。

图 1-64 单元格中的公式

（3）在 C3 单元格上右击，在弹出的快捷菜单中单击"粘贴选项"下的"公式"按钮，如图 1-65 所示。完成公式的复制操作。

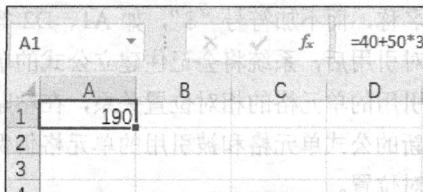

（4）如果弹出的快捷菜单中的"粘贴选项"下没有所需要的按钮，则选择"选择性粘贴"命令，打开"选择性粘贴"对话框，如图 1-66 所示。在"选择性粘贴"对话框中选中"公式"单选按钮。

（5）单击"确定"按钮，完成移动或者复制操作。

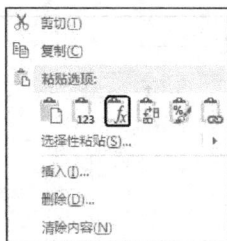

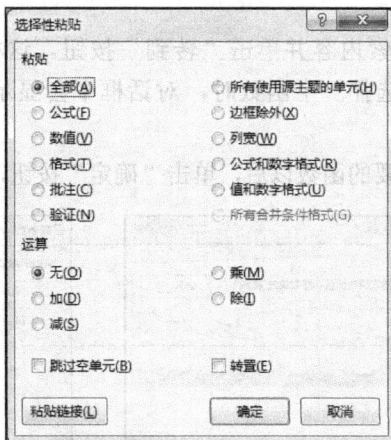

图 1-65　复制公式　　　　图 1-66　"选择性粘贴"对话框

1.4.3　公式的引用

每个单元格都有自己的行、列坐标位置，在 Excel 中可以按单元格的行、列坐标进行单元格引用。在公式中不但可以引用本工作簿中任何一个工作表中任何单元格或单元格区域的数据，还可以引用其他工作簿中的任何单元格或者单元格区域的数据。

引用单元格数据以后，公式的运算值将随着被引用单元格数据的变化而变化。当被引用的单元格数据被修改后，公式的运算值将被自动修改。

1. 引用的类型

为满足用户的需要，Excel 提供了 3 种不同的引用类型：绝对引用、相对引用和混合引用。在引用单元格数据时，要弄清这 3 种引用类型。

（1）绝对引用

绝对引用是指被引用的单元格与引用的单元格的位置关系是绝对的，无论将这个公式粘贴到哪个单元格，公式所引用的还是原来单元格的数据。绝对引用的单元格名称的行和列前都有符号"$"，例如$A$1、$D$2 等。

（2）相对引用

相对引用时直接用单元格或者单元格区域的名称，而不加符号"$"，如 A1、D2 等。使用相对引用后，系统将会记住建立公式的单元格和被引用的单元格的相对位置关系，在粘贴公式时，新的公式单元格和被引用的单元格仍保持这种相对位置。

图 1-67 所示的是包含 4 位学生成绩的成绩表，现在计算 4 人各科的平均分和总评成绩。

	A	B	C	D	E	F
1						
2	所占比例	30%	30%	30%	10%	
3						
4		语文	数学	英语	体育	总评
5	张龙	89	85	81	98	
6	赵虎	95	98	93	95	
7	王朝	90	89	94	96	
8	马汉	80	91	88	89	
9	平均分					

图 1-67　成绩表

计算平均分的公式是 4 人成绩的平均值。

计算总评成绩的公式是：总评成绩=语文*30%+数学*30%+英语*30%+体育*10%；各科在总评中所占比例如第二行所示。

运用绝对引用和相对引用计算平均分和总评成绩的操作步骤如下。

① 在 B9 单元格中输入公式 "=AVERAGE(B5，B6，B7，B8)"；在这个公式中，对 B5:B8 单元格区域都使用了相对引用。

② 确定以后，可以在 B9 单元格中得到计算结果。将 B9 单元格的公式复制到 C9、D9、E9、F9 单元格中，复制完成后，用户就会发现这些单元格中的公式与 B9 单元格的公式不同。原来公式中的 B 列分别被改为 C 列、D 列、E 列和 F 列。这就是相对引用。

③ 在 F5 单元格中输入公式 "=B5*\$B\$2+C5*\$C\$2+D5*\$D\$2+E5*\$E\$2"。

在这个公式中，对 B5:D5 单元格区域都使用了相对引用，而对 B2:D2 单元格区域则采用了绝对引用。将 F5 单元格的公式复制到 F6、F7 和 F8 单元格中，复制完成后，可以发现这些单元格中，相对引用的单元格名称变了，而绝对引用的单元格名称没有改变。这时可以按 Ctrl+` 快捷键（用来切换查看公式还是公式结果的快捷键）来查看工作表的所有公式。

（3）混合引用

若数字前有\$，而字母前没有\$，那么被引用的单元格的行位置是绝对的，列位置是相对的；反之，若数字前没有\$，而字母前有\$，则行的位置是相对的，而列的位置是绝对的。这就是混合引用，例如，\$E3 或者 E\$3。

2. 引用同一工作簿中的单元格

在当前工作表中可以引用其他工作表中单元格的内容。例如，当前的工作表是 Sheet1，如果要在 A1 单元格中引用工作表 Sheet3 中 B6:B8 单元格区域的内容之和，有以下两种方法。

（1）直接输入。在 Sheet1 中选择 A1 单元格，输入 "=SUM(Sheet3！B6:B8)"，然后按 Enter 键。

（2）选择需要引用的单元格。在 Sheet1 中选择 A1 单元格，输入 "=SUM("，单击 Sheet3 工作表的标签，在 Sheet3 中选择 B6:B8 单元格区域，然后按 Enter 键。

> 当编辑栏中显示 Sheet1 中 A1 单元格的公式 "=SUM(Sheet3！B6:B8" 时，此公式还缺少一个 ")"，这时可以在编辑栏中补上 ")"，也可以直接按 Enter 键，Excel 会自动加上一个 ")"。

3. 引用其他工作簿中的单元格

在当前工作表中可以引用其他工作簿中的单元格或者单元格区域的数据或者公式。例如，当前工作簿是"工作簿 2"，如果"工作簿 2"的 Sheet1 工作表中的 A1 单元格要引用"工作簿 1"（文件存放的路径是"C:\My Documetns\工作簿 1.xls"）的 Sheet1 工作表中的\$B\$3:\$B\$4 单元格区域中的数据，可以按以下步骤进行操作。

（1）直接输入。在工作簿 2 的 Sheet1 中选择 A1 单元格，输入 "= SUM('C:\My Documetns\[工作簿 1.xls] Sheet1'!\$B\$3:\$B\$4)"，然后按 Enter 键。

（2）选择需要引用的单元格。在工作簿 2 的 Sheet1 工作表中选择 A1 单元格，输入 "=SUM("，打开"工作簿 1"，在其中单击工作表 Sheet1 的标签，在 Sheet1 中选择\$B\$3:\$B\$4 单元格区域，然后按 Enter 键，关闭"工作簿 1"。

为了便于操作和观察，可以选择"窗口"｜"重排窗口"命令，接着单击"确认"按钮或者按 Enter 键，使"工作簿 1"和"工作簿 2"同时显示在屏幕上，然后再进行上述操作。

1.4.4 公式的错误与审核

审核公式对公式的正确性来说至关重要。

1. 循环引用

所谓公式的循环引用，指的是公式直接或者间接引用该公式所在的单元格的数值。在计算循环引用的公式时，Excel必须使用前一次迭代的结果来计算循环引用中的每个单元格。而迭代的意思就是重复计算直到满足特定的数值条件。如果不改变迭代的默认设置，Excel将在100次迭代以后或者两个相邻迭代得到的数值变化小于0.001时停止迭代计算。

在使用循环引用时，可以根据需要来设置迭代的次数和迭代的最大误差，在Excel中默认的迭代次数为100次。

更改默认的迭代设置操作步骤如下。

（1）单击"文件"按钮，在打开的窗口中单击"选项"标签，打开"Excel 选项"对话框，在该对话框中单击"公式"标签，如图1-68所示。

（2）选中"启用迭代计算"复选框。

（3）根据需要在"最多迭代次数"文本框中和"最大误差"文本框中输入进行迭代计算时的最多迭代次数和最大误差。

（4）单击"确定"按钮，完成设置。

2. 公式返回错误值

如果输入的公式不符合格式或者其他要求，就无法在Excel工作表的单元格中显示运算结果，该单元格中会显示错误值信息，如"#####!""#DIV/0!""#N/A""# NAME?""#NULL!""#NUM!""#REF!""#VALUE!"。了解这些错误值信息的含义有助于用户修改单元格中的公式。表1-5总结了Excel中的错误值及其含义。

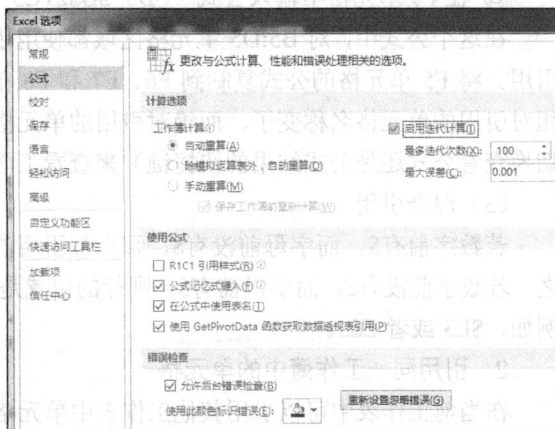

图1-68 "Excel选项"对话框

表1-5　　　　　　　　　　　　　　　　错误值及其含义

错误值	含义
#####!	公式产生的结果或输入的常数太长，当前单元格宽度不够，不能正确地显示出来。将单元格加宽即可避免这种错误
#DIV/0!	公式中产生了除数或者分母为0的错误。这时候就要检查是否存在以下几种情况：（1）公式中是否引用了空白的单元格或数值为0的单元格作为除数；（2）引用的宏程序是否包含返回"#DIV/0!"值的宏函数；（3）是否有函数在特定条件下返回"#DIV/0!"错误值
#N/A	引用的单元格中没有可以使用的数值，在建立数学模型缺少个别数据时，可以在相应的单元格中输入"#N/A"，以免引用空单元格
# NAME?	公式中含有不能识别的名字或者字符。这时候就要检查公式中引用的单元格名称是否输入了不正确的字符
#NULL!	试图为公式中两个不相交的区域指定交叉点。这时候就要检查是否使用了不正确的区域运算符或者不正确的单元格引用
#NUM!	公式中某个函数的参数不对。这时候就要检查函数的每个参数是否正确
#REF!	引用中有无效的单元格。移动、复制和删除公式中的引用区域时，应当注意是否破坏了公式中的单元格引用，检查公式中是否有无效的单元格引用
#VALUE!	在需要数值或者逻辑值的位置输入了文本。这时候就要检查公式或者函数的数值和参数

3. 审核及检查

Excel提供了公式审核功能，用户可以跟踪选定范围中公式的引用或者从属单元格追踪错误。使用这些功能会用到"公式"选项卡下"公式审核"组中的命令,如图 1-69 所示,该组包含了审核公式功能的各种命令。

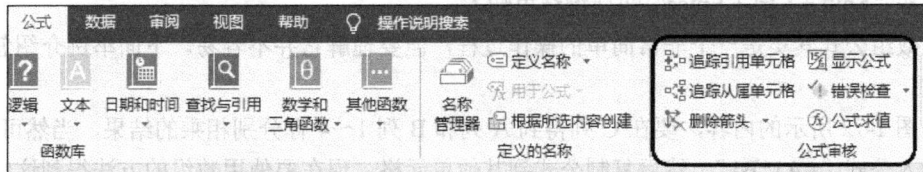

图 1-69 "公式审核"组

如果需要显示公式引用的单元格,单击"公式审核"组中的"追踪引用单元格"按钮。这时公式所引用的单元格就会有追踪箭头指向公式所在的单元格。取消该追踪箭头的方法是单击"公式审核"组中的"删除箭头"按钮。

如果需要显示某单元格被哪些单元格的公式引用,可以单击"公式审核"组中的"追踪从属单元格"按钮。这时该单元格就会产生指向引用它的公式所在单元格的追踪箭头。在删除单元格之前,建议使用这种方法来检查该单元格是否已被其他公式引用。单击"公式审核"组中的"删除箭头"按钮可取消追踪箭头。

当单元格显示错误值时,单击"公式审核"选项组中的"错误检查"下拉按钮,在下拉菜单中选择"追踪错误"命令,如图 1-70 所示,即可追踪产生错误的单元格。

要取消上述所有追踪箭头,可以在"公式审核"组中单击"删除箭头"下拉按钮,选择下拉菜单中合适的命令。

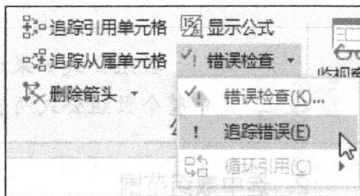

图 1-70 "追踪错误"命令

要在每个单元格显示公式,而不是结果值,可以单击"公式审核"组中"显示公式"按钮,此时工作表中所有设置公式的单元格均将显示公式,如图 1-71 所示。

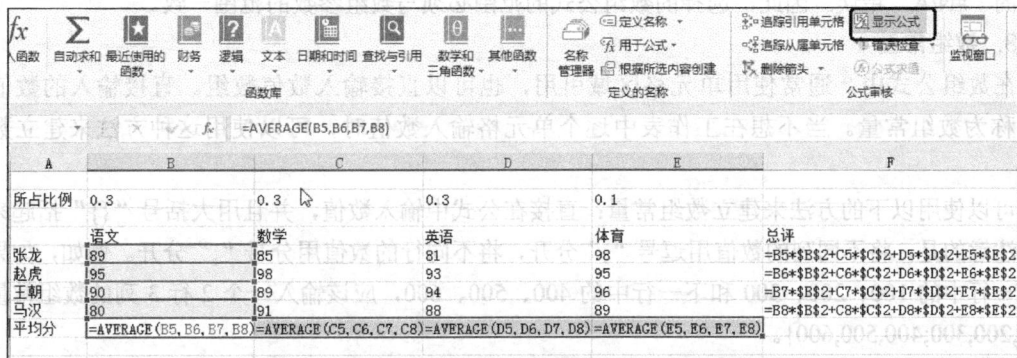

图 1-71 显示公式

1.4.5 数组计算

数组是一组公式或值的长方形区域,Excel 视数组为一个整体。有些数组公式返回一组出现在很多单元格中的结果。使用数组是在小空间进行大量计算的强有力的方法。它可以代替很多重复的公式。

1. 输入数组公式

输入数组公式,具体操作步骤如下。

数组计算

（1）选中需要输入数组公式的单元格或者单元格区域。

（2）输入公式的内容。

（3）按"Shift + Ctrl + Enter"快捷键结束输入。

输入数组公式其实是一个非常简单的操作过程，但要理解它并不容易。下面举例介绍怎样建立数组公式。

对于图 1-72 所示的内容，要在 C 列得到 A 列和 B 列 1～4 行分别相乘的结果，当然可以在 C1 单元格输入公式"=A1*B1"，然后复制公式到其他单元格。现在要使用数组的方法得到这些结果，这时，A1:A4 和 B1:B4 单元格区域的数据就是数组的参数。具体步骤如下。

选定 C1:C4 单元格区域（注意：4 个单元格全部选中），然后在编辑栏中输入公式"=A1:A4*B1:B4"，按"Shift + Ctrl + Enter"快捷键结束输入，得到图 1-73 所示的结果。

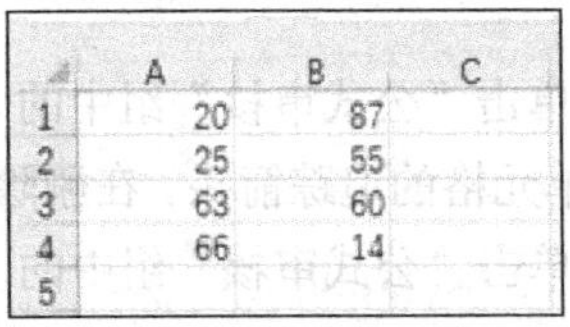

图 1-72 数组参数

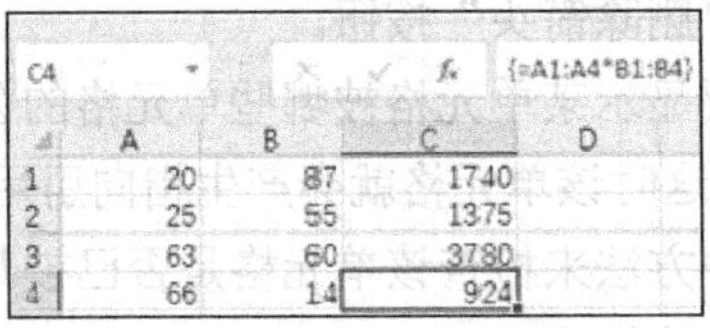

图 1-73 返回多个结果

> **注意**　数组公式如果返回多个结果，当删除数组公式时，必须删除整个数组公式，即选中整个数组公式所在单元格区域然后再删除，不能只删除数组公式的一部分。

2. 选中数组范围

通常，输入数组公式的范围，其大小与外形应该与作为输入数据范围的大小和外形相同。如果存放结果的范围太小，就看不到所有的结果；如果存放结果的范围太大，有些单元格中就会出现不必要的"#N/A"错误。因此，选择的数组公式的范围必须与数组参数的范围一致。

3. 数组常量

在数组公式中，通常使用单元格区域引用，也可以直接输入数值数组。直接输入的数值数组被称为数组常量。当不想在工作表中逐个单元格输入数值时，可以使用这种方法来建立数组常量。

可以使用以下的方法来建立数组常量：直接在公式中输入数值，并且用大括号"{}"括起来，需要注意的是，将不同列的数值用逗号","分开，将不同行的数值用分号";"分开。例如，如果要表示一行中的 100、200、300 和下一行中的 400、500、600，应该输入一个 2 行 3 列的数组常量：{100,200,300;400,500,600}。

在实际应用中，先选中一个 2 行 3 列的矩形区域，然后输入公式"={100,200,300;400,500,600}"，按"Shift + Ctrl + Enter"快捷键结束输入，则在这个 2 行 3 列的矩形区域即可一次得到所需要的数值，如图 1-74 所示。

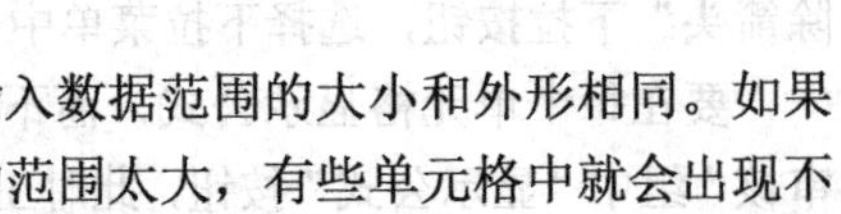

图 1-74 数组常量举例

数组常量有其输入的规范，因此，无论在单元格中输入数组常量还是直接在公式中输入数组常量，并非随便输入一个数值或者公式就可以了。

在 Excel 中，使用数组常量时应该注意以下规定。

（1）数组常量中不能含有单元格引用，并且数组常量的列或者行的长度必须相等。

（2）数组常量可以包括数字、文本、逻辑值 FALSE 和 TRUE 以及错误值，如"#NAME?"。

（3）数组常量中的数字可以是整数、小数或者科学记数公式。

（4）在同一数组中可以有不同类型的数值，如{1,2,"A",TURE}。

（5）数组常量中的数值不能是公式，必须是常量，并且不能含有$、( )或者%。

（6）文本必须包含在双引号内，如"CLASSROOMS"。

1.5 函数

函数处理数据的方式与公式处理数据的方式相同，函数通过引用参数接收数据，并返回结果。大多数情况下，返回的是计算结果，也可以返回文本、引用、逻辑值、数组，或者工作表的信息。本节中列出的函数都可以用于工作表或 Excel 宏表中。本节将介绍如何使用函数，然后介绍一些常见函数及其参数说明。

1.5.1 函数概述

单元格中可以包括文本、公式或者函数，通过公式和函数可以在单元格中放置计算的值。公式可以进行加、减、乘、除运算，也可以包含函数。

与直接用公式进行计算相比，使用函数进行计算的速度更快。例如公式"=(A1+A2+A3+A4+A5+A6+A7+A8)/8"与使用函数的公式"=AVERAGE(A1:A8)"是等价的。但是，使用函数计算速度更快，而且占用工具栏的空间更少，同时可以减少输入出错的次数，因此，可以尽量使用函数。

函数通过参数接收数据，输入的参数应该放在函数名之后，并且必须用括号括起来，各函数使用特定类型的参数，如数值、引用、文本或者逻辑值。函数中使用参数的方式与公式中使用变量的方式相同。

函数的语法以函数的名称开始，后面是左括号以及逗号隔开的参数和右括号。如果函数要以公式的形式出现，则在函数名前输入等号。

1. 函数分类

Excel 提供了大量的函数，这些函数按功能可以分为以下几种类型。

（1）数学与三角函数：可以处理简单和复杂的数学计算。

（2）文本函数：用于在公式中处理字符串。

（3）逻辑函数：可以进行真假值判断，或者进行符号检验。

（4）数据库函数：用于分析数据清单中的数值是否符合特定条件。

（5）统计函数：可以对选定区域的数据进行统计分析。

（6）查找与引用函数：可以在数据清单或者表格中查找特定数据，或者查找某一单元格的引用。

（7）日期与时间函数：用于在公式中分析和处理日期和时间值。

（8）工程函数：用于工程分析。

（9）信息函数：用于确定存储在单元格中的数据的类型。

（10）财务函数：可以进行一般的财务计算。

2. 输入函数

输入函数与输入公式的过程类似。可以在单元格中直接输入函数的名称、参数，这是最快的方法。如果不能确定函数的拼写以及函数的参数，则可以使用函数向导插入函数。

输入单个函数操作步骤如下。

① 选中需要输入函数的单元格。

② 选择"公式"|"函数库"|"插入函数"命令，或者单击编辑栏旁的 f_x 按钮，打开"插入函数"对话框，如图 1-75 所示。

③ 在"或选择类别"下拉列表中选择所需的函数类型，则该函数类型的所有函数将显示在"选择函数"列表框中，在该列表框中选择需要使用的函数。

④ 单击"确定"按钮完成函数的输入。

在"插入函数"对话框中，两个列表框下方有选中函数的说明，通过这些说明可以了解所选函数的作用。

图 1-75 "插入函数"对话框

1.5.2 常见的函数

Excel 中的函数有很多，下面列出了比较常用的 Excel 函数及其参数，并且进行了解释、说明和举例。

1. 财务函数

输入财务函数，并不需要输入财务等式，因为 Excel 函数处理的速度很快，而且不容易出错。

（1）DB 函数

DB 函数用于计算固定余额递减法下一笔资产在给定期间内的折旧费。其语法如下：

```
DB(cost, salvage, life, period, month)
```

其中，cost 为资产的初始价值；salvage 为资产全部折旧后的剩余价值；life 为资产折旧的时间长度；period 为需要计算折旧值的期次，它的单位必须与 life 的单位相同；month 为第一年的月份数，如果缺省，则默认为 12 个月。

例如，要计算价值为 ¥500,000.00 的固定资产在剩余价值为 ¥100,000.00，3 年使用期限，第一年使用 6 个月的情况下，第一年的固定余额递减法下的折旧费。应使用公式：

=DB(500000, 100000, 3, 1, 6)

该公式返回 ¥103,750.00。

（2）DDB 函数

DDB 函数用于计算双倍余额递减法或其他方法下指定期间内某项固定资产的折旧费。这种方法是以资产的账面价值（资产价值减去已计提折旧费）的百分比来计算折旧费的。其语法如下：

```
DDB(cost, salvage, life, period, factor)
```

其中，前 4 个参数的定义可以参见 DB 函数。factor 用于指定余额递减法，默认为 2，表示一般的双倍余额递减法，如果设置为 3，则表示 3 倍余额递减法。

例如，要计算价值为 ¥100,000.00 的机器在剩余价值为 ¥10,000.00，5 年使用期限（60 个月）的折旧费，可以使用公式"=DDB(100000,10000,60,1)"来计算第一个月的双倍余额递减法下的折旧费为 ¥3,333.33；使用公式"=DDB(100000,10000,5,1)"来计算第一年的双倍余额递减法下的折旧费为 ¥40,000.00；使用公式"=DDB(100000,10000,5,5)"来计算第五年的双倍余额递减法下的折旧费为 ¥2,960.00。

（3）PV 函数

PV 函数用于计算某项投资的一系列等额分期偿还额的现值之和或一次性偿还额。其语法如下：

```
PV(rate, nper, pmt, fv, type)
```

其中，rate 为各期利率；nper 为投资期限；pmt 为各个数额相同时的定期支付额；fv 为投资在期限终止时的剩余值，其默认值为 0；type 用于确定各期的付款时间是在期初还是期末，type 为 0 表示期末，type 为 1 表示期初，其默认值为 0。

例如，有一个投资机会，只需要现在投资 ¥120,000.00，就可以在未来五年中每年返回 ¥30,000.00。为决定这项投资是否可以接受，必须计算将得到的等额分期偿还额 ¥30,000.00 的现值之和。假设现在的银行利率为 4.0%，可以使用以下公式：

=PV(4%,5,30000)

该公式使用了 pmt 参数，没有 fv 参数，也没有 type 参数，表示支付发生在每个周期的期末。该公式返回值为 ¥–133,554.67，意味着现在投入 ¥133,554.67 才能得到每年返回的 ¥30,000.00。由于现在只需要投资 ¥120,000.00，就可在未来五年每年返回 ¥30,000.00，因此这是一项可以接受的投资。

如果该投资不是在未来五年中每年返回 ¥30,000.00，而是五年后一次性返回 ¥150,000.00，这时就应该使用以下公式：

=PV(4%,5,,150000)

这里必须使用逗号作为占位符来表示未用到 pmt 参数，以便使 Excel 知道 150000 为 fv 参数；这里同样省略了 type 参数，其含义同上。该公式返回值为 ¥–123,289.07，意味着现在投入 ¥133,554.67 才能得到五年后返回 ¥150,000.00，因此这仍然是一项可以接受的投资。

（4）NPV 函数

NPV 函数用于计算基于一系列现金流和固定的各期利率的一项投资的净现值。一般来说，净现值大于 0 的投资被认为有利可图。

其语法如下：

```
NPV(rate, value1, value2, …)
```

其中，rate 为各期利率；value1、value2 等为 1～29 笔支出及收入的参数值。它们所属各期间的长度必须相等，支付及收入的时间都发生在期末。NPV 函数按次序使用 value1、value2 等参数作为现金流的次序，所以一定要保证支出和收入的数额按正确的顺序输入。

如果参数是数值、空白单元格、逻辑值或表示数值的文字表达式，则都会被计算在内；如果参数是错误值或不能转化为数值的文字，则被忽略。如果参数是一个数组或引用，只有其中的数值部分会被计算在内，忽略数组或引用中的空白单元格、逻辑值、文字及错误值。NPV 函数在两个重要方面不同于 PV 函数。PV 函数假定相同的支付额，而 NPV 函数允许可变的支付额。另一个重要区别在于 PV 函数允许支付和收入发生在周期开始或者结束，而 NPV 函数假定所有支付和收入都发生在周期结束。如果某项费用必须在周期开始全部付清，则不应将此项费用作为 value 参数之一。另外，如果某项费用必须在第一期结束时付清，则应当将它作为第一个负 value 参数。

例如，要进行一项价值 ¥150,000.00 的投资，预计第一年年末损失 ¥10,000.00，而第二年年末、第三年年末和第四年年末分别可以获得 ¥50,000.00、¥75,000.00、¥95,000.00。银行利率为 5%，要估计这项投资是否划算，则应使用以下公式：

=NPV(5%,–10000,50000,75000,95000)–150000

结果为 ¥28,772.22，所以这项投资可以接受。

（5）RATE 函数

RATE 函数用于计算一系列等额支付或者一次总支付的投资收益率。其语法如下：

```
RATE (nper, pmt, pv, fv, type, guess)
```

其中，nper、pmt、fv、type 可以参考 PV 函数；pv 为投资额现值；guess 为预期利率，默认值为0.1，即10%。

例如，考虑一项4年内每年可以得到¥100,000.00的投资，投资费用为¥320,000.00。要计算投资的实际收益率，可以利用以下公式：

=RATE(4,100000,-320000)

结果为0.0956422744525717，但是由于答案应是一个百分比，因此Excel将单元格格式转化为百分比，返回值为10%。

RATE函数是利用迭代过程来计算利率的。函数从给定的guess参数值开始计算投资的收益率。如果第一个净现值大于0，则函数选择一个较低的利率进行第二次迭代。RATE函数继续这个过程直到得到正确的收益率或者已经迭代20次。如果在输入RATE函数后得到错误值"#NUM!"，则Excel也许不能在20次迭代内求得收益率。

（6）IRR函数

IRR函数用于计算一组现金流的内部收益率。这些现金流必须按固定的间隔发生，如按月或按年发生。其语法如下：

IRR(values, guess)

其中，values为数组或包含用来计算内部收益率的数字单元格的引用。允许只有一个values参数，它必须至少包括一个正数值和负数值。IRR函数忽略文字、逻辑值和空白单元格。

IRR函数根据数值的顺序确定现金流的顺序，故应按需要的顺序输入支付和收入的数值。guess参见RATE函数。

IRR函数非常近似于RATE函数。RATE函数和IRR函数的区别类似于PV函数和NPV函数的区别。与NPV函数一样，IRR函数考虑了投资费用和非等额支付的问题，故其应用范围更广一些。

例如，要进行一项价值¥120,000.00的投资，并预期今后5年的净收益分别为¥25,000.00、¥27,000.00、¥35,000.00、¥38,000.00和¥40,000.00。建立一个包含投资和收入信息的简单工作表。在工作表的A1:A6单元格中分别输入以下数值：-¥120,000.00、¥25,000.00、¥27,000.00、¥35,000.00、¥38,000.00和¥40,000.00。然后输入以下公式：

=IRR(A1:A6)

上述公式表示计算此项投资在5年后的内部收益率，结果为11%。

=IRR(A1:A5)

上述公式表示计算此项投资在4年后的内部收益率，结果为2%。

=IRR(A1:A4, -10%)

上述公式表示计算此项投资在3年后的内部收益率，并由-10%的利率开始算起，结果为-14%。

2. 日期与时间函数

在1.2节中提到过日期与时间的运算，Excel中将日期和时间记录为序列数。下面简单介绍常用的日期与时间函数。

（1）NOW函数

NOW函数返回计算机的系统日期和时间所对应的日期、时间序列数。其语法为：NOW( )。例如，当前日期为1999年6月14日20:52，如果正在使用的是1900日期系统，则以下公式：

=NOW( )

返回36325.8697400463；如果单元格的格式为日期格式，则显示1999-6-14 20:52。十分钟后NOW函数将返回36325.8770170139，如果单元格的格式为日期格式，则显示以下结果：

1999-6-14 21:02

（2）TODAY 函数

TODAY 函数返回当前日期的序列数，该函数与 NOW 函数的作用一样，只是不返回序列数的时间部分。打开工作表或者重新计算时 Excel 会更新序列数。其语法如下：

`TODAY( )`

（3）DATE 函数

DATE 函数返回某一特定日期的序列数。其语法如下：

`DATE(year, month, day)`

其中，year 为年；month 为月份，如果输入的月份大于 12，将从指定年份的一月份开始往上累加；day 为在该月份中第几天的数字，如果 day 大于该月份的最大天数，将从指定月份的第一天开始往上累加。

例如，以下公式：

`=DATE(99,5,1)`

将返回 36281，此序列数对应 1999 年 5 月 1 日。

（4）DATEVALUE 函数

DATEVALUE 函数返回 date_text 参数所表示的序列数。它可以将文字表示的日期转换成一个序列数。其语法如下：

`DATEVALUE(date_text)`

其中，date_text 参数可以是 Excel 预定义的任何日期格式。

例如，要返回 1998 年 6 月 1 日的序列数，可以使用以下公式：

`=DATEVALUE("06-01-98")`

将返回结果 35947。

（5）NETWORKDAYS 函数

NETWORKDAYS 函数返回 start_date 参数和 end_date 参数之间总的工作天数。计算工作天数时应注意工作日不包括周末和专门指定的假期。其语法如下：

`NETWORKDAYS=(start_date,end_date,holidays)`

其中，start_date 为起始日期的日期值；end_date 为终止日期的日期值；holidays 为可选清单，指需要从工作日历中排除的日期值，如各种法定假日或自定假日。

如果该函数不存在，运行"安装"程序来加载"分析工具库"，安装完毕之后，必须通过选择"工具"|"加载宏"命令，在"加载宏"对话框中选择并启用它。

如果有参数为非法日期值，函数 NETWORKDAYS 将返回错误值"#NUM!"。

例如，要计算 1998 年 3 月 1 日到 1998 年 3 月 19 日的总工作天数（除去节假日），则使用以下公式：

`=NETWORKDAYS(DATEVALUE("03-01-98"), DATEVALUE("03-19-98"), DATEVALUE ("03-08-98"))`

结果为 14。

（6）WEEKDAY 函数

WEEKDAY 函数返回与 serial_number 参数对应的序列数是星期几。其值为 1～7 的整数。其语法如下：

`WEEKDAY(serial_number, return_type)`

其中，serial_number 为日期-时间代码，它可以是数字，也可以是文本，如"30-Apr-1998"或者 35915。return_type 为可选项，用以确定一星期从哪天开始，默认值由星期日开始为 1，到星期六为 7；其值为 2，则由星期一开始为 1，到星期日为 7；其值为 3，则由星期一开始为 0，到星期日为 6。

例如，要想知道 1998 年 12 月 25 日是星期几，可以输入以下公式：

=WEEKDAY("12-25-98", 2)

结果为 5，即星期五。

（7）EOMONTH 函数

EOMONTH 函数返回 start_date 参数之前或之后指定月份中最后一天的日期序列数。其语法如下：

```
EOMONTH(start_date, months)
```

其中，start_date 为起始日期的日期值；months 为 start_date 之前或之后的月数，如果是正数，指将来的日期，如果是负数，指过去的日期。

例如，要想知道这个月底的序列数，可以使用以下公式（设今天为 1998 年 10 月 1 日）：

=EOMONTH(TODAY( ),0)

结果为 36099 或 10/31/98。

3. 数学统计函数

数学与三角函数是工作表中大部分计算的基础。统计函数可以帮助用户处理一些简单的问题，如计算平均值、计算某些项目的个数等。统计函数还可以进行一些简单的统计分析，如计算标准偏差、方差等。

（1）SUM 函数

SUM 函数用于计算一系列数字之和。其语法如下：

```
SUM(number1, number2, …)
```

其中，number1、number2 等为 1～30 个需要求和的参数，它们可以是数字、公式、范围或者产生数字的单元格引用。

SUM 函数忽略数组或引用中的空白单元格、逻辑值、文本。如果参数为错误值或为不能转换成数字的文本，将会导致错误。

例如，以下公式：

=SUM(13, 12)

结果为 25。而以下公式：

=SUM("13", 22, TRUE)

结果为 36，因为文本值被转换成数字，而逻辑值 TRUE 被转换成数字 1。

如果 A1 单元格中为 TEXT，公式如下：

=SUM(13, 22, A1)

结果为 35，因为 Excel 忽略了文本。

如果 A1:A5 单元格区域包含 10、20、30、40 和 50，则以下公式：

=SUM(A1:A3)

结果为 60。而以下公式：

=SUM(A1:A5,100)

结果为 250。

（2）ROUND 函数

ROUND 函数将参数引用的数舍入指定的小数位数。其语法如下：

```
ROUND(number, num_digits)
```

其中，number 为需要进行舍入的数值、包含数值的单元格引用或者结果为数值的公式；num_digits 为舍入的位数，可以为任意整数，当它为负数时将舍入小数点左边的位数，当它为 0 时将舍入最近的整数。在 Excel 中，下舍小于 5 的数字，上入大于或等于 5 的数字。表 1-6 所示的是 ROUND 函数的几个例子。

表 1-6　　　　　　　　　　　　　ROUND 函数返回值

输入项	返回值
=ROUND(123.456,-2)	100
=ROUND(123.456,-1)	120
=ROUND(123.456,0)	123
=ROUND(123.456,1)	123.5
=ROUND(123.456,2)	123.46
=ROUND(123.456,3)	123.456

（3）AVERAGE 函数

AVERAGE 函数返回参数平均值（算术平均值）。其语法如下：

```
AVERAGE(number1, number2, …)
```

其中，number1、number2 等为要计算平均值的 1～30 个参数，参数可以是单个值或者范围，范围包括数字、单元格引用或者包含数字的数组。AVERAGE 函数忽略文本、逻辑值或空单元格。

例如，C12:C15 单元格区域中分别是以下的数值：2、3、4、5，则以下公式：

=AVERAGE(C12:C15)

返回 3.5。而以下公式：

=AVERAGE(C12:C15:11)

返回 5。

（4）COUNT 函数

COUNT 函数返回参数中数字的个数。其语法如下：

```
COUNT (value1, value2, …)
```

其中，value1、value2 等为要计算数字个数的 1～30 个参数，参数可以是单个值或者范围，范围包括数字、单元格引用或者包含数字的数组。COUNT 函数忽略文本、逻辑值或空单元格，只计算数字类型的数据个数。

如果要统计逻辑值、文字或错误值，则使用 COUNTA 函数。

例如，A6:A9 单元格区域分别是 1、2、3、4，则以下公式：

=COUNT (A6:A9)

返回 4。如果 A8 为空白单元格，则该公式返回 3。

（5）COUNTA 函数

COUNTA 函数返回参数中非空白值的个数。其语法如下：

```
COUNTA (value1, value2, …)
```

其中，value1、value2 等为要计算非空白值个数的 1～30 个参数，参数可以是单个值或者范围，范围包括数字、单元格引用或者包含数字的数组。COUNTA 函数忽略数组或者单元格引用中的空单元格。

例如，B14 单元格是唯一的空单元格，则以下公式：

=COUNTA (B1:B15)

返回 14。

（6）MAX 函数

MAX 函数返回参数中的最大值。其语法如下：

```
MAX(number1, number2, …)
```

其中，number1、number2 等为需要找出最大数值的 1～30 个数值。参数可以是单个值或者范围，范围包括数字、单元格引用或者包含数字的数组。MAX 函数忽略文本、逻辑值或空单元格，只考虑数字类型的数据大小。如果逻辑值和文本不能忽略，使用函数 MAXA 函数；如果参数不包含数字，MAX 函数将返回 0。

例如，C1:D3 单元格区域包含数字-2、4、32、30、10、7，则以下公式：

=MAX(C1:D3)

将返回 32。

4．查找与引用函数

当用户需要确定单元格内容、范围或者选择的范围时，查找与引用函数显得非常有用。

（1）ADDRESS 函数

ADDRESS 函数返回指定的单元格引用，结果用文本形式来表示。其语法如下：

```
ADDRESS(Row_num,Column_num, Abs_num, A1,Sheet_text)
```

其中，Row_num 为单元格引用中的行号。Column_num 为单元格引用中的列号。Abs_num 用以指定引用类型，默认值为 1，表示绝对引用；当其为 2 时，表示行绝对引用，列相对引用；当其为 3 时，表示行相对引用，列绝对引用；当其为 4 时，表示相对引用。A1 用以指明引用样式，默认值为 TRUE，即返回 A1 形式的引用；如果其为 FALSE，即返回 R1C1 形式的引用。Sheet_text 是文本，指明作为外部引用的工作表名，如果省略，则不使用任何工作表名。

例如，以下公式：

=ADDRESS(15, 4, 2, TRUE)

将返回 D$15。而以下公式：

=ADDRESS(10, 5, 4, FALSE)

将返回 R10C5。

（2）VLOOKUP 函数

VLOOKUP 函数用于查找所构造的表格中存放的信息。当在表格中查找信息时，一般用行索引或者列索引来定位特定单元格。但 VLOOKUP 函数有一些变动，即通过查找第一列中小于或者等于用户所提供的最大值来得到一个索引，然后用另一指定参数作为其他索引。这样可以根据表格中的信息查找数值，而不必确切地知道数值在哪里。其语法如下：

```
VLOOKUP(lookup_value, table_array, col_index_num, range_lookup)
```

其中，lookup_value 为要在表格中查找以得到第一个索引的数值，它可以为数值、引用或文字串。table_array 为定义表格的数组或者范围名称，其第一行的数值可以为文本、数字或逻辑值。col_index_num 为开始选择结果的表格列（第二个索引），当其值为 1 时，返回 table_array 第一列的数值，当其值为 2 时，返回 table_array 第二列的数值，以此类推。如果其值小于 1，VLOOKUP 函数返回错误值"#VALUE!"；如果其值大于 table_array 的列数，VLOOKUP 函数返回错误值 "#REF!"。range_lookup 为一个逻辑值，指明查找时是精确匹配还是近似匹配，其默认值为 TRUE，此时函数返回近似匹配值，如果其为 FALSE，VLOOKUP 函数将查找精确匹配值，如果找不到，则返回错误值 "#N/A"。

例如，要在图 1-76 所示的表格中检索数据，以下公式：

=VLOOKUP(42, A1:C6, 3)
返回值为 24。

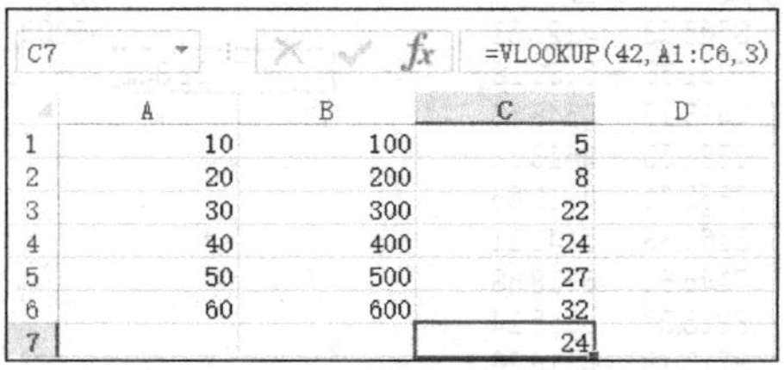
C7 =VLOOKUP(42,A1:C6,3)

	A	B	C	D
1	10	100	5	
2	20	200	8	
3	30	300	22	
4	40	400	24	
5	50	500	27	
6	60	600	32	
7			24	

图 1-76 要检索数据的表格

其检索过程如下：先找到包含比较值的列，这里为列 A，接下来扫描比较值查找小于或者等于 lookup_value 参数的最大值。第 4 个比较值 40 小于 41，而第 5 个比较值 50 又大于 41，因此以包含 40 的行（第 4 行）为行索引。列索引是 col_index_num 参数，这里是 3，因此 C 列中包含所要的数据。由此可以得到 C4 单元格中的数值 24。

（3）HLOOKUP 函数

HLOOKUP 函数在表格或数值数组的首行查找指定的数值，并由此返回表格或数组当前列中指定行处的数值。HLOOKUP 的用法可以参见 VLOOKUP 函数。其语法如下：

```
HLOOKUP(lookup_value, table_array, col_index_num, range_lookup)
```

（4）INDEX 函数

INDEX 函数返回指定范围中特定行与特定列交叉点上的单元格引用，其语法如下：

```
INDEX(reference, row_num, column_num, area_num)
```

其中，reference 指定一个或多个区域的引用，如果指定多个区域，则必须用括号括起来，区域之间要用逗号隔开；row_num 指定引用中的行序号；column_num 指定引用中的列序号；area_num 指定 reference 所确定的几个区域中的某一个，其默认值为 1。

例如，以下公式：

=INDEX((D5:F9, D10:F14), 1, 2, 2)
返回 D10:F14 单元格区域中第 1 行、第 2 列的单元格引用。

5．数据库函数

Excel 中各个数据库都使用同样的参数：数据库（database）、字段（field）和条件（criteria）。DAVERAGE 函数中讨论的参数说明适用于所有的数据库函数。

（1）DAVERAGE 函数

DAVERAGE 函数计算满足查询的数据库记录中给定字段内数值的平均值。其语法如下：

```
DAVERAGE(database, field, criteria)
```

其中，database 为构成数据清单或数据库的单元格区域，它可以是一个范围或者一个范围引用的名称；field 指定函数所使用的数据列，它可以是引号中的字段名、包含字段名的单元格引用或者数字；criteria 为对一组单元格区域的引用，这组单元格区域用来设定函数的匹配条件。数据库函数可以返回数据清单中与条件区域所设定的条件相匹配的信息。条件区域包含了函数所要汇总的数据列（field）在数据清单中的列标志的一个副本。

例如，在图 1-77 所示的工作表中，A1:C13 单元格区域为数据库区域，要统计收入大于 5000 元的收入平均值，在 F2 单元格中输入条件，使用以下公式：

=DAVERAGE(A1:C13, "收入", E1:F2)
将得到收入平均值为 7222.841。

	A	B	C	D	E	F	G
1	月份	收入	支出		月份	收入	支出
2	1月份	8565.53	4121.51			>5000	
3	2月份	7451.56	5181.18		7222.841		
4	3月份	7415.15	3548.58				
5	4月份	6581.55	4618.58				
6	5月份	7555.51	4915.65				
7	6月份	5164.38	5141.11				
8	7月份	7145.51	6518.58				
9	8月份	8215.52	6515.14				
10	9月份	8715.15	5815.26				
11	10月份	5418.55	5154.66				
12	11月份	4355.35	5815.65				
13	12月份	4982.58	4581.85				

图 1-77　数据库区域

（2）DCOUNT 函数

DCOUNT 函数用于计算数据库中给定字段满足条件的记录数，其语法如下：

```
DCOUNT(database, field, criteria)
```

其中，参数 field 为可选项，如果省略，将返回数据库中满足条件 criteria 的所有记录数；其他参数参考 DAVERAGE 函数。

例如图 1-77 所示的数据库区域，要统计收入大于 5000 元的记录数，可以使用以下公式：

=DCOUNT(A1:C13, "收入",E1:F2)

得到结果为 10。

（3）DSTDEVP 函数

DSTDEVP 函数将数据清单或数据库的指定列中满足给定条件单元格中的数字作为总体样本计算其标准偏差。其语法如下：

```
DSTDEVP(database, field, criteria)
```

其中各参数与 DAVERAGE 函数相同。

例如图 1-77 所示的数据库区域，要计算收入大于 5000 元的样本的标准偏差，可以使用以下公式：

=DSTDEVP(A1:C13, "收入", E1:F2)

得到结果为 1145.6499。

（4）DMAX 函数

DMAX 函数将返回数据库中满足条件的记录中给定字段的最大值，其语法如下：

```
DMAX(database, field, criteria)
```

其中各参数与 DAVERAGE 函数相同。

例如图 1-77 所示的数据库区域，要查找收入大于 5000 元的记录中支出的最大值，可以使用以下公式：

=DMAX(A1:C13,"支出",E1:G2)

将返回结果 6518.58。

6．逻辑函数

逻辑函数是功能强大的函数，它可以使用户对工作表结果进行判断和逻辑选择。

（1）IF 函数

IF 函数返回经过逻辑测试的结果。它可以对数值和公式进行条件检测。其语法如下：

```
IF(logical_test, value_if_true, value_if_false)
```

其中，logical_test 为逻辑值，它可以是 TRUE 或者 FALSE，也可以是计算结果为 TRUE 或 FALSE 的任何数值或表达式。value_if_true 是 logical_test 为 TRUE 时函数的返回值，可以是某一个公式。如果 logical_test 为 TRUE 并且省略 value_if_true，则返回 TRUE。value_if_false 是 logical_test 为 FALSE 时函数的返回值，可以是某一个公式。如果 logical_test 为 FALSE 并且省略 value_if_false，则返回 FALSE。

IF 函数最多可以嵌套 7 层，方法是用 value_if_true 及 value_if_false 参数构造复杂的检测条件。

例如，判断 B5 单元格中的数值是否小于 60，是则返回"FAIL!"，否则返回"PASS!"，可以使用以下公式：

=IF(B5<60,"FAIL! ","PASS! ")

如果还要对 PASS 的情况细分等级，即 60~85 为"FINE!"，85 及以上为"EXCELLENT!"，可以使用以下嵌套公式：

=IF(B5<60,"FAIL! ",IF(B5<85,"FINE! ","EXCELLENT! "))

这样即可得到所需的等级。

（2）AND 函数

AND 函数用于判断所有参数的逻辑值是否为真，"是"则返回"TRUE"，"否"则只要有一个逻辑值为假即返回"FALSE"。其语法如下：

AND(logical1, logical2, …)

其中，logical1、logical2 等为 1~30 个逻辑值参数，各逻辑值参数可以为单个逻辑值 TRUE 或 FALSE，也可以是包含逻辑值的数组或者单元格引用。如果数组或者单元格引用中包含文字或空单元格，则忽略其值。如果指定的单元格区域内包括非逻辑值，AND 函数将返回错误值"#VALUE!"。

例如，要判断 B10 单元格中的数值是否大于 5 而且小于 10，可以使用以下公式：

=AND(B10>5, B10<10)

则当 B10 单元格的数值大于 5 而且小于 10 时返回"TRUE"，否则返回"FALSE"。

（3）NOT 函数

NOT 函数对给定参数的逻辑值求反。其语法如下：

NOT(logical)

其中，logical 是一个逻辑值参数，可以是单个逻辑值 TRUE 或 FALSE，也可以是逻辑表达式。如果逻辑值为 FALSE，函数返回"TRUE"；如果逻辑值为 TRUE，函数返回"FALSE"。

例如，以下公式：

=NOT(B5=10)

在 B5 单元格数值等于 10 时返回"FALSE"，否则返回"TRUE"。

（4）OR 函数

OR 函数用于判断给定参数中的逻辑值是否为真，只要有一个为真即返回"TRUE"，如果全部为假，则返回"FALSE"。其语法如下：

OR(logical1, logical2, …)

其中，logical1、logical2 等与 AND 函数中的参数相同。

例如，要判断 C6 单元格中是否为 10 或者 20，可以使用以下公式：

=OR(C6=10, C6=20)

当 C6 单元格中是 10 或 20 时返回"TRUE"，否则返回"FALSE"。

思考练习

一、填空题

1. 在 Excel 2016 中，添加了_____按钮。单击该按钮，打开的 Microsoft Office Backstage 视图取代了传统的文件菜单，用户只需通过单击，即可执行与工作簿相关的各项操作。

2. _____用于显示工作表的名称，还可以进行工作表切换，只需单击_____就能够激活相应的工作表。

3. 快速访问工具栏 Excel 2016 左上角的一个工具栏，其中包含_____、_____和_____。

4. 默认情况下，Excel 功能区有_____、_____、_____、_____、_____等选项卡。

5. 标题栏的最右端是用于对 Excel 进行操作的控制按钮，分别是_____、_____和_____按钮。

6. 编辑栏可以用来_____。

7. 如果输入的数字或文字数据遵循某种规律，需要用到 Excel 的自动填充功能。首先_____，然后选中它们。向下拖动_____到合适的位置后释放鼠标即可。

8. Excel 提供的_____功能可以将工作表中选定的单元格的上窗格和左窗格冻结在屏幕上，从而使得在滚动工作表时屏幕上一直显示行标题和列标题，使用户能够将表格标题和数据相对应地看清楚，而且使用冻结工作表窗口不影响打印。

9. 在 Excel 中，运算符包括_____4类。

10. _____函数可求一系列数字之和；_____函数返回参数平均值（算术平均值）；_____函数返回一个指定字符或者字符串首次出现在另外一个字符串中的起始位置；_____函数返回经过逻辑测试的结果。

11. Excel 提供了 3 种不同的引用类型：相对引用、绝对引用和混合引用。在引用单元格数据时，要弄清这 3 种引用类型。其中绝对引用的单元格名称的行和列前都有符号_____。

二、简答题

1. Excel 2016 的工作界面主要由哪些内容组成？请在工作界面上分别指出各自的名称和位置。

2. Excel 2016 新增的迷你图功能有什么作用？

3. 如果 Excel 2016 常用的默认设置值不符合实际工作的需要，是否可以修改默认值，如何修改？

三、上机操作题

1. 在"快速访问工具栏"中添加"打印预览"按钮。

2. 将"默认本地文件位置"改为任意自己所需要的文件夹路径。

3. 尝试将功能区内现有的常用命令进行删除和添加，尝试添加新建选项卡。

4. 设计一个某企业工资表，对其中的数据进行条件格式操作。

操作提示：

（1）设计成绩表。

（2）要求用红色显示月工资小于 3500 元的单元格中的数据。

5. 函数的具体使用。

（1）用 DB 函数计算价值为 ¥100,000.00 的固定资产在剩余价值为 ¥15,000.00，5 年使用期限，第一年中使用 9 个月的情况下，第一年的固定余额递减法下的折旧费。

（2）在 A1:A5 单元格区域输入 20、35、45、60、80，用 SUM 函数求和，用 AVERAGE 函数求平均数。

Excel 2016 进阶 | 第2章

本章的学习目标

- 掌握如何利用 Excel 进行数据管理与分析
- 掌握如何利用 Excel 制作图表
- 掌握如何利用 Excel 插入图形对象与艺术字

本章主要对 Excel 的常用高级功能进行分析讲解，读者可以通过本章的学习全面了解 Excel 的高级应用。

2.1 数据管理与分析

Excel 在数据管理方面提供了强大的功能。本节将从如何获取数据入手，讲解如何编辑分析工作表中的数据，如何对数据进行汇总计算，以及如何创建数据透视表等知识。

2.1.1 建立数据列表

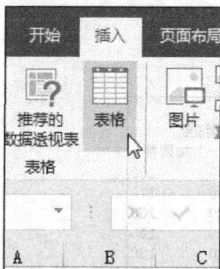

要对工作表中的数据进行管理，首先要建立数据列表。可以通过两种途径建立数据列表：一种途径是 Excel 2016 支持将数据区域转化为表，直接建立数据列表；另一种途径是沿用 Excel 2003 的记录单功能建立数据列表。

1. 直接建立数据列表

数据列表即常说的表格，在 Excel 中，用户只要执行了数据库命令，Excel 会自动将数据列表默认为一个数据库，数据列表中的一行则对应数据库中的一条记录。

建立数据列表，具体操作步骤如下。

（1）打开"插入"选项卡，在"表格"组中单击"表格"按钮，如图 2-1 所示。

（2）弹出"创建表"对话框，在该对话框中的"表数据的来源"文本框中输入准备创建列表的单元格区域$A$3:$D$13，如图 2-2 所示。

（3）单击"确定"按钮，完成创建数据列表，效果如图 2-3 所示。

建立数据列表

图 2-1 "表格"按钮

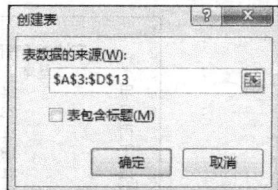

图 2-2 "创建表"对话框

宏达责任有限公司工资明细单			
列1	基本工资	福利费	加班费
甲	2400	400	200
乙	2380	380	370
丙	2190	320	200
丁	1880	260	100
戊	2110	280	130
己	1660	220	110
庚	1780	240	120
辛	2100	255	80
壬	1590	190	200
癸	1880	230	90

图 2-3 完成创建数据列表

2. 使用记录单建立数据列表

数据清单，就是包含相关数据的一系列工作表数据行，若干数据清单组成数据列表。当对工作表中的数据进行操作时，Excel 会将数据清单当成数据库来处理。对数据清单的各种编辑操作经常要用到记录单。由于自 Excel 2010 开始，Excel 将记录单命令设为自定义命令，使用该命令前，需要用第 1 章介绍的自定义功能区的方法将记录单命令调出。

（1）使用记录单

记录单可以提供简捷的方法在数据清单中一次输入或显示一个完整的信息行，即记录。在使用记录单向新数据清单添加记录时，这个数据清单在每一列的最上面必须有标志。使用记录单的具体操作步骤如下。

① 单击需要添加记录的数据清单中的任意一个单元格，如图 2-4 所示。

② 单击"记录单"按钮 ，打开记录单对话框，如图 2-5 所示。

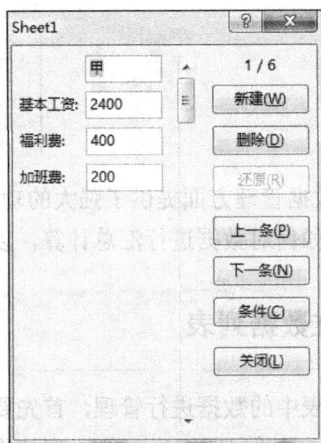

图 2-4　需要添加记录的数据清单　　　　图 2-5　记录单对话框

③ 单击"新建"按钮。

④ 输入新记录所包含的信息。如果要移到下一字段，可以按 Tab 键；如果要移到上一字段，可以按"Shift+Tab"快捷键；完成数据输入后，按 Enter 键继续添加记录；输入数据的记录单如图 2-6 所示。

⑤ 完成记录的添加后，单击"关闭"按钮关闭记录单，所添加的数据如图 2-7 所示。

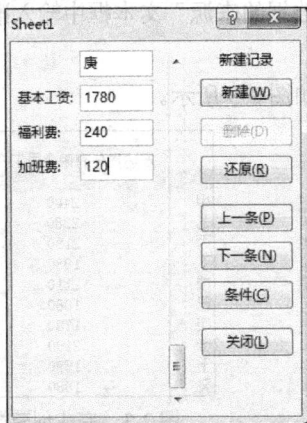

图 2-6　在记录单中输入数据　　　　图 2-7　使用记录单输入数据后的工作表

如果添加了含有公式的记录，那么直到按 Enter 键或单击"关闭"按钮添加记录之后，公式才会被计算。

注意

（2）修改记录

使用记录单不但可以在工作表中为数据清单添加数据，还可以对数据清单进行修改。修改记录的具体操作步骤如下。

① 单击需要修改的数据清单中的任意一个单元格。

② 单击"记录单"按钮 ，打开记录单对话框。

③ 单击"下一条"按钮或者"上一条"按钮找到需要修改的记录，然后在记录中修改信息，如图 2-8 所示。

④ 记录修改完成后，单击"关闭"按钮更新当前显示的记录并关闭记录单。

含有公式的字段将公式的结果显示为标志，这种标志不能在记录单中进行修改。

提示

（3）删除记录

使用记录单在数据清单中删除记录和修改记录的方法类似。删除记录的具体操作步骤如下。

① 单击数据清单中的任一单元格。

② 单击"记录单"按钮 ，打开记录单对话框。

③ 单击"下一条"按钮或者"上一条"按钮找到需要删除的记录。

④ 单击"删除"按钮，系统将弹出提示对话框，如图 2-9 所示。

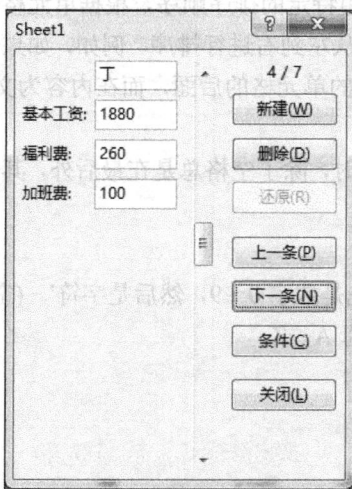

图 2-8　对数据进行修改　　　　图 2-9　删除记录时的提示

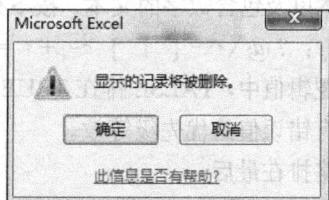

⑤ 在该对话框中单击"确定"按钮，即可删除被选中的记录。

⑥ 单击记录单对话框中的"关闭"按钮关闭对话框。

使用记录单对话框删除记录后是不能再恢复记录的。

注意

（4）查找记录

当数据清单比较大时，要找到数据清单中的记录就不容易了，此时可利用快速查找数据清单记录的功能。

如果每次要移动一条记录，可以单击记录单对话框中的滚动条按钮。如果每次要移动 10 条记录，单击滚动条与滚动条按钮之间的空白处。

使用记录单还可以对数据清单中的数据设置查找条件，所设置的条件通常为比较条件。设置条件查找数据清单中的数据的具体操作步骤如下。

① 单击数据清单中的任意一个单元格。

② 单击"记录单"按钮，打开记录单对话框。

③ 单击"条件"按钮，然后在记录单中输入查找条件。

④ 单击"上一条"按钮或者"下一条"按钮进行查找，可以顺序找到符合查找条件的记录；如果要在找到符合指定条件的记录之前退出搜索，可以单击"表单"按钮。

⑤ 找到记录后，可以对记录进行各种编辑操作。操作完毕后或者查找中想要退出"表单"对话框，单击"关闭"按钮即可。

2.1.2　数据排序

在工作表或者数据清单中输入数据以后，经常要进行排序操作，以便更加直观地比较各个记录。

1．默认的排序顺序

在进行排序之前，首先来介绍 Excel 中数据的排序是按照怎样的规则进行的。在对数据清单中的数据进行排序时，Excel 有默认的排序顺序。Excel 使用特定的排序顺序，根据单元格中的数值而不是格式来排列数据。在排序文本项时，Excel 逐个字符从左到右进行排序。例如，如果一个单元格中的文本为"A10"，该单元格将排在内容为文本"A1"的单元格的后面，而在内容为文本"A11"的单元格的前面。

按升序排序时，Excel 的排序规则如下（按降序排序时，除了空格总是在最后外，其他的排序顺序反转）。

（1）数字按从最小的负数到最大的正数排序。

（2）文本以及包含数字的文本，按下列顺序排序：先是数字 0～9，然后是字符'-(空格)！＃＄％＆ ()＊，./:；？@\＾-{｜} ～ +<=>，最后是字母 A～Z。

（3）在逻辑值中，FALSE 排在 TRUE 之前。

（4）所有错误值的优先级等效。

（5）空格排在最后。

2．单列数据排序

如果要对数据清单中的单列数据进行排序，可以根据需要使用排序方法。根据某一列的内容对行数据排序的具体操作步骤如下。

（1）选择"数据"｜"排序和筛选"｜"排序"命令，如图 2-10 所示。

（2）弹出"排序"对话框，如图 2-11 所示。在该对话框中，设置"主要关键字""排序依据""次序"选项的内容。

图 2-10　"数据"｜"排序和筛选"｜"排序"命令

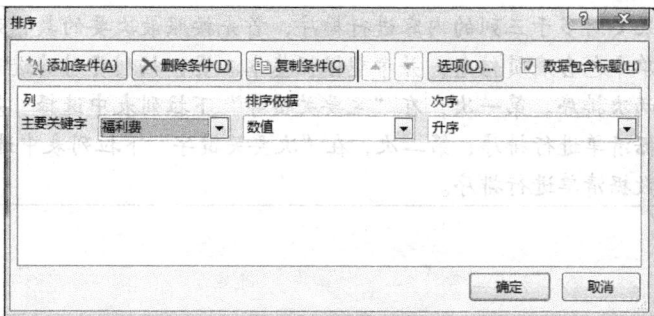

图 2-11 "排序"对话框

（3）单击"确定"按钮，工作表将按"福利费"一列的数字从小到大排列，如图 2-12 所示。

如果是通过建立工作列表的方式进行数据管理，则直接单击需要排序的列标题右侧的按钮，在打开的下拉菜单中选择准备应用的排序次序即可，如图 2-13 所示。

图 2-12 排序后的工作表

图 2-13 利用下拉菜单排序

3. 多列数据排序

在根据单列数据对工作表中的数据排序时，如果该列的某些数据完全相同，则这些行的内容就按原来的顺序排列，这会给数据排序带来一定的麻烦。选择多列数据排序可以解决这个问题，而且在实际操作中也经常会遇到按照多个依据排序的情况。例如，足球比赛中是按总积分来排列名次的，往往有一些球队总积分相同，这时就要通过净胜球来分出名次。根据多列数据的内容对数据行进行排序的具体操作步骤如下。

数据排序

（1）在需要排序的数据清单中，单击任意一个单元格。

（2）打开"排序"对话框，选择"基本工资"作为主要关键字，升序排列。

（3）单击"添加条件"按钮，选择"福利费"作为次要关键字，升序排列，如图 2-14 所示。

（4）单击"确定"按钮，工作表则会进行多列排序，效果如图 2-15 所示。

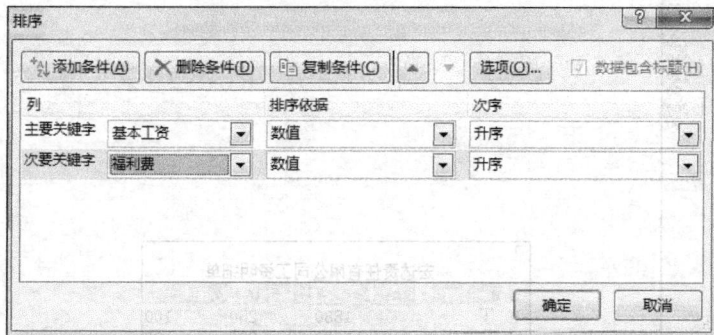

图 2-14 设置关键字

图 2-15 多列排序后的工作表

> **提示**
> 如果要对多于三列的内容进行排序，首先按照最次要的数据列进行排序。例如，数据清单中包含雇员信息，并希望根据基本工资、福利费对其进行排序，要对数据清单进行两次排序。第一次，在"主要关键字"下拉列表中选择"基本工资"选项，然后对数据清单进行排序；第二次，在"次要关键字"下拉列表中选择"福利费"选项，然后对数据清单进行排序。

2.1.3 筛选数据

所谓筛选，指的是从数据中找出符合指定条件的数据，这也是用户经常会遇到的问题。下面介绍各种筛选数据的方法。

1. 自动筛选

自动筛选的具体操作步骤如下。

（1）单击需要筛选的数据列表中任意一个单元格。

（2）选择"数据"｜"排序和筛选"｜"筛选"命令，如图 2-16 所示。

（3）工作表变成图 2-17 所示的格式，在每个字段的右边都出现了一个下拉按钮。

高级筛选

图 2-16 "数据"｜"排序和筛选"｜"筛选"命令

图 2-17 带下拉按钮的工作表

> **提示**
> 如果是已经建立好的数据列表，不需要执行步骤①～③。

（4）单击列标题右侧的下拉按钮，弹出下拉菜单，如图 2-18 所示。

（5）取消选中"全选"复选框，选中"1880"复选框。

（6）单击"确定"按钮，工作表变成图 2-19 所示的格式，仅显示符合筛选条件的数据。

图 2-18 下拉菜单

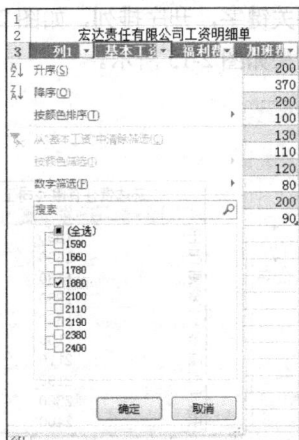

图 2-19 工作表仅显示符合筛选条件的数据

如果要清除所有的筛选，以显示所有行，可以单击"排序和筛选"组中的"清除"按钮。

2.高级筛选

使用高级筛选可以对工作表和数据清单进行更复杂的筛选操作。

如果要进行高级筛选，必须在工作表的数据清单上方至少留出 3 个能被用作条件区域的空行，并将含有筛选值的数据列的列标志复制到该条件区域的第一个空行中。因此，进行高级筛选的数据清单必须有列标志，而且要设置条件区域。对于简单的工作表和数据清单来说，使用高级筛选太麻烦了，但是，这对于大型的工作表和数据清单却是非常有用的。图 2-20 所示的是在一个工资表的数据清单上建立条件区域。

注意 进行高级筛选前，应在筛选区域以外的单元格区域中输入高级筛选的条件，条件中包括筛选条件和其所在列的列标题。在条件值和数据清单间至少要留出一个空行。

高级筛选的具体操作步骤如下。

（1）单击需要筛选的工作表中任意一个单元格。

（2）打开"数据"选项卡，单击"高级"按钮，如图 2-21 所示。

图 2-20　高级筛选的条件区域

图 2-21　高级筛选按钮

（3）弹出"高级筛选"对话框，如图 2-22 所示。选中"在原有区域显示筛选结果"单选按钮，在列表区域和条件区域中输入相应内容；也可以通过单击折叠按钮，在工作表中选定区域，然后单击"框伸展"按钮来选定列表区域和条件区域。

（4）单击"确定"按钮，筛选结果如图 2-23 所示。

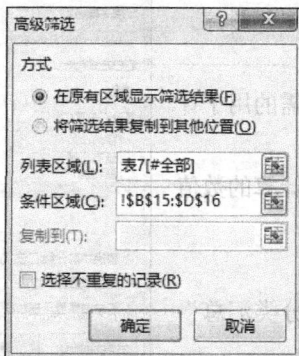

图 2-22　"高级筛选"对话框

图 2-23　筛选结果

3. 取消筛选

如果要取消筛选结果，重新显示所有的数据，可以使用以下两种方法。

（1）如果要在数据清单中取消对某一列进行的筛选，单击列首单元格右侧的下拉按钮，然后选中"全选"复选框。

（2）选择"数据"｜"排序和筛选"｜"清除"命令，即可取消所有筛选，如图 2-24 所示。

图 2-24　取消筛选

2.1.4　分类汇总数据

分类汇总

分类汇总是将数据按照某一字段进行分类并计算汇总（个数、和、平均值等）。通过分类汇总，用户可以方便地分析出各类数据与总数据的关系。例如，有一个销售数据清单，数据清单中包含了日期、账户、产品、单位、价格以及收入等信息。我们可以按账户来查看分类汇总结果，也可以按产品来查看分类汇总结果。

利用 Excel 的分类汇总命令，不必手工创建公式。Excel 可以自动创建公式、插入分类汇总与总和的行并且自动分级显示数据。数据结果可以被轻松地用于格式化、创建图表或者打印操作。

1. 创建分类汇总

创建分类汇总的具体操作步骤如下。

（1）在需要分类汇总的数据清单中，单击任意一个单元格，如图 2-25 所示。

（2）单击"数据"选项卡下"分级显示"组中的"分类汇总"按钮，如图 2-26 所示。

图 2-25　需要分类汇总的数据清单

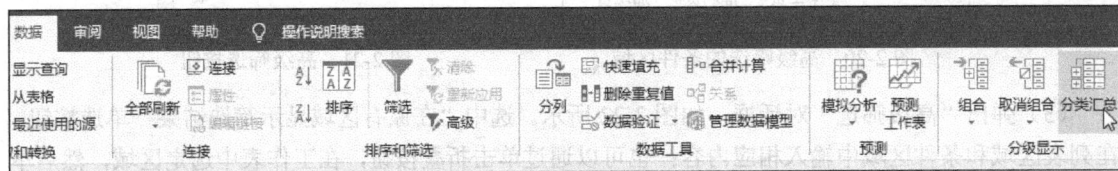

图 2-26　"分类汇总"按钮

（3）在"分类汇总"对话框中，单击"分类字段"下拉按钮，在下拉列表中选择需要用来分类汇总的数据列，所选的数据列应已经排序，如图 2-27 所示。

（4）单击"汇总方式"下拉按钮，在下拉列表中选择所需的用于计算分类汇总的函数。

（5）在"选定汇总项"列表框中，选中与需要对其汇总计算的数值列对应的复选框（可多个）。

（6）设置"分类汇总"对话框中其他的选项。

① 若想要替换任何现存的分类汇总，选中"替换当前分类汇总"复选框。

② 若想要在每组之前插入分页，选中"每组数据分页"复选框。

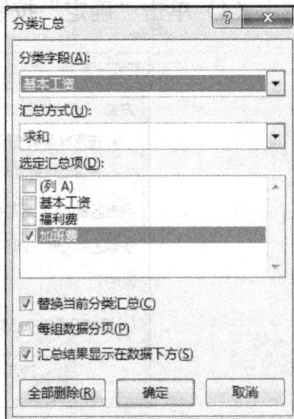

图 2-27　"分类汇总"对话框

③ 若想在数据组末段显示分类汇总及总和，选中“汇总结果显示在数据下方”复选框。

（7）单击“确定”按钮，完成分类汇总操作。图 2-28 所示为分类汇总后的结果。

对数据进行分类汇总以后，如果要查看数据清单中的明细数据或者单独查看汇总总计，则要用到分级显示的内容。

在图 2-28 中，工作表的左上方是分级显示的级别符号，如果要分级显示某个级别的数据，则单击该级别的数字。

分级显示级别符号下方还有隐藏明细数据按钮[-]，单击它，可以在数据清单中隐藏数据清单中的明细数据。

分级显示级别符号下方有显示明细数据按钮[+]，单击它，可以在数据清单中显示数据清单中的明细数据，如图 2-29 所示。

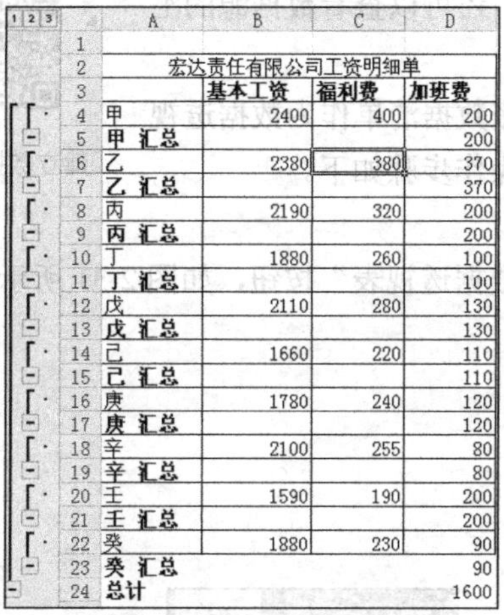

	A	B	C	D
1				
2	宏达责任有限公司工资明细单			
3		基本工资	福利费	加班费
4	甲	2400	400	200
5	甲 汇总			200
6	乙	2380	380	370
7	乙 汇总			370
8	丙	2190	320	200
9	丙 汇总			200
10	丁	1880	260	100
11	丁 汇总			100
12	戊	2110	280	130
13	戊 汇总			130
14	己	1660	220	110
15	己 汇总			110
16	庚	1780	240	120
17	庚 汇总			120
18	辛	2100	255	80
19	辛 汇总			80
20	壬	1590	190	200
21	壬 汇总			200
22	癸	1880	230	90
23	癸 汇总			90
24	总计			1600

图 2-28　分类汇总后的结果

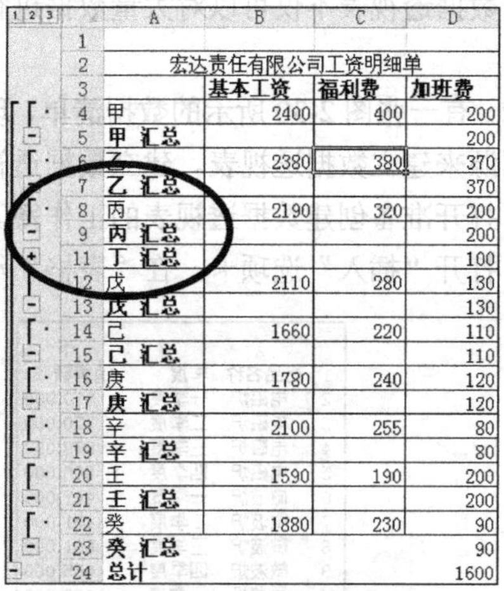

	A	B	C	D
1				
2	宏达责任有限公司工资明细单			
3		基本工资	福利费	加班费
4	甲	2400	400	200
5	甲 汇总			200
6	乙	2380	380	370
7	乙 汇总			370
8	丙	2190	320	200
9	丙 汇总			200
11	丁 汇总			100
12	戊	2110	280	130
13	戊 汇总			130
14	己	1660	220	110
15	己 汇总			110
16	庚	1780	240	120
17	庚 汇总			120
18	辛	2100	255	80
19	辛 汇总			80
20	壬	1590	190	200
21	壬 汇总			200
22	癸	1880	230	90
23	癸 汇总			90
24	总计			1600

图 2-29　显示明细数据

2. 删除分类汇总

删除分类汇总的具体操作步骤如下。

（1）在已进行分类汇总的数据清单中，单击任意一个单元格。

（2）单击“数据”选项卡下“分级显示”组中的“分类汇总”按钮，打开“分类汇总”对话框。

（3）在“分类汇总”对话框中单击“全部删除”按钮。

2.1.5　数据透视表

阅读一个具有大量数据的工作表是很不方便的，用户可以根据需要，将这个工作表生成能够显示分类概要信息的数据透视表。使用数据透视表能够迅速方便地从数据源中提取并计算需要的信息。

1. 数据透视表简介

数据透视表是一种对大量数据快速汇总和建立交叉列表的交互式表格。它可以用于转换行和列，以便查看源数据的不同汇总结果；可以显示不同页面，以便筛选数据；还可以根据需要显示区域中的明细数据。

2. 数据透视表的组成

数据透视表由报表筛选、行标签、列标签和数值 4 个部分组成，其中各组成部分的功能如下。

（1）报表筛选：用于基于报表筛选中的选定项来筛选整个报表。

（2）行标签：用于将字段显示为报表的行标题。

（3）列标签：用于将字段显示为报表的列标题。

（4）数值：用于显示汇总数值数据。

3. 数据源

在 Excel 中，可以利用多种数据源来创建数据透视表。可利用的数据源如下。

（1）Excel 的数据清单或者数据库。

（2）外部数据源，包括数据库、文本文件或者除了 Excel 工作簿以外的其他数据源，也可以是 Internet 上的数据源。

（3）经过合并计算的多个数据区域以及另外一个数据透视表。

4. 建立数据透视表

使用数据透视表不仅可以对大量数据进行快速汇总，还可以查看数据源的汇总结果。

建立数据透视表

例如，有一张图 2-30 所示的数据清单，现在要以这张数据清单作为数据透视表的数据源来建立数据透视表。建立数据透视表的具体操作步骤如下。

（1）打开准备创建数据透视表的工作簿。

（2）打开"插入"选项卡，在"表格"组中单击"数据透视表"按钮，如图 2-31 所示。

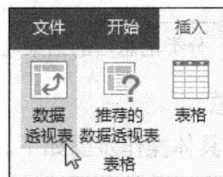

图 2-30　企业销售统计表

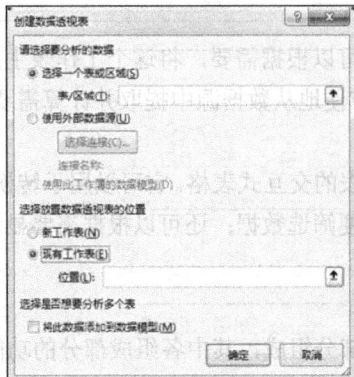

图 2-31　"数据透视表"按钮

（3）弹出"创建数据透视表"对话框，在"请选择要分析的数据"选项组中单击"表/区域"文本框右侧的折叠按钮，如图 2-32 所示。

（4）选择准备创建数据透视表的数据区域，如图 2-33 所示。

图 2-32　"创建数据透视表"对话框

图 2-33　选择准备创建数据透视表的数据区域

（5）单击文本框右侧的展开按钮▣，返回"创建数据透视表"对话框，在"选择放置数据透视表的位置"选项组中选中"新工作表"单选按钮，如图 2-34 所示。

（6）单击"确定"按钮，打开"数据透视表字段"对话框，如图 2-35 所示。

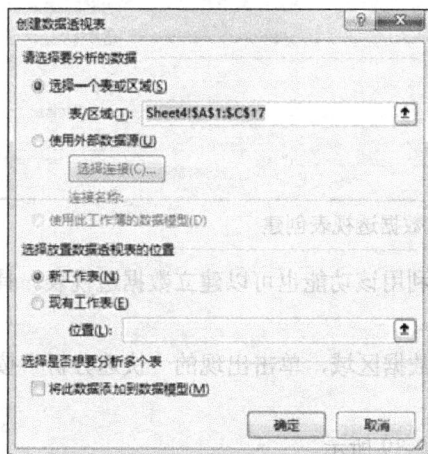

图 2-34　"新工作表"单选按钮　　　　图 2-35　"数据透视表字段"对话框

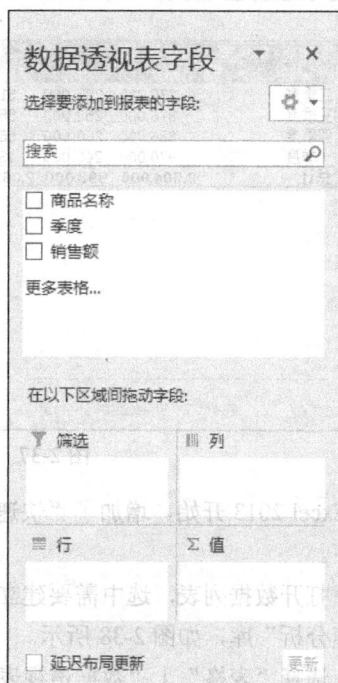

（7）在"数据透视表字段"对话框中"选择要添加到报表的字段"区域选择准备设置为"列"的字段，拖动选择的字段到相应的区域中，如图 2-36 所示。

（8）在"数据透视表字段"对话框中"选择要添加到报表的字段"区域选择准备设置为"行"的字段，拖动选择的字段到相应的区域中，如图 2-36 所示。

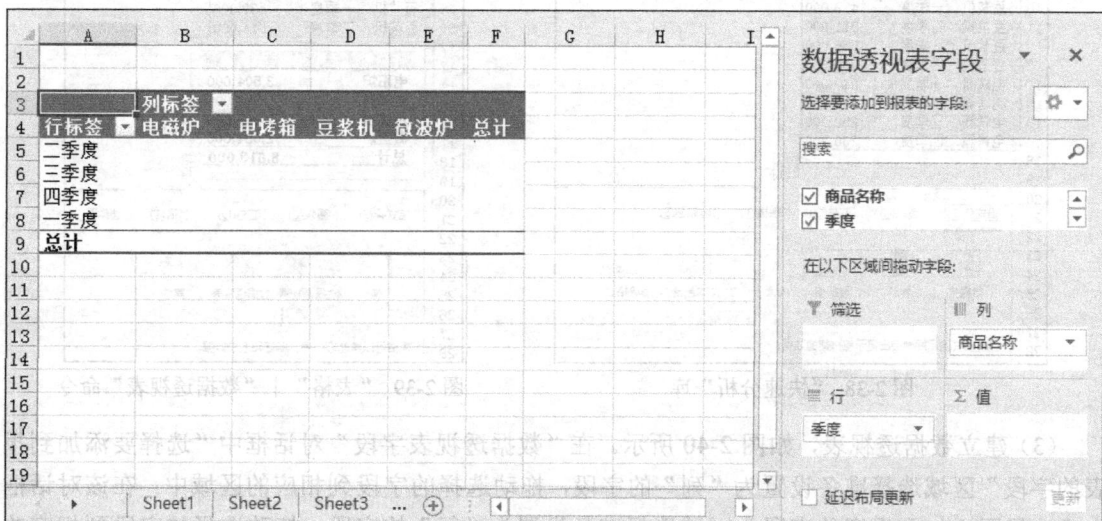

图 2-36　设置列标签和行标签

（9）在"数据透视表字段"对话框中"选择要添加到报表的字段"区域选择准备设置为"值"的字段，拖动选择的字段到相应的区域中，如图2-37所示，完成数据透视表的创建。

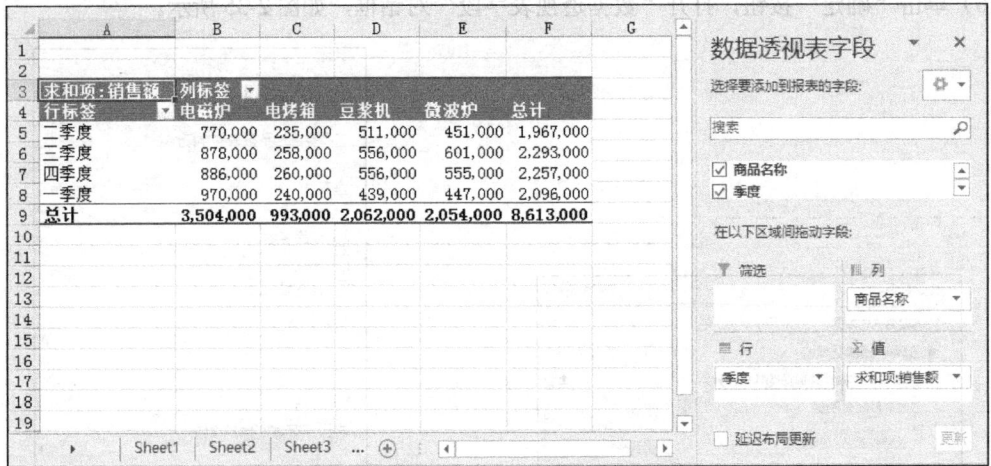

图2-37　设置"值"完成数据透视表创建

从Excel 2013开始，增加了"快速分析"功能，利用该功能也可以建立数据透视表。具体操作步骤如下。

（1）打开数据列表，选中需要建立数据透视表的数据区域，单击出现的"快速分析"按钮，打开"快速分析"库，如图2-38所示。

（2）选择"表格"|"数据透视表"命令，如图2-39所示。

图2-38　"快速分析"库

图2-39　"表格"|"数据透视表"命令

（3）建立数据透视表，如图2-40所示。在"数据透视表字段"对话框中"选择要添加到报表的字段"区域选择准备设置为"列"的字段，拖动选择的字段到相应的区域中；在该对话框中"选择要添加到报表的字段"区域选择准备设置为"行"的字段，拖动选择的字段到相应的区域中，便可生成图2-37所示的数据透视表。

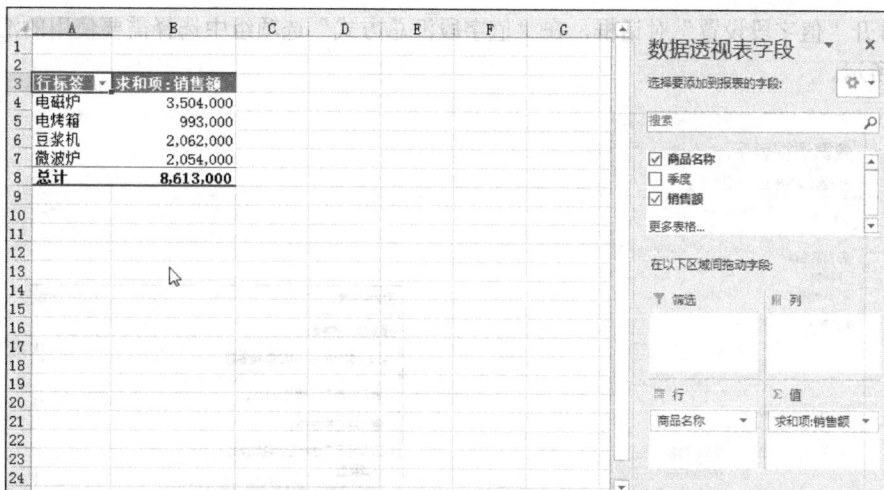

图 2-40　利用"快速分析"功能生成的数据透视表

5. 删除数据透视表

对于建立了数据透视表的数据清单，不能直接在其中删除数据。如果要删除其中的数据，只能删除整个数据透视表，具体操作步骤如下。

（1）打开需要删除的数据透视表。

（2）打开"数据透视表工具"｜"分析"选项卡。

（3）在"操作"组中单击"选择"下拉按钮，在下拉菜单中选择"整个数据透视表"命令，如图 2-41 所示，选中整个数据透视表。

（4）按下 Delete 键，删除整个工作表。

6. 添加和删除字段

在数据透视表中可以根据需要添加和删除字段。只需要在"数据透视表字段"对话框中"选择要添加到报表的字段"区域选择准备设置的字段，将其拖动到相应的区域中，就可以进行添加操作；或者从相应区域拖回到"选择要添加到报表的字段"区域就可以进行删除操作。

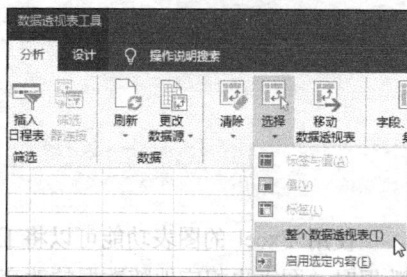

图 2-41　"整个数据透视表"命令

7. 设置或修改分类汇总

具体操作步骤如下。

（1）单击数据透视表中的任意一个单元格。

（2）打开"数据透视表工具"｜"分析"选项卡，单击"显示"组中的"字段列表"按钮，如图 2-42 所示。

图 2-42　"字段列表"按钮

（3）在"数据透视表字段"对话框中，单击"求和项"按钮，并选择"值字段设置"命令，如图 2-43 所示。

（4）打开"值字段设置"对话框，在"值字段汇总方式"选项组中选择需要使用的汇总函数，如图2-44所示。

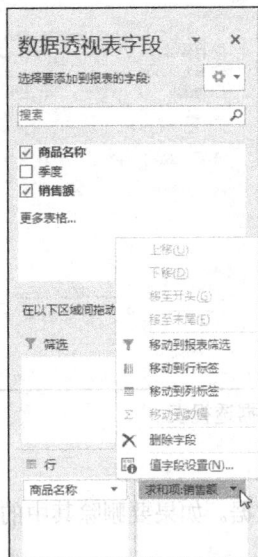

图2-43 "值字段设置"命令

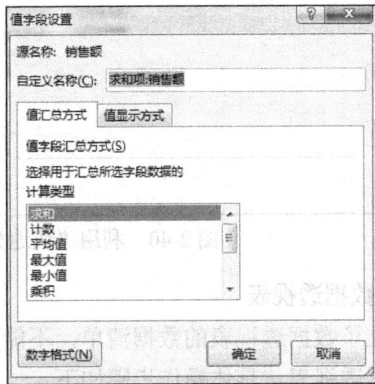

图2-44 "值字段设置"对话框

（5）单击"确定"按钮，完成汇总方式设置。

2.2 图表

使用 Excel 的图表功能可以将工作表中枯燥的数据转化为简洁的图表形式。当编辑工作表中的数据时，图表也相应地随数据的改变而改变，不需要再次生成图表。本节将介绍图表术语、图表类型、建立图表、自定义图表和三维图表的操作等方面的内容。

2.2.1 图表概述

图表具有很好的视觉效果，创建图表后，可以清楚地看到数据之间的差异。应用图表不仅可以把数据形象地表示出来，还可以对图表中的数据进行预测分析，得到一系列数据的变化趋势。形象化的图表与处于大量网格线中的数据相比，有助于更迅速有力地传递信息。

1. 数据系列

创建图表需以工作表中的数据为基础。工作表中转化为图表的一连串数值的集合称作数据系列。例如，要画出某公司下属的各个分公司各季度的利润图表，某个分公司各个季度的利润就构成了一个数据系列。数据系列一般不止一个，Excel 图表中以不同的颜色、形状来区别不同的数据系列，在"图例"中标明了不同的数据序列。

2. 引用

每个数据系列都包含若干个数值点，Excel 图表的数据系列中最多可以有 4000 个数值点，用所引用的内容作为各数据系列中数值点的标题，例如，图2-45 中的"三季度"就是序列"甲分公司"的"引用"。

3. 嵌入式图表

嵌入式图表是把图表直接插入数据所在的工作表中，主要用于说明工作表的数据关系，这样可以使图表具有更强的说服力和更为直观的表达力。图 2-46 所示为嵌入式图表的例子。

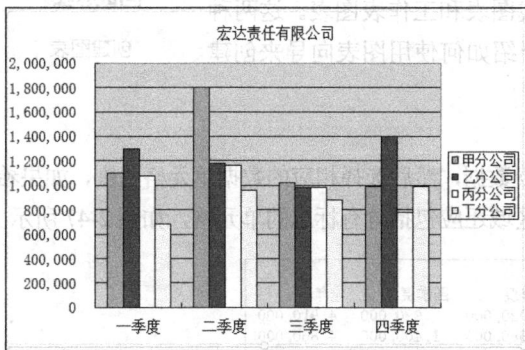
图 2-45　图表工作表

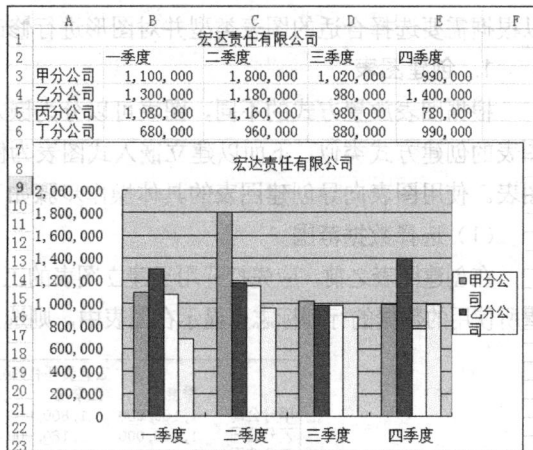
图 2-46　嵌入式图表

4. 图表工作表

图表工作表即整个工作表中只有一张图表，图 2-45 所示的就是图表工作表。图表工作表主要用于只需要图表的场合，因为用户输入数据往往只是为了建立一张图表，所以在最后的输出文档中出现一张单独的图表即可。

5. 图表类型

Excel 中提供了多种图表类型，每种图表类型还包含不同的子类型，子类型是在图表类型基础上变化而来的。用户在创建图表前需要根据要求决定采用哪一种图表类型，每一种类型都有其不同的特点，表 2-1 所示为各种图表的用途。

表 2-1　　　　　　　　　　各种图表的用途

图表类型	用途
柱形图	用于显示一段时期内数据的变化或者各项数据之间的比较关系
条形图	用于描述各项数据的变化或者显示各项数据与整体之间的关系
折线图	用于显示数据的变化趋势
饼图	用于显示数据系列中各项占总体的比例关系，注意饼图一般只显示一个数据系列
XY 散点图	多用于科学数据，用于比较不同数据系列中的数值，以反映数值之间的关联性
面积图	用于显示局部和整体之间的关系，更强调数值随时间的变化趋势
圆环图	用于显示部分和整体之间的比例关系，这一点和饼图类似，但可以表示多个数据系列
雷达图	用于多个数据系列之间的总值的比较，各个分类各自的数值坐标轴相对于中点呈辐射状分布，同一序列的数值之间用折线相连
曲面图	用于确定两组数据之间的最佳组合
气泡图	一种特殊类型的 XY 散点图
股价图	用于分析股票价格的走势
圆锥、圆柱和棱锥图	它们都是三维效果图，用途与二维效果图类似

2.2.2 创建与修改图表

Excel 提供了很多不同种类的图表，如柱形图、条形图和折线图等，用户可以根据需要选择合适的图表类型并对图形进行修改。

1. 创建图表

根据图表放置方式的不同，图表可以分为嵌入式图表和工作表图表。这两种图表的创建方式类似，下面以建立嵌入式图表为例介绍如何使用图表向导来创建图表。使用图表向导创建图表的具体操作步骤如下。

（1）选择数据范围

在创建图表之前，应先打开用于建立图表的工作表数据，然后选择相应的数据单元格范围，如果希望所使用的数据的行列标志也显示在图表中，则选定区域还应包括含有标志的单元格，如图 2-47 所示。

| 宏达责任有限公司 | | | | |
	一季度	二季度	三季度	四季度	全年
甲分公司	1,100,000	1,800,000	1,020,000	990,000	4,910,000
乙分公司	1,300,000	1,180,000	980,000	1,400,000	4,860,000
丙分公司	1,080,000	1,160,000	980,000	780,000	4,000,000
丁分公司	680,000	960,000	880,000	990,000	3,510,000

图 2-47　待选择的工作表数据范围

（2）选择图表类型

打开"插入"选项卡，单击"图表"组中柱形图按钮，在下拉菜单中选择所需的一种柱形图类型，如图 2-48 所示。

（3）图 2-49 所示为创建完成的柱形图

Excel 允许用户对图表进行修改操作，例如，更改图表背景颜色、增加或者删除数据系列、更改图例等，这里仅介绍一些最基本的操作。

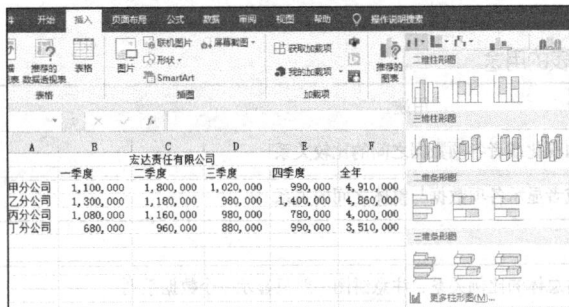

图 2-48　柱形图按钮

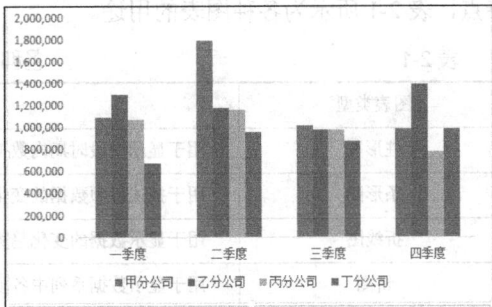

图 2-49　创建完成的柱形图

此外，从 Excel 2013 开始，利用新增的"快速分析"功能也可建立图表，如图 2-50 所示。

图 2-50　利用"快速分析"功能建立图表

2. 改变图表类型

在创建图表时，用户不一定清楚选择哪一种图表类型更合适，通常在创建了图表之后才发现，选择另一种图表类型更适合当前的数据展示，这里就涉及如何改变图表类型的问题。具体操作步骤如下。

（1）打开需要修改图表的工作簿，激活需要改变的图表。

（2）右击，在快捷菜单中选择"更改图表类型"命令，如图 2-51 所示。

（3）弹出"更改图表类型"对话框，如图 2-52 所示，可以从中选择所需的图表类型。

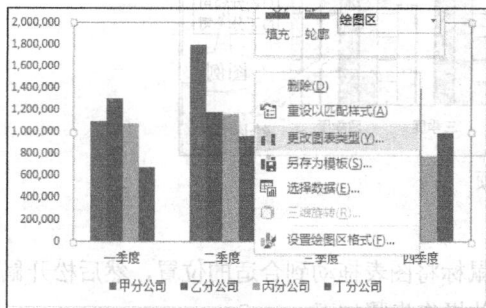

图 2-51　"更改图表类型"命令

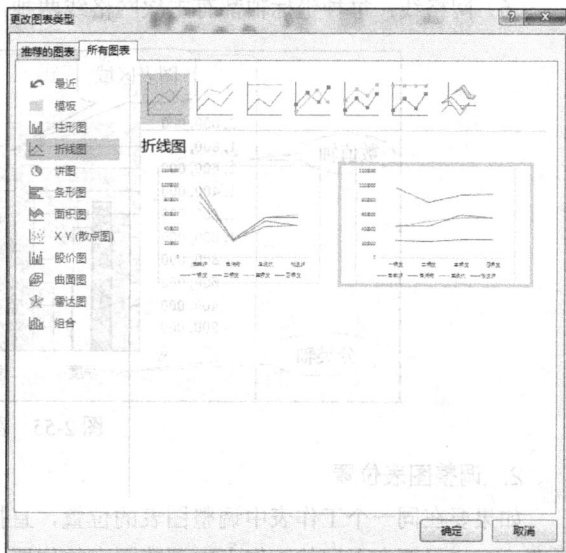

图 2-52　"更改图表类型"对话框

（4）单击"确定"按钮，新类型的图表将出现在工作表中，如图 2-53 所示。

对于改变图表类型，也可以通过"图表工具"｜"设计"选项卡完成。在该选项卡的"图表样式"组中选择需要的图表类型选项，如图 2-54 所示。

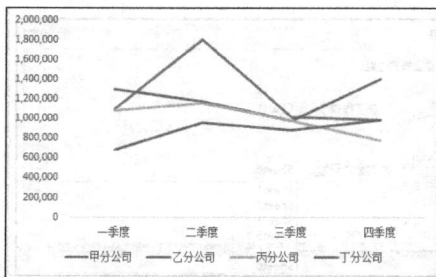

图 2-53　改变类型后的图表

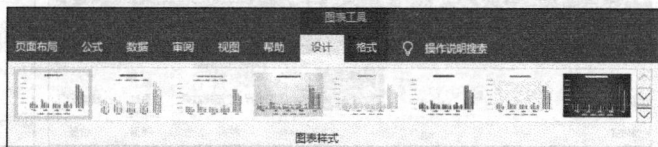

图 2-54　"图表样式"组

2.2.3　自定义图表

在使用 Excel 的自动套用格式创建图表后，如果该图表并不完全符合要求，可以使用自定义图表进行修改。本小节主要介绍一些自定义图表的方法，在 Excel 自动套用格式基础上修改图表。

1. 图表项

激活图表后，可以通过选择图表的不同部分进行自定义。图表的每一个可被选择的部分称为图表项，单击图表的不同部分，在"图表"工具栏中会出现相应的图表项的名称。图表中主要有下列图表项。

（1）图表区域：图表区域是整个图表所有的图表项所在的背景区。

（2）图例：图例是对图表中的数据系列的说明。

（3）图表标题：图表的标题，并不包括图表的坐标轴标题，一般位于图表的正上部。

（4）坐标轴：图表坐标轴的名称，分为数值轴和分类轴。

（5）绘图区：绘图区是真正的图表所在区，绘图区不包括图例。

（6）网格线：每种坐标轴都有主次网格线两种，图 2-55 所示为数值轴的主网格线。

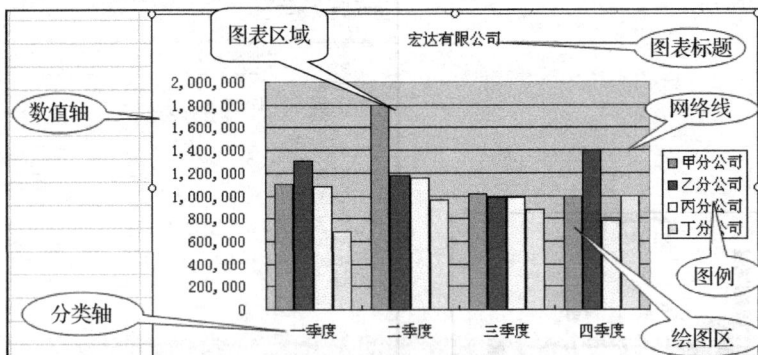

图 2-55　图表项

2．调整图表位置

如果要在同一个工作表中调整图表的位置，直接用鼠标将图表拖动到合适的位置，然后松开鼠标即可；如果要在不同的工作表中调整图表的位置，具体操作步骤如下。

（1）打开需要移动图表的工作簿，激活需要移动的图表。

（2）打开"图表工具"｜"设计"选项卡，单击"移动图表"按钮，如图 2-56 所示。

（3）弹出"移动图表"对话框，在该对话框中选择所需移动到的工作表（例如 Sheet4），如图 2-57 所示。

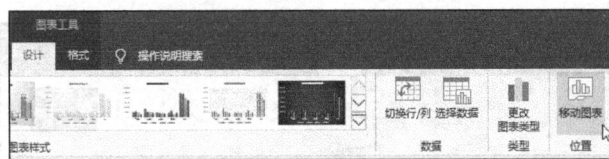

图 2-56　"移动图表"按钮

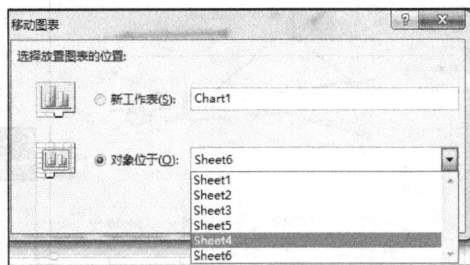

图 2-57　"移动图表"对话框

（4）单击"确定"按钮，图表将出现在 Sheet4 工作表中。

3．标题操作

（1）添加标题

图表标题是用来对图表进行说明的一个标志。用户可以在图表中添加图表标题，具体操作步骤如下。

① 打开需要添加图表标题所在的工作簿，激活该图表。

② 单击图表右方出现的 + 按钮，弹出下拉菜单，如图 2-58 所示，选择"图表标题"复选框。

③ 图表中出现标题文本框，在该文本框中输入标题说明文字，如图 2-59 所示。

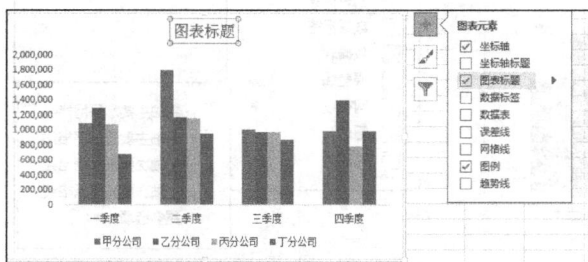

图 2-58 "图表元素"下拉菜单

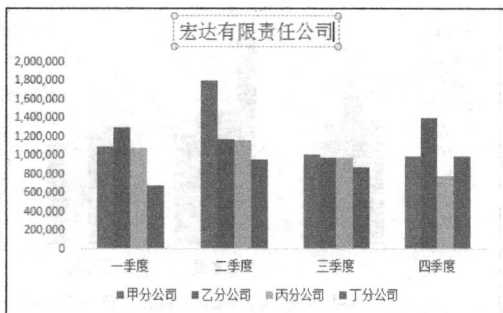

图 2-59 在标题文本框中输入标题说明文字

（2）修改标题属性

右击需要修改的标题，在弹出的快捷菜单中选择"设置图表标题格式"命令，弹出"设置图表标题格式"对话框，如图 2-60 所示，用户可以根据需要对"设置图表标题格式"对话框中的各选项进行设置，效果如图 2-61 所示。

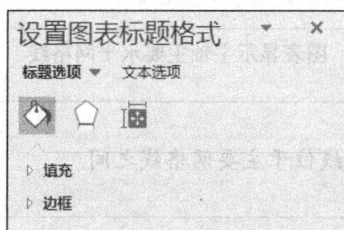

图 2-60 "设置图表标题格式"对话框

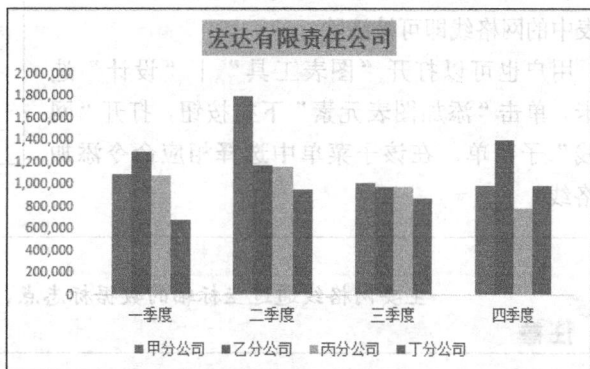

图 2-61 完成图表标题格式设置

对于图表标题格式的设置，也可以通过"图表工具"|"设计"选项卡完成。在该选项卡中单击"添加图表元素"下拉按钮，打开下拉菜单，如图 2-62 所示，在该下拉菜单中选择相应命令即可。

4. 添加网格线

网格线有助于用户弄清数值点的数值大小。添加网格线的具体操作步骤如下。

（1）打开需要添加网格线图表所在的工作簿，激活该图表。

（2）单击图表右方出现的 + 按钮，弹出下拉菜单，选择"网格线"|"主轴主要水平网格线"命令，如图 2-63 所示。

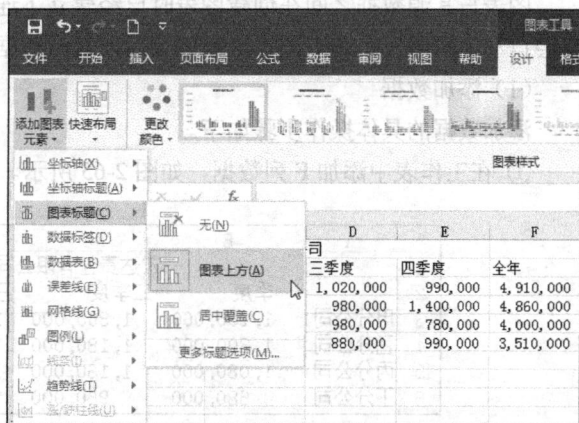

图 2-62 添加图表元素下拉菜单

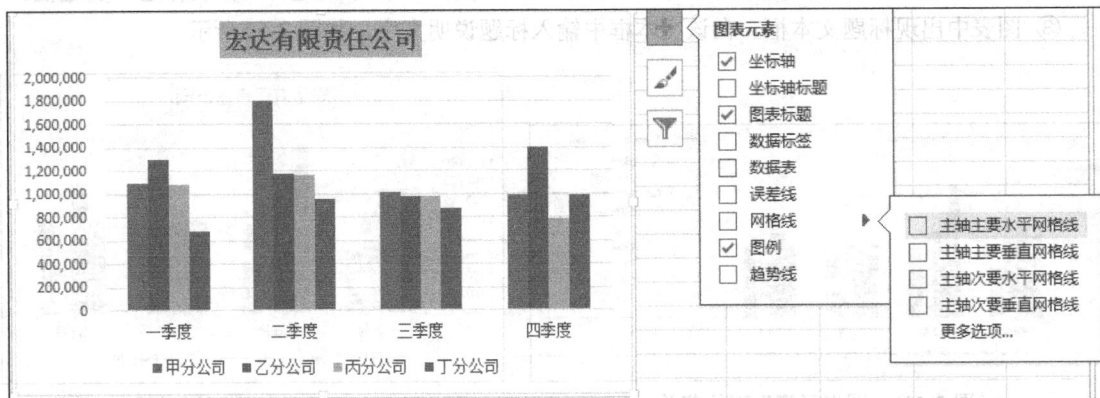

图 2-63　"网格线"｜"主轴主要水平网格线"命令

（3）图表中显示主轴主要水平网格线，如图 2-64 所示。

如果用户不需要网格线，可以单击图表右方出现的 + 按钮，在下拉菜单中取消选中"网格线"复选框，图表中的网格线即可被清除。

用户也可以打开"图表工具"｜"设计"选项卡，单击"添加图表元素"下拉按钮，打开"网格线"子菜单，在该子菜单中选择相应命令添加网格线。

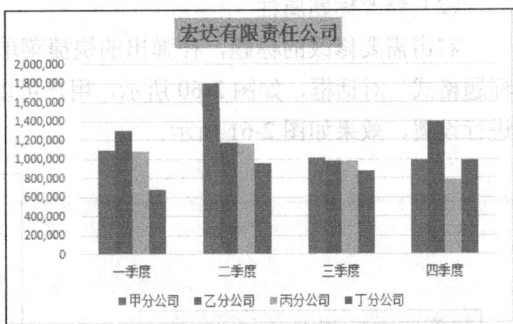

图 2-64　图表显示主轴主要水平网格线

> 主要网格线通过坐标轴的数据标志点，次要网格线位于主要网格线之间。

5. 数据系列操作

图表与其源数据之间在创建图表时已经建立了连接，因此，在对工作表中数据进行修改后，Excel 将会自动更新图表；在对图表进行修改后，其源数据中的数据也会随着改变。

（1）添加数据

添加数据的具体操作步骤如下。

① 在工作表中添加 F 列数据，如图 2-65 所示。

	A	B	C	D	E	F
1			宏达责任有限公司			
2		一季度	二季度	三季度	四季度	全年
3	甲分公司	1,100,000	1,800,000	1,020,000	990,000	4,910,000
4	乙分公司	1,300,000	1,180,000	980,000	1,400,000	4,860,000
5	丙分公司	1,080,000	1,160,000	980,000	780,000	4,000,000
6	丁分公司	680,000	960,000	880,000	990,000	3,510,000

图 2-65　添加 F 列数据后的工作表

② 选中该图表，打开"图表工具"｜"设计"选项卡，单击该选项卡中的"选择数据"按钮，如图 2-66 所示。

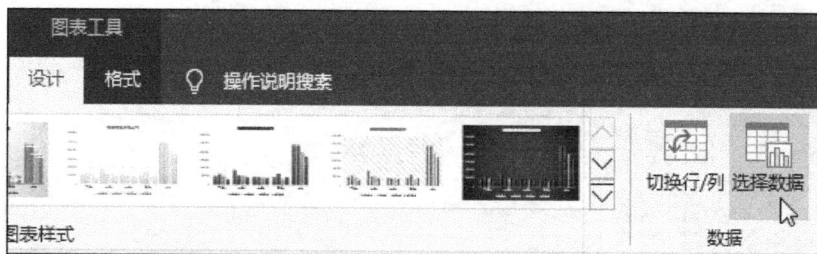

图 2-66 "选择数据"按钮

③ 弹出"选择数据源"对话框，如图 2-67 所示，然后单击"图表数据区域"文本框右侧的折叠按钮。

④ 单击该图表所在工作表的标签，选择 A2:F7 单元格区域，单击"图表数据区域"文本框右侧的展开按钮，返回"选择数据源"对话框。

⑤ 单击"确定"按钮，"全年"数据将添加到图表中，结果如图 2-68 所示。

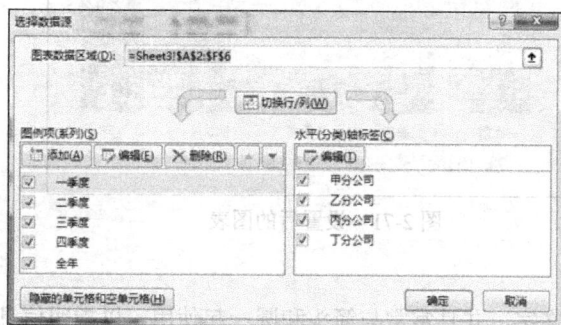

图 2-67 "选择数据源"对话框

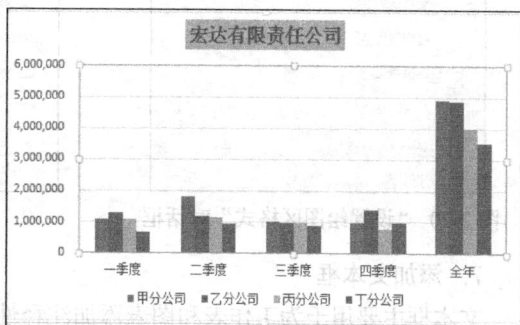

图 2-68 添加数据后的新图表

（2）删除数据系列

如果要同时删除工作表和图表中的数据，只要从工作表中删除数据，图表将会自动更新；如果从图表中删除数据系列，则在图表单击所要删除的数据系列，然后按 Delete 键即可。

6. 设置图表区格式

在某些情况下，对图表区的背景进行重新设置，可以更好地突出图表的内容。设置图表区格式的具体操作步骤如下。

（1）单击需要设置的图表，选中该图表。

（2）打开"图表工具"｜"格式"选项卡，单击"设置所选内容格式"按钮，如图 2-69 所示。

图 2-69 "设置所选内容格式"按钮

（3）弹出"设置绘图区格式"对话框，如图 2-70 所示。

（4）选择"渐变填充"选项，选择一种预设颜色。

（5）单击"关闭"按钮，图表区变为图 2-71 所示的样式。

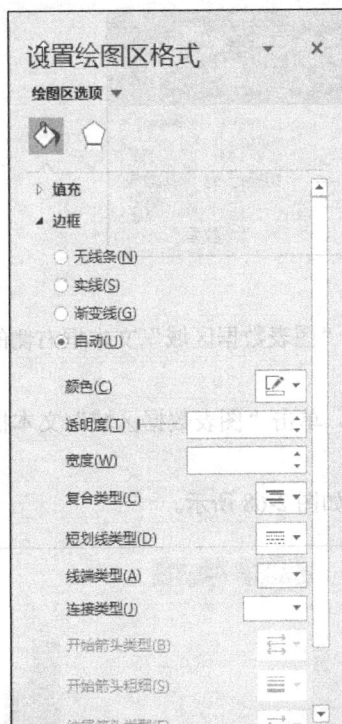

图 2-70 "设置绘图区格式"对话框

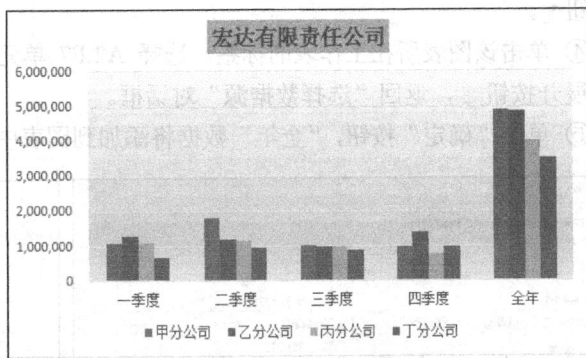

图 2-71 设置后的图表

7. 添加文本框

文本框主要用于为工作表和图表添加注释性文字，并且常常与箭头和圆一起使用，以指明信息所解释的对象。

添加文本框的具体操作步骤如下。

（1）打开需要添加文本框图表所在的工作表。

（2）打开"图表工具"｜"格式"选项卡，单击"文本框"按钮，如图 2-72 所示。

（3）此时鼠标指针将变成十字形状，拖动鼠标画出一个文本框并在其中输入文字，如图 2-73 所示。

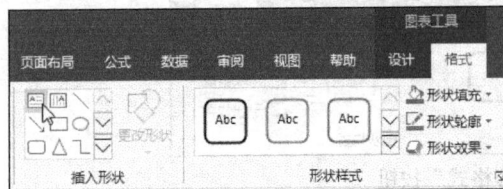

图 2-72 "文本框"按钮

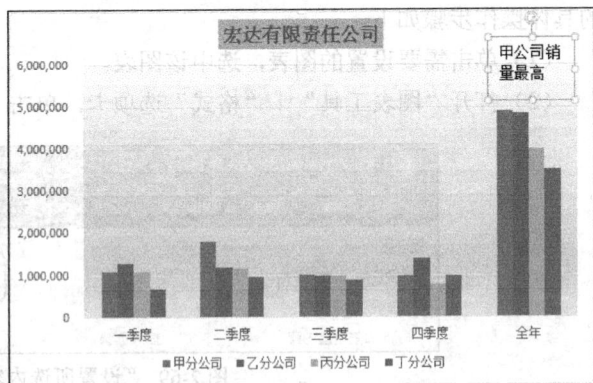

图 2-73 画出文本框并在其中输入文字

（4）打开"图表工具"｜"格式"选项卡，在选项卡中单击"箭头"按钮，如图 2-74 所示。

（5）拖动鼠标画出一个箭头，为图表插入一条解释，如图 2-75 所示。

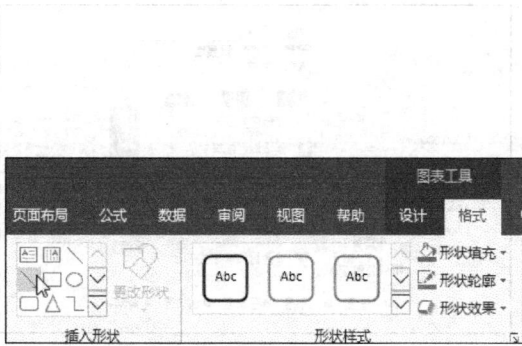

图 2-74 "箭头"按钮

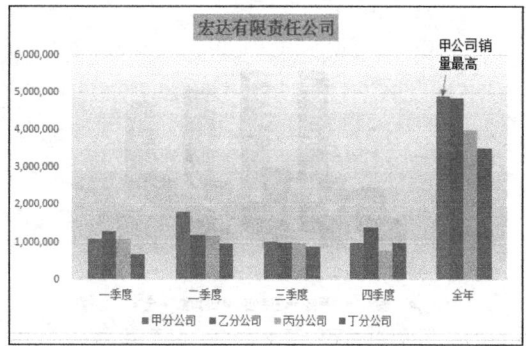

图 2-75 为图表插入一条解释

另外，在文本框中单击鼠标右键，在弹出的快捷菜单中选择"设置对象格式"命令，打开"设置形状格式"对话框，如图 2-76 所示。在该对话框中选择相应的选项，便可以对文本框格式进行设置。图 2-77 所示为设置后的文本框。

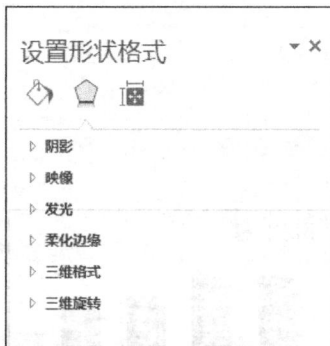

图 2-76 "设置形状格式"对话框

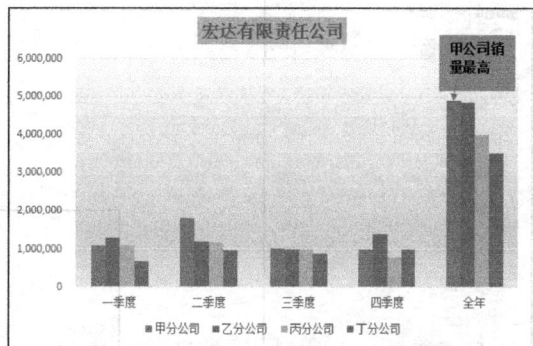

图 2-77 设置后的文本框

8. 三维图表

三维图表比二维图表更符合人的视觉习惯，所以它比二维图表更能吸引人们的注意力。如果三维图表使用得当，往往会达到事半功倍的效果。

要创建一张三维图表，可在插入图表时选择相关三维图表的类型。例如，选定生成图表的数据区域后，打开"插入"选项卡，单击"图表"组中 按钮，弹出"插入图表"对话框，在"所有图表"中选择一种三维图类型，如图 2-78 所示，单击"确定"按钮，便可创建一张三维图表，如图 2-79 所示。

创建三维图表的操作，基本与创建二维图表相同，但是可以对三维图表进行三维旋转操作。旋转三维图表的具体操作步骤如下。

（1）激活需要旋转的三维图表，单击鼠标右键，弹出快捷菜单，选择"三维旋转"命令，如图 2-80 所示。

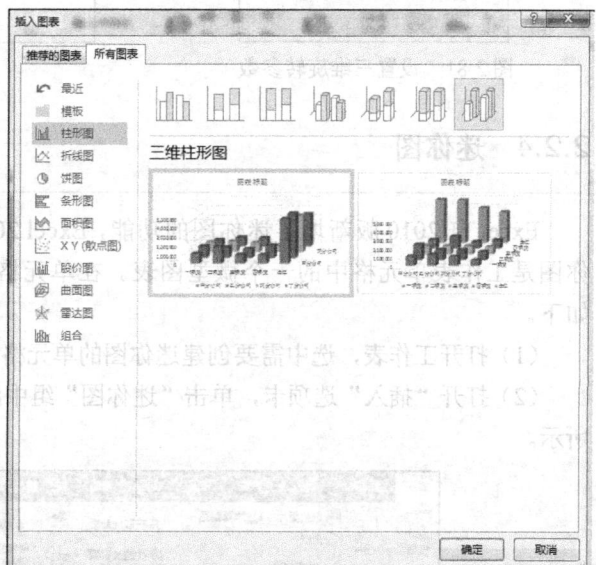

图 2-78 选择三维图

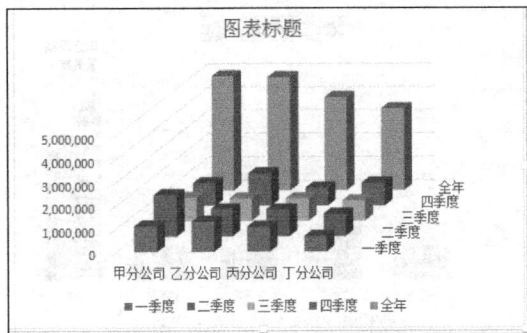

图 2-79　创建三维图表

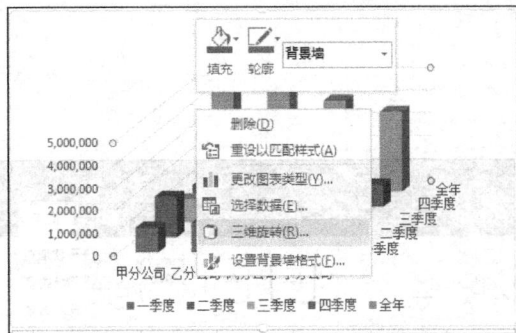

图 2-80　"三维旋转"命令

（2）弹出"设置图表区格式"对话框，在"三维旋转"选项组中进行相关参数的设置，如图 2-81 所示。

（3）设置完成后，单击"关闭"按钮，三维图表发生旋转，效果如图 2-82 所示。

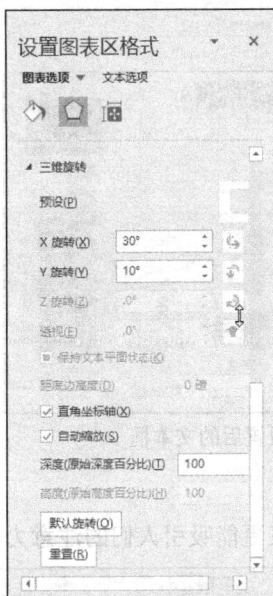

图 2-81　设置三维旋转参数

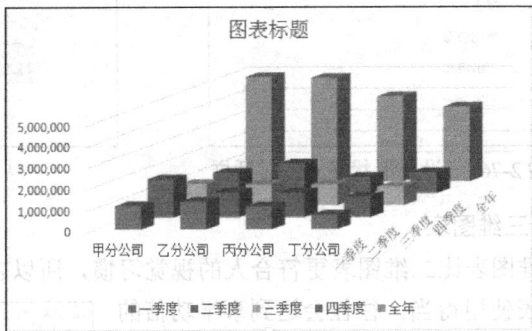

图 2-82　三维旋转后的图表效果

2.2.4　迷你图

Excel 自 2010 版新增了迷你图的功能，Excel 2016 继续保留了该功能。迷你图是工作表单元格中的一个微型图表。在单元格中创建迷你图的操作步骤如下。

（1）打开工作表，选中需要创建迷你图的单元格。

（2）打开"插入"选项卡，单击"迷你图"组中的"柱形"按钮，如图 2-83 所示。

迷你图

图 2-83　"柱形"按钮

（3）在"创建迷你图"对话框中选择数据源，如图 2-84 所示。

（4）单击"确定"按钮，在 B7 单元格中将显示迷你柱形图，如图 2-85 所示。

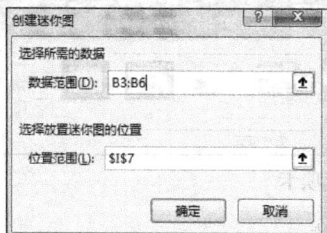

图 2-84 "创建迷你图"对话框

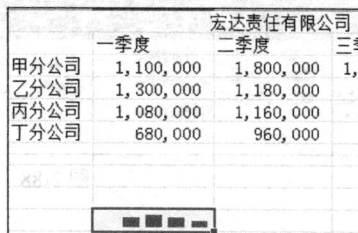

图 2-85 迷你柱形图

2.3 图形与艺术字

众所周知，图文并茂的图表往往更能吸引读者。Excel 提供了大量的剪贴画、强大的图像处理功能、精彩的艺术字以及各种图表背景，可以让用户充分展现自己的风格，设计出令人赏心悦目的图表。本节主要介绍图形的应用和艺术字的运用。

2.3.1 插入图形对象

除了图表之外，还可以在工作表中添加纯粹的图形元素。与图表不同的是，图形元素与工作表中的数据并不相关，但是应用它们可以使工作表看上去更美观。可以通过插入图形对象的方法将一些精美的图片和剪贴画插入图表中，为图表增色，从而使制作出的图表赏心悦目。

如果要在工作表中插入图片，可先将插入点定位到要插入图片的位置，然后打开"插入"选项卡，单击"图片"按钮，如图 2-86 所示。

打开"插入图片"对话框，如图 2-87 所示，选择要插入的图片文件。在查找范围列表框中找到需要插入的图片，如果要在插入之前浏览效果，可以单击"显示预览窗格"按钮 ▣，确认后单击"插入"按钮。

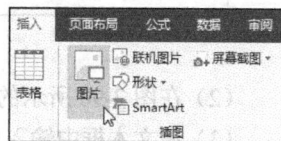

图 2-86 "图片"按钮

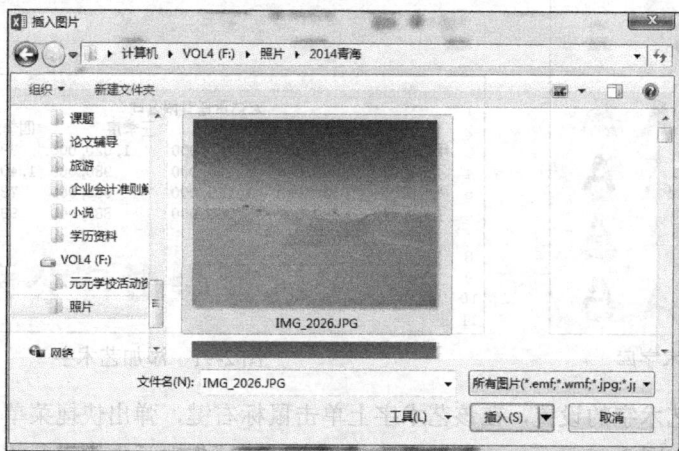

图 2-87 "插入图片"对话框

插入的图片可以在"图片工具"选项卡内进行编辑，如图 2-88 所示。

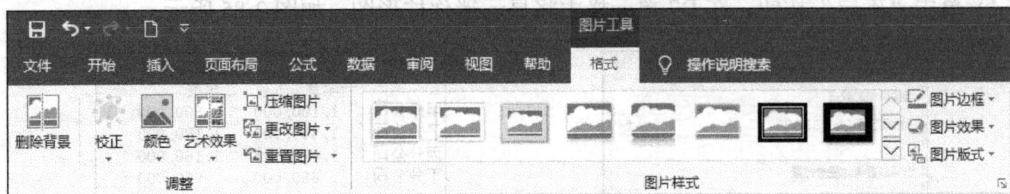

图 2-88　"图片工具"选项卡

2.3.2　艺术字的运用

运用艺术字可以美化文案视觉效果。一篇好的报告、文本及方案离不开各方面的修饰，其中艺术字的运用就是其中重要的一环。

在工作表中插入艺术字的操作步骤如下。

（1）将插入点定位到要插入艺术字的位置，然后打开"插入"选项卡，单击"文本"下拉菜单中的"艺术字"按钮，如图 2-89 所示。

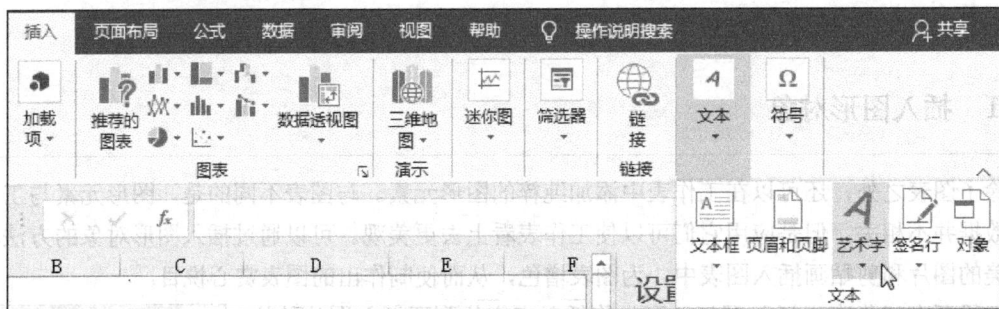

图 2-89　"艺术字"按钮

（2）在图 2-90 所示的选项中选择所需的艺术字，工作表中会出现文本框。

（3）在文本框中输入所需文字，艺术字添加完成，如图 2-91 所示。

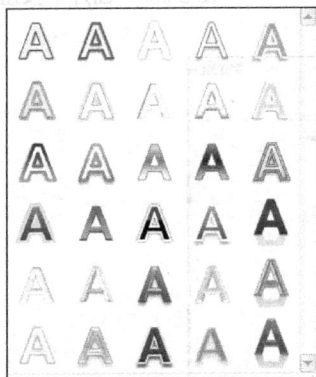

图 2-90　艺术字库

图 2-91　添加艺术字

如果需要更改艺术字的设置，在该艺术字上单击鼠标右键，弹出快捷菜单，选择"设置文字效果格式"命令，如图 2-92 所示。在弹出的"设置形状格式"对话框中进行相关设置，如图 2-93 所示。

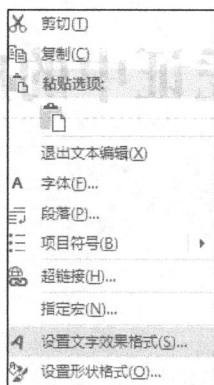

图 2-92 "设置文字效果格式"命令

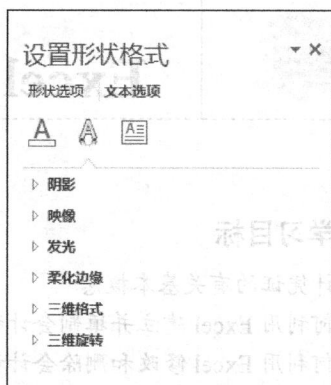

图 2-93 "设置形状格式"对话框

思考练习

一、填空题

1. 修改数据清单时，单击需要修改的数据清单中的任意一个单元格，选择_____命令，打开_____对话框，单击_____按钮找到需要修改的记录，然后在记录中修改信息。

2. 显示一段时期内数据的变化或者各项之间的比较关系，一般使用_____。

3. 建立数据透视表，通过_____命令，在打开的_____对话框中进行系列操作。

4. 创建图表要以_____为基础，工作表中转化为图表的一连串数值的集合称作_____。例如，要画出某公司下属的各个分公司各季度的利润图表，某个分公司各个季度的利润就构成了一个_____。

二、简答题

1. 函数按功能可以分为哪些常见类型？请将每种类型的函数列举出 2~3 个，并简单陈述该函数如何应用？

2. 什么是数据透视表？数据透视表由那些内容组成？

3. Excel 提供了多种图表类型，请简述出 5 种以上常见的图表类型。

4. 简述在单元格中如何利用 Excel 创建迷你图？

三、上机操作题

请按照列为数据排序。

操作提示：

1. 输入数据；

2. 选择数据；

3. 对内容进行排序；

4. 对内容进行多列排序。

第3章

Excel 在会计凭证中的应用

✎ **本章的学习目标**

- 了解会计凭证的有关基本概念
- 掌握如何利用 Excel 建立并填制会计科目表
- 掌握如何利用 Excel 修改和删除会计科目
- 掌握如何利用 Excel 建立会计凭证表

会计凭证是会计核算的重要依据。填制和审核会计凭证是会计核算的一种专门方法，也是会计工作的起点和基础。通过本章的学习，读者应了解并掌握 Excel 在会计账务处理流程中编制会计凭证环节的应用。

3.1 会计凭证概述

3.1.1 会计凭证的含义及作用

会计凭证是指记录经济业务，明确经济责任的书面证明，它是登记账簿的依据。填制和审核会计凭证，既是会计工作的开始，也是会计对经济业务进行监督的重要环节。

会计凭证在会计核算中具有十分重要的意义，主要表现如下。

① 填制和取得会计凭证，可以及时正确地反映各项经济业务的完成情况。

② 审核会计凭证，可以更有力地发挥会计的监督作用，使会计记录合理、合法。

③ 填制和审核会计凭证，可以加强经济管理中人员的责任感。

3.1.2 会计凭证的类型

会计凭证按其填制的程序及其在经济管理中的用途，分为原始凭证和记账凭证。

1. 原始凭证

原始凭证是指在经济业务发生时取得或填制的，用以证明经济业务的发生或完成等情况，并作为原始依据的会计凭证。原始凭证必须真实、完整、规范、及时和正确，并必须有经办人的签字。此外，原始凭证只有经过审核后，才能作为记账依据。审核原始凭证是保证会计记录的真实和正确、充分发挥会计监督的重要环节。

2. 记账凭证

记账凭证是指会计人员根据审核后的原始凭证填制的，用来确定经济业务应借、应贷会计分录，作为记账依据的会计凭证。记账凭证在记账前需经过审核。

3.2 建立和处理会计科目表

在利用 Excel 完成会计账务处理时，首先要建立会计科目表。建立会计科目表时，需要在 Excel 工作表中输入数据。数据的输入方法有两种：一种方法是直接在单元格中输入数据，另一种方法是在记录单中输入数据。由于采用记录单的方式便于新建、删除及查找会计科目，所以本节将介绍采用记录单方式建立会计科目表。

3.2.1 在单元格中输入数据，建立会计科目表

建立会计科目表的具体操作步骤如下。

（1）打开 Excel 文件。

（2）单击 A1 单元格，输入公司名称"宏达有限责任公司会计科目表"。

（3）选择 A2 和 B2 单元格，分别输入"科目编号"和"科目名称"，如图 3-1 所示。

（4）将鼠标指针移至列标 A 和 B 中间，当鼠标指针变成 ┼ 时拖动鼠标，将 A 列调整为合适的宽度。

（5）将鼠标指针移至列标 B 和 C 中间，当鼠标指针变成 ┼ 时拖动鼠标，将 B 列调整为合适的宽度。

（6）选定 A1:B2 单元格区域，将其合并。

（7）在 A3 和 B3 单元格中分别输入"1000"和"资产类"，如图 3-2 所示。

图 3-1 输入"科目编号"和"科目名称"   图 3-2 输入科目编号与科目名称

（8）按照宏达有限责任公司所需的会计科目，完成所有会计科目编号及名称的输入，如图 3-3 所示。

（9）将鼠标指针移至 Sheet1 的工作表标签处，单击鼠标右键，在弹出的快捷菜单中选择"重命名"命令，如图 3-4 所示。

（10）将 Sheet1 命名为"会计科目表"，如图 3-5 所示。

图 3-3 完成科目编号与名称的输入   图 3-4 选择"重命名"命令   图 3-5 命名后的工作表

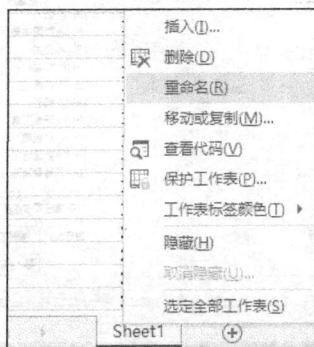

3.2.2　通过记录单建立会计科目表

在 Excel 2016 的各选项卡中，并没有"记录单"命令。因此，要使用记录单功能，用户必须以自定义方式将数据列表命令取出后，才可以执行列表命令。设置记录单的具体操作步骤如下。

（1）打开 3.2.1 小节建立的工作表。

（2）单击"文件"按钮，在打开的窗口中单击"选项"标签，如图 3-6 所示。

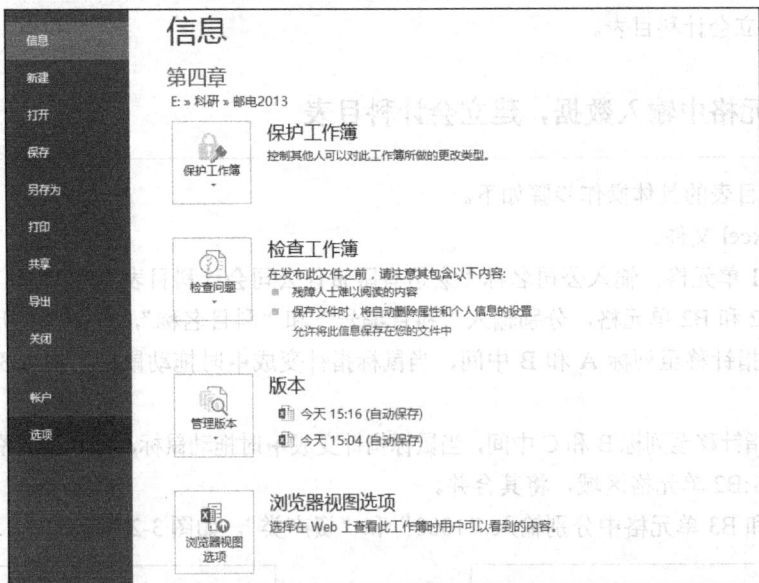

图 3-6　文件窗口

（3）在弹出的"Excel 选项"对话框中单击"自定义功能区"标签，如图 3-7 所示。

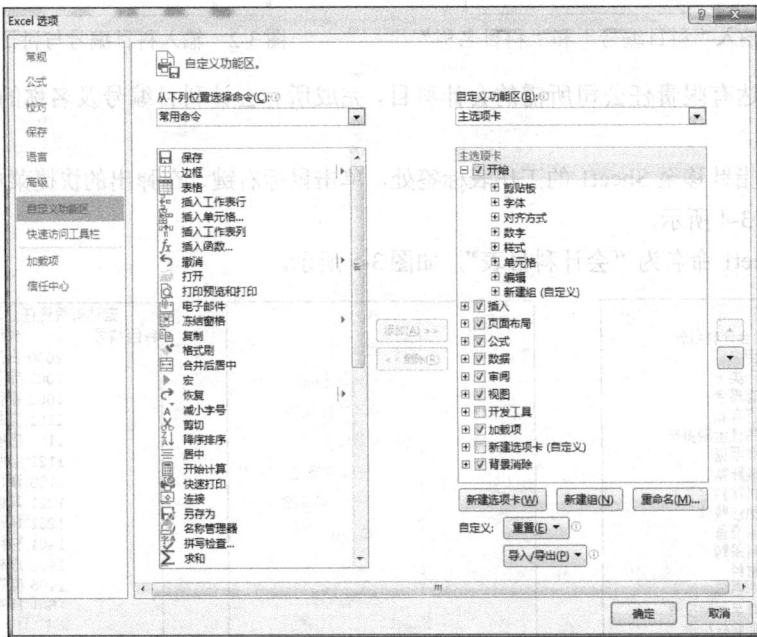

图 3-7　单击"自定义功能区"标签

（4）单击"新建选项卡"按钮，在"主选项卡"选项组中选中了"新建选项卡（自定义）"复选框[也可单击"新建组（自定义）"]，如图 3-8 所示。

（5）在"从下列位置选择命令"下拉列表中选择"所有命令"，选择"记录单"，单击"添加"按钮，如图 3-9 所示。

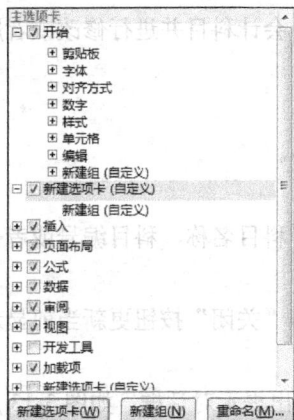

图 3-8 选中"新建选项卡（自定义）"复选框　　　　图 3-9 添加记录单

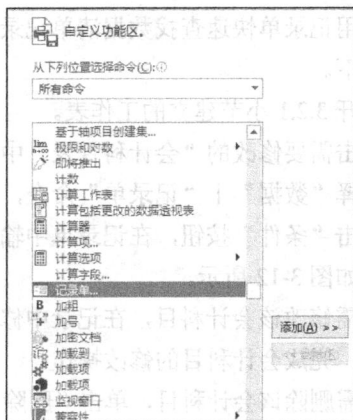

（6）单击"确定"按钮，"记录单"命令则被添加到功能区中了，如图 3-10（1）所示；如果在步骤（4）中单击的是"新建组"，那么"记录单"命令则添加到"开始"选项卡的"新建组"中，如图 3-10（2）所示。

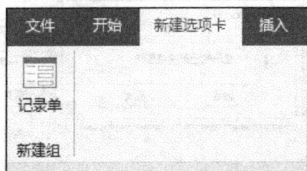

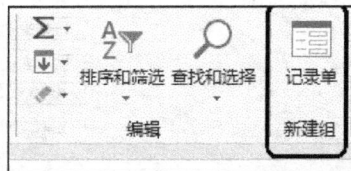

（1）"记录单"命令添加到"新建选项卡"中　　　（2）"记录单"命令添加到"新建组"中

图 3-10 添加"记录单"命令

（7）将鼠标指针置于"会计科目表"工作表 A3:B57 单元格区域内的任意一个单元格，单击"记录单"按钮，即可以通过记录单来编辑会计科目，如图 3-11 所示。

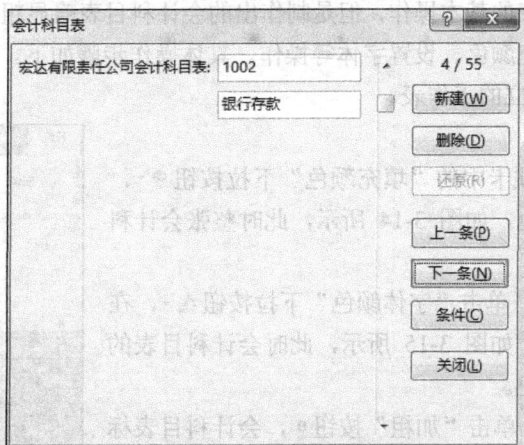

图 3-11 通过记录单编辑会计科目

3.2.3　查询、修改、删除会计科目

企业会计科目的设置应保持相对稳定，但是并非一成不变，必须根据社会经济环境变化和本单位业务发展的需要，对已使用的会计科目进行相应的修改、补充或删除。

可以利用记录单快速查找数据清单记录的功能，找到某个会计科目并进行修改或者删除。具体操作步骤如下。

（1）打开 3.2.1 小节建立的工作表。

（2）单击需要修改的"会计科目表"中的任意一个单元格。

（3）选择"数据"｜"记录单"命令，打开记录单。

（4）单击"条件"按钮，在记录单中输入需要查询的会计科目名称、科目编号或者会计科目的编号范围，如图 3-12 所示。

（5）如需修改该会计科目，在记录中修改信息即可。单击"关闭"按钮更新当前显示的记录并关闭记录单，完成会计科目的修改操作。

（6）如需删除该会计科目，单击"删除"按钮，系统将弹出提示对话框，如图 3-13 所示。单击"确定"按钮，记录即可被删除。单击记录单中的"关闭"按钮，完成会计科目的删除操作。

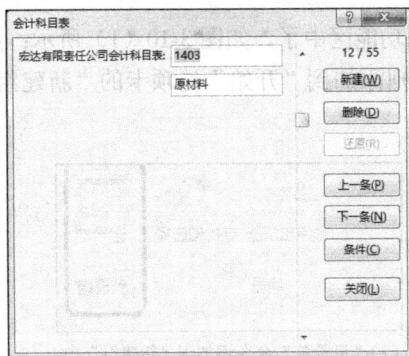

图 3-12　查找修改的会计科目　　　　图 3-13　删除提示对话框

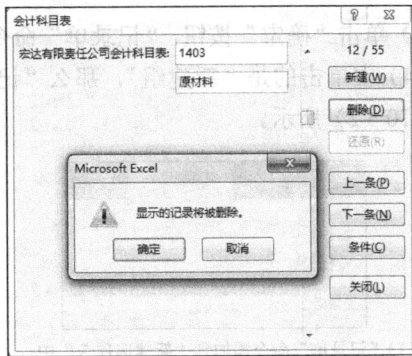

3.2.4　美化会计科目表

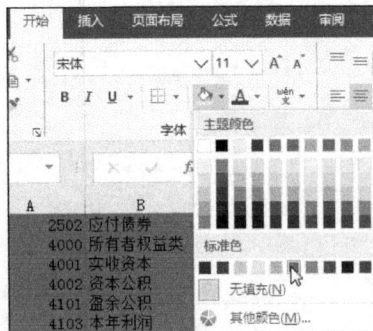

前面完成了会计科目表的基本操作，但是制作出的会计科目表略显粗糙。接下来对会计科目表进行填充颜色、设置字体等操作。具体操作步骤如下。

（1）打开 3.2.1 小节建立的工作表。

（2）选中整张工作表。

（3）单击"开始"选项卡中的"填充颜色"下拉按钮，在打开的调色板中选择绿色，如图 3-14 所示，此时整张会计科目表都被填充了所选颜色。

（4）选择 A1 单元格，单击"字体颜色"下拉按钮，在打开的调色板中选择红色，如图 3-15 所示，此时会计科目表的标题字体颜色则变成了红色。

（5）选择 A1 单元格，单击"加粗"按钮，会计科目表标题的字体变粗，如图 3-16 所示。

图 3-14　选择填充颜色

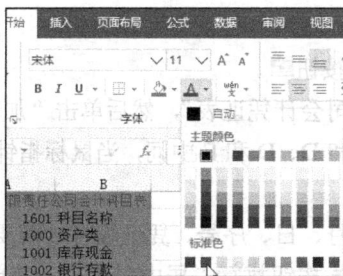

图 3-15　选择字体颜色

图 3-16　加粗显示会计科目表的标题

（6）选择 A3:B3 单元格区域。

（7）按住 Ctrl 键，继续选择 A5:B5 单元格区域和 A7:B7 单元格区域。

（8）释放 Ctrl 键，此时有 6 个单元格被选中。

（9）单击"填充颜色"下拉按钮，在打开的调色板中选择黄色，此时表格中行与行之间颜色分明，显得格外清晰，如图 3-17 所示。

（10）选择 A3:B8 单元格区域，单击"格式刷"按钮 ✅。

（11）选择 A9:B57 单元格区域。

（12）释放鼠标左键，会计科目表内容不变，但一张行间色彩分明的会计科目表已生成，如图 3-18 所示。

图 3-17　设置颜色

图 3-18　完成设置的会计科目表

3.3　建立会计凭证表

建立起会计科目表后，按照手工会计账务处理程序，应该将企业日常发生的经济业务填写在记账凭证中。但大部分的会计信息系统都省略填写凭证这个环节，只是在接口操作上，看起来像是填写凭证，而事实上是利用表单功能建立数据库。

3.3.1　设计会计凭证表

建立会计凭证表的操作步骤如下。

（1）打开"第 3 章.xlsx"工作簿的"Sheet1"。

（2）选择 A1:J1 单元格区域，单击"合并后居中"按钮🔲。

（3）选择 A1 单元格，输入文本"宏达有限责任公司会计凭证表"，然后单击"加粗"按钮 **B**。

（4）将鼠标指针分别移至列标 A 和 B、B 和 C、C 和 D、D 和 E 中间，当鼠标指针变成↔时拖动鼠标，将 A、B、C、D 列调整为所需的宽度。

（5）分别选择 A2:J2 单元格区域，输入表头"年、月、日、序号、凭证编号、摘要、科目编号、科目名称、借方金额、贷方金额"；选中第 2 行，单击 ☰ 按钮执行"居中"命令，使单元格中的内容居中，如图 3-19 所示。

宏达有限责任公司会计凭证表									
年	月	日	序号	凭证编号	摘要	科目编号	科目名称	借方金额	贷方金额

图 3-19　设置好的表头

（6）选择 I3:J100 单元格区域并单击鼠标右键，在弹出的快捷菜单中选择"设置单元格格式"命令。

（7）将打开的对话框切换到"数字"选项卡，选择"会计专用"选项，在"小数位数"文本框中输入 2，"货币符号"选择"无"，如图 3-20 所示。

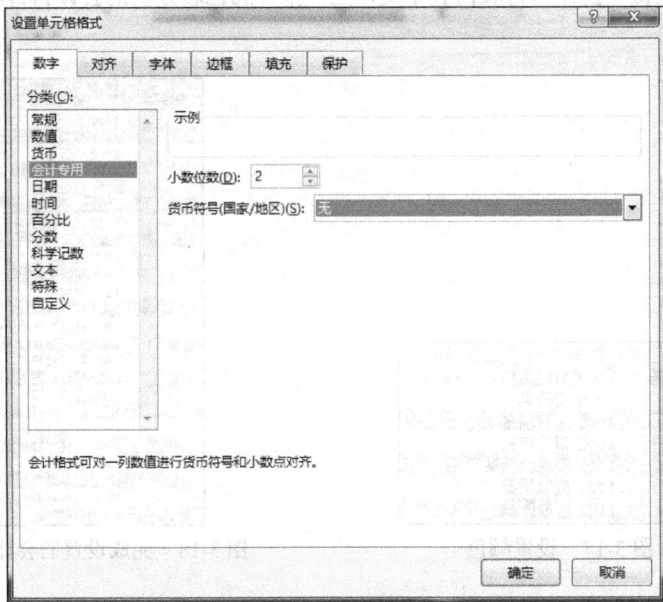

图 3-20　"数字"选项卡设置

（8）单击"确定"按钮，将"借方金额"和"贷方金额"设置为数值格式。"宏达有限责任公司会计凭证表"的基本格式已设置完毕。

（9）将设置好的 Sheet2 重命名为"会计凭证表"。

3.3.2　自动生成会计凭证编号

会计人员在用会计凭证记录经济业务时，要对每笔经济业务进行编号，以便查找和核对。用 Excel 编制会计凭证时，可以利用 CONCATENATE 函数，以

自动生成会计凭证编号

"年+月+日+当日顺序号"的形式自动生成会计凭证编号。具体操作步骤如下。

（1）打开"第 3 章.xlsx"工作簿的"会计凭证表"。

（2）选择 A:D 列单元格区域并单击鼠标右键，在弹出的快捷菜单中选择"设置单元格格式"命令。

（3）将打开的对话框切换到"数字"选项卡，选择"文本"选项，如图 3-21 所示。

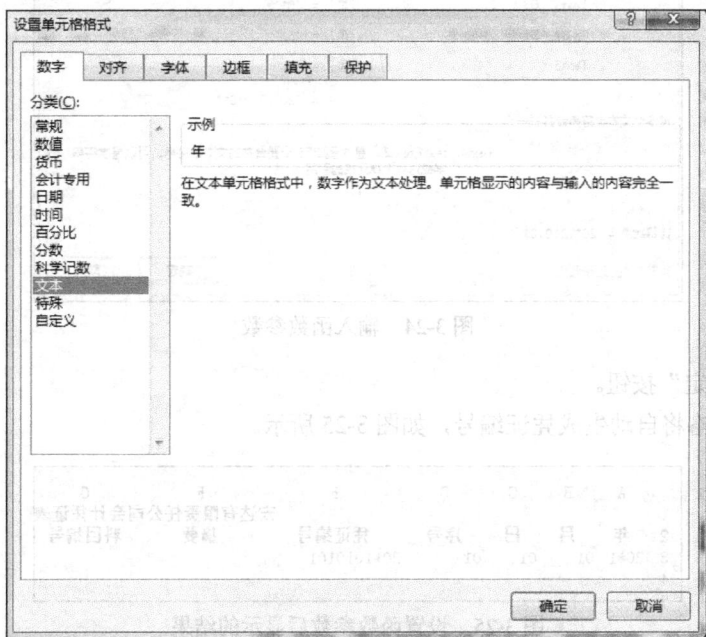

图 3-21 "数字"选项卡

（4）单击"确定"按钮。

（5）分别选择 A3 至 D3 单元格，输入 20*1、01、01、01。

（6）选择 E3 单元格。

（7）选择"公式"｜"函数库"｜"文本"命令，在下拉菜单中选择 CONCATENATE 函数，如图 3-22 所示，弹出"函数参数"对话框，如图 3-23 所示。

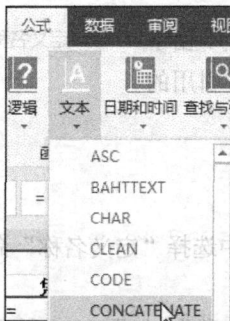

图 3-22 选择 CONCATENATE 函数

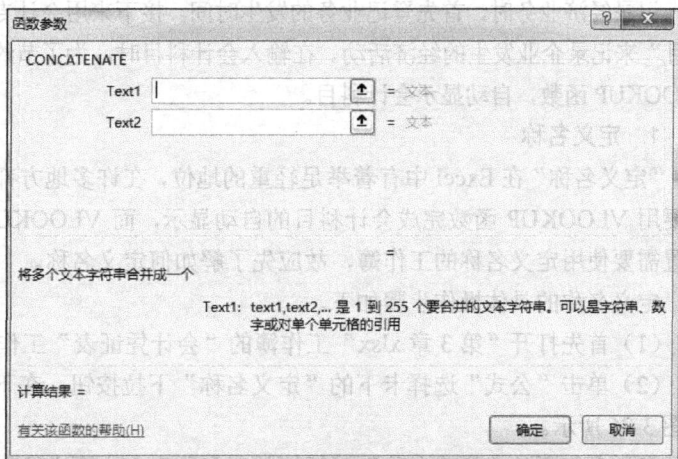

图 3-23 "函数参数"对话框

（8）在"函数参数"对话框中输入年、月、日、序号，如图 3-24 所示。

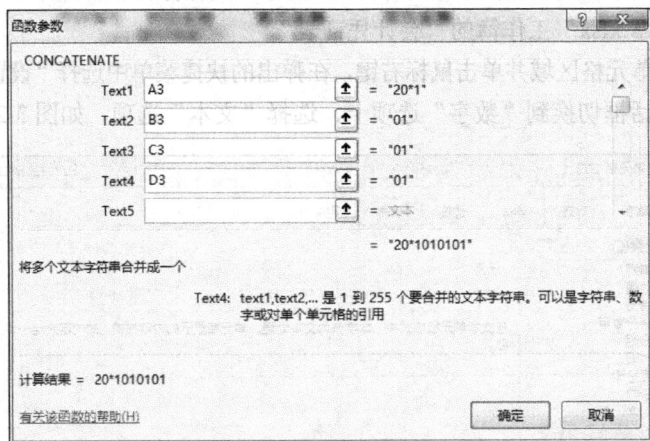

图 3-24　输入函数参数

（9）单击“确定”按钮。

（10）E3 单元格将自动生成凭证编号，如图 3-25 所示。

	A	B	C	D	E	F	G
1						宏达有限责任公司会计凭证表	
2	年	月	日	序号	凭证编号	摘要	科目编号
3	20*1	01	01	01	20*1010101		
4							

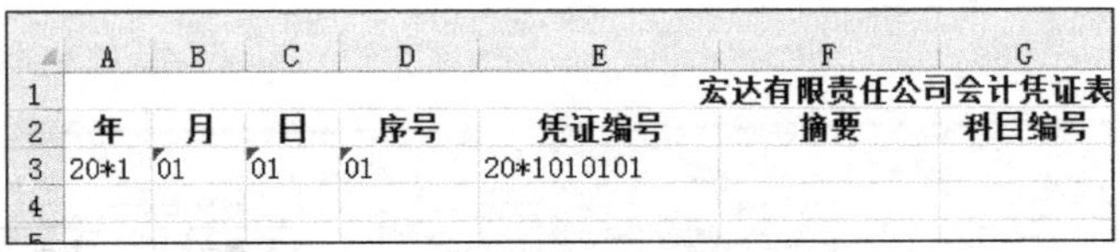

图 3-25　设置函数参数后显示的结果

（11）选中 E3 单元格并单击鼠标右键，在弹出的快捷菜单中选择“复制”命令。

（12）选中 E4:E30 单元格区域并单击鼠标右键，在弹出的快捷菜单中选择“粘贴”命令，这样，E4:E30 单元格区域将套用 E3 单元格的函数。

3.3.3　自动显示会计科目

记录经济业务时，首先登记业务的发生时间，接下来用会计专门的语言“会计科目”来记录企业发生的经济活动。在输入会计科目时，为了节约时间，可以利用 VLOOKUP 函数，自动显示会计科目。

定义名称

1. 定义名称

“定义名称”在 Excel 中有着举足轻重的地位，在许多地方都可以应用。由于需要用 VLOOKUP 函数完成会计科目的自动显示，而 VLOOKUP 函数中引用的位置需要使用定义名称的工作簿，故应先了解如何定义名称。

定义名称的具体操作步骤如下。

（1）首先打开“第 3 章.xlsx”工作簿的“会计凭证表”工作表。

（2）单击“公式”选择卡下的“定义名称”下拉按钮，在下拉菜单中选择“定义名称”命令，如图 3-26 所示。

（3）在打开的“新建名称”对话框的“名称”文本框中输入“科目名称”，如图 3-27 所示。

（4）单击“引用位置”旁的折叠按钮。

（5）在“会计科目表”的工作表标签处单击，切换到“会计科目表”工作表。

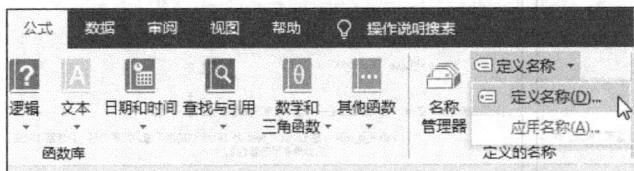

图 3-26 "定义名称"命令

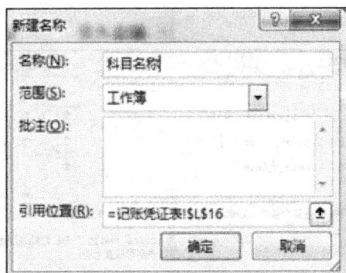

图 3-27 输入名称

（6）选择 A3:B56 单元格区域，此时"新建名称"对话框中的"引用位置"会随之改变，如图 3-28 所示。

（7）单击"新建名称"对话框的展开按钮，展开"新建名称"对话框，如图 3-29 所示。其中，引用位置已确定。

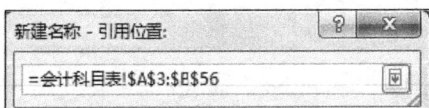

图 3-28 选择引用位置

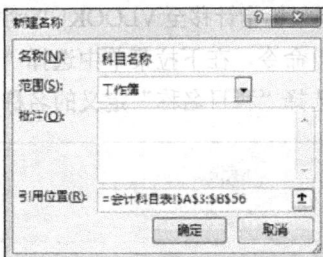

图 3-29 完成引用位置的设置

（8）单击"确定"按钮，完成定义名称设置。

2. 自动显示会计科目

自动显示会计科目的操作步骤如下。

（1）打开"第 3 章.xlsx"工作簿中的"记账凭证表"工作表。

（2）选择 H3 单元格。

（3）选择"公式"|"数据库"|"逻辑"命令。

（4）在下拉菜单中选择 IF 函数，如图 3-30 所示。

（5）打开"函数参数"对话框，在 IF 函数的 Logical_test 参数位置输入"G3="""，如图 3-31 所示。

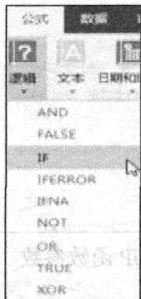

图 3-30 选择 IF 函数

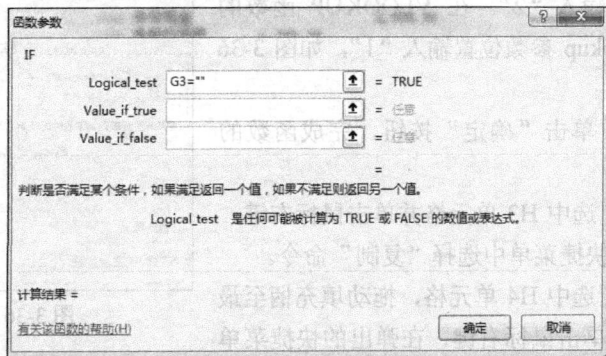

图 3-31 输入函数参数（1）

（6）在 IF 函数的 Value_if_true 参数位置输入"""，如图 3-32 所示。

（7）在 IF 函数的 Value_if_false 参数位置输入"VLOOKUP()"，如图 3-33 所示。

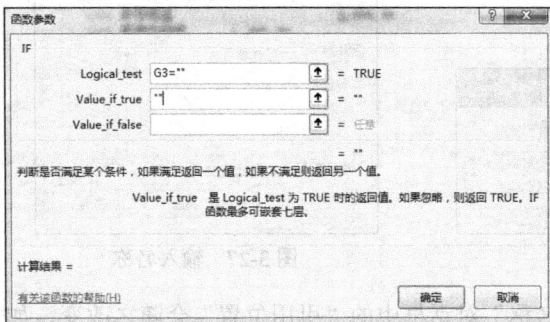

图 3-32　输入函数参数（2）

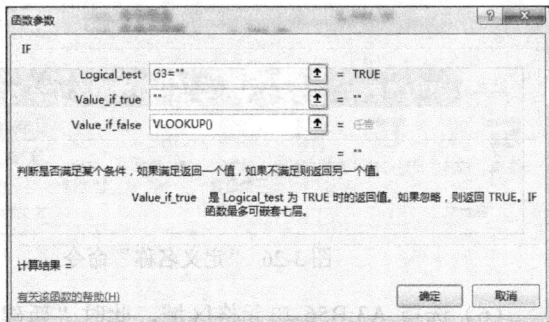

图 3-33　输入函数参数（3）

（8）将鼠标指针移至编辑栏 VLOOKUP 函数的括号内，单击鼠标右键，弹出"函数参数"对话框。

（9）在 VLOOKUP 函数的 Lookup_value 参数位置输入"G3"。

（10）将鼠标指针移至 VLOOKUP 函数的 Table_array 参数位置，选择"公式"｜"定义的名称"｜"用于公式"命令，在下拉菜单中选择"科目名称"，如图 3-34 所示。

（11）选择"科目名称"定义的名称后，VLOOKUP 函数的 Table_array 参数如图 3-35 所示。

图 3-34　VLOOKUP 函数的 Table_array 参数设定

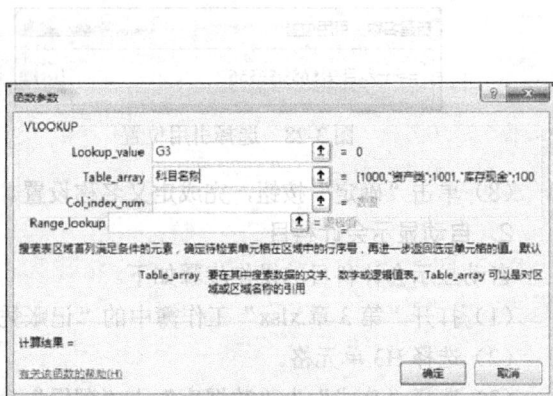

图 3-35　完成 VLOOKUP 函数的 Table_array 参数设定

（12）在 VLOOKUP 函数的 Col_index_num 参数位置输入"2"。在 VLOOKUP 函数的 Range_lookup 参数位置输入"1"，如图 3-36 所示。

（13）单击"确定"按钮，完成函数的设置。

（14）选中 H3 单元格并单击鼠标右键，在弹出的快捷菜单中选择"复制"命令。

（15）选中 H4 单元格，拖动填充柄至最后一行并单击鼠标右键，在弹出的快捷菜单中选择"粘贴"命令，此时，整个"科目名称"下的单元格均自动套用公式。

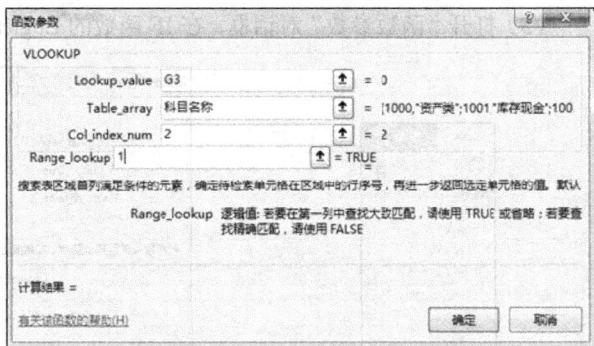

图 3-36　输入 VLOOKUP 函数参数

（16）在"科目编号"下的任意单元格中输入一个科目编号，则在其后的"科目名称"中将自动出现相应的科目名称，如图 3-37 所示。

图 3-37　根据科目编号自动显示科目名称

3.3.4　筛选数据

筛选指的是从数据中找出符合给定条件的数据，将符合条件的数据显示在工作表上，将不符合条件的数据隐藏起来。在会计核算过程中，经常会遇到筛选数据的情况。

筛选数据的具体操作步骤如下。

（1）打开"第 3 章.xlsx"工作簿中的"会计凭证表"工作表。

（2）单击任意一个单元格。

（3）单击"数据"选项卡中的"筛选"按钮，如图 3-38 所示。

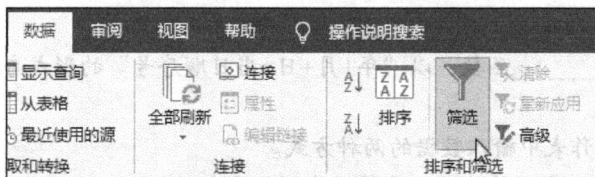

图 3-38　进行数据的自动筛选

（4）工作表变化如图 3-39 所示，每一个字段上会增加一个筛选按钮。

图 3-39　完成筛选设置

（5）单击"科目名称"的筛选按钮，并选中"库存现金"复选框，如图 3-40 所示。

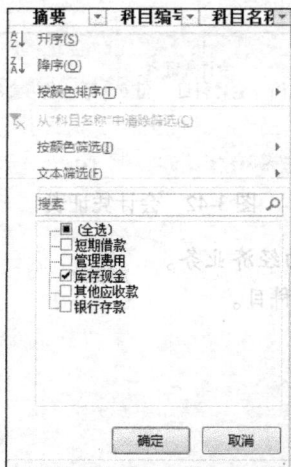

图 3-40　选中"库存现金"复选框

（6）此时工作表仅列出"库存现金"业务，而其他的业务被隐藏起来，如图3-41所示。

宏达有限责任公司会计凭证表									
年 ▼	月 ▼	日 ▼	序号 ▼	凭证编号 ▼	摘要 ▼	科目编▼	科目名▼	借方金额 ▼	贷方金额 ▼
20*1	01	01	02	20*1010102	付水电费		1001	库存现金		2,000.00
20*1	01	02	03	20*1010203	借差旅费		1001	库存现金	1,200.00	

图 3-41　显示自动筛选的结果

思考练习

一、填空题

1. 若定义名称，应执行_____命令。

2. 在记录单方式下，若需修改某项信息，单击需要修改的工作表中的任意一个单元格，选择_____命令，打开记录单。单击_____按钮找到需要修改的记录，在记录单中修改信息即可。

3. 要进行数据的自动筛选，应执行_____命令。

4. 可以利用_____函数，以"年+月+日+当日顺序号"的形式自动生成会计凭证编号。

二、简答题

1. 陈述在 Excel 工作表中输入数据的两种方式。

2. 陈述如何以自定义方式将使用记录单功能调取出来。

三、上机操作题

1. 按照下列步骤，完成公司员工工资数据表。

（1）新建 Excel 工作簿，并将表 Sheet1 命名为"员工工资数据"。

（2）输入"姓名""基本工资""奖金""加班费""养老保险""医疗保险"。

（3）调整列宽：标题字段为 110 像素，输入字段为 340 像素。

（4）将文本颜色设置为蓝色并加粗显示。

（5）给文本添加边框。

2. 利用 Excel 设计一个会计凭证表，并完成以下操作。

（1）设置会计凭证表格式：包含"月""日""科目代码""会计科目""借方金额""贷方金额"字段，如图3-42所示。

	A	B	C	会计凭证表	D	E	F	G
1				会计凭证表				
2	月	日	科目代码	会计科目	借方金额	贷方金额		
3								
4								

会计凭证表 / Sheet2 / Sheet3

图 3-42　会计凭证表

（2）输入 10 笔与银行存款有关的经济业务。

（3）自动筛选"银行存款"会计科目。

Excel 在会计账簿中的应用

第 4 章

本章的学习目标

- 了解与会计账簿相关的基本概念
- 掌握如何利用 Excel 设置借贷不平衡的自动提示
- 掌握如何利用 Excel 建立总分类账、明细分类账、科目汇总表
- 掌握如何利用 Excel 建立与填制科目余额表

以记账凭证为依据，设置和登记会计账簿是会计账务处理工作的中心环节。本章主要介绍如何根据已有的会计科目表中的有关数据，利用 Excel 的数据透视表、函数等功能，建立起总分类账、明细分类账、科目汇总表和科目余额表等会计工作的账表。

4.1 会计账簿概述

4.1.1 会计账簿的意义与作用

会计账簿是指以会计凭证为依据，在具有专门格式的账页中全面、连续、系统、综合地记录经济业务的簿籍。

会计账簿在会计核算中具有十分重要的意义，主要表现在以下几个方面。

（1）可以为经济管理提供连续、全面、系统的会计信息。

（2）可以保护财产物资的安全完整。

（3）便于企业单位考核成本、费用和利润计划的完成情况。

（4）可以为编制会计报表提供资料。

（5）可以为会计检查、会计分析提供资料。

4.1.2 会计账簿的类型

按照在经济管理中的用途，会计账簿可以分为日记账簿、分类账簿和备查账簿 3 种。

1. 日记账簿

日记账簿，又称序时账簿，是按照经济业务发生的时间先后顺序，逐日逐笔登记经济业务的账簿。按其记录内容的不同可分为普通日记账和特种日记账两种。

（1）普通日记账是用来登记全部经济业务情况的日记账。将每天所发生的全部业务，按照经济业务发生的先后顺序，编制成记账凭证，根据记账凭证逐笔登记到普通日记账中。例如，企业设置的日记总账就是普通日记账。

（2）特种日记账是用来记录某一类经济业务发生情况的日记账。将某一类经济业务，按照经济业务发生的先后顺序记入账簿中，反映某一特定项目的详细情况。例如，各经济单位为了加强对现金和

银行存款的管理，设置现金日记账和银行存款日记账来记录现金和银行存款的收、付和结存业务。

2. 分类账簿

分类账簿是区别不同账户登记经济业务的账簿。按照提供指标的详细程度不同，可将分类账簿分为总分类账簿和明细分类账簿两种。

（1）总分类账簿是按一级科目分类，连续地记录和反映资金增减、成本和利润情况的账簿，它能总括并全面地反映企业的经济活动情况，是编制会计报表的依据。一切企业都设置总分类账簿。

（2）明细分类账簿是根据明细科目开设的账簿，它能详细地反映企业某项经济活动的具体情况。

3. 备查账簿

备查账簿是对某些在日记账簿和分类账簿中不能记录登记或记录登记不全的经济业务进行补充登记的账簿。企业根据自身的情况，可以选择设置或不设置此账簿。

4.2 日记账

4.2.1 设置日记账格式

日记账簿是序时记录企业经济业务的账簿，从而按照时间顺序全面反映企业发生的所有经济业务，表 4-1 所示的是日记账格式。

表 4-1　　　　　　　　　　　日记账格式

日 记 账

年	月	日	凭证编号	摘要	账户名称	借方金额	贷方金额

大家会发现，日记账的格式与前面设置的会计凭证表的格式极为相似，其中"账户名称"就是"科目名称"。这样，在利用 Excel 进行核算时，不用再设置专门的日记账，可以采用审核无误的会计凭证表进行以后的会计核算工作。

4.2.2 借贷不平衡自动提示

作为一名会计人员，"有借必有贷，借贷必相等"这个记账规则一定是牢记于心的。在会计编制凭证、登记账簿、编制会计报表的整个会计核算过程中，始终以这个规则来进行账务处理。为避免出现借贷不平衡的情况，可以利用 IF 函数进行借贷不平衡的自动提示。具体操作步骤如下。

借贷不平衡自动
提示

（1）打开"第 3 章.xlsx"工作簿中的"会计凭证表"。

（2）选择 K3 单元格。

（3）选择"公式"|函数库|"逻辑"命令。

（4）在下拉菜单中选择 IF 函数，如图 4-1 所示。

（5）在 IF 函数的 Logical_test 参数位置输入"SUM(I:I)=SUM(J:J)"，在 Value_if_true 参数位置输入""""，在 Value_if_false 参数位置输入""借贷不平衡""，单击"确定"按钮，如图 4-2 所示。

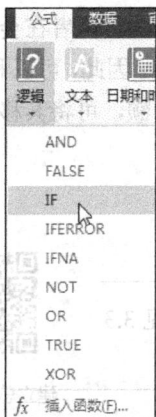

图 4-1　选择 IF 函数

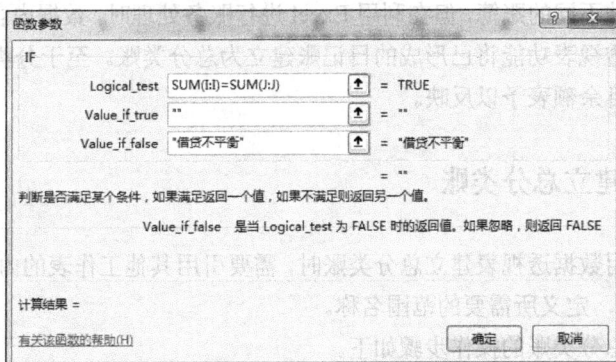

图 4-2　输入 IF 函数参数

（6）若输入的借方金额不等于贷方金额，在 K3 单元格中会自动出现"借贷不平衡"的提示，如图 4-3 所示；若输入的借方金额等于贷方金额，原在 K3 单元格中出现的"借贷不平衡"提示会消失，如图 4-4 所示。

图 4-3　借贷不平衡时出现的提示

图 4-4　借贷平衡时提示消失

4.3

分类账

4.3.1　设置总分类账格式

任何企业的一切经济活动都应分类整理计入分类账的相关账户中，这样，企业的经济活动和财务状况可以通过分类账分门别类地反映出来，表 4-2 所示的是总分类账格式。

表 4-2　　　　　　　　　　　　　　　　总分类账格式

总分类账

年	月	日	凭证编号	摘要	借方金额	贷方金额	借/贷	余额

将日记账与分类账进行比较后发现，日记账的会计记录是依照交易发生的日期登记的，而分类

账则是以会计科目（分类账户的名称）为前提，再按照交易发生的日期登记的。两者在会计处理程序中是两种不同的账簿，但在利用 Excel 进行账务处理时，数据内容并无差别。因此，可以利用 Excel 中的数据透视表功能将已形成的日记账建立为总分类账。至于分类账中的余额，可将其移至科目汇总表或科目余额表予以反映。

4.3.2　建立总分类账

建立总分类账 1

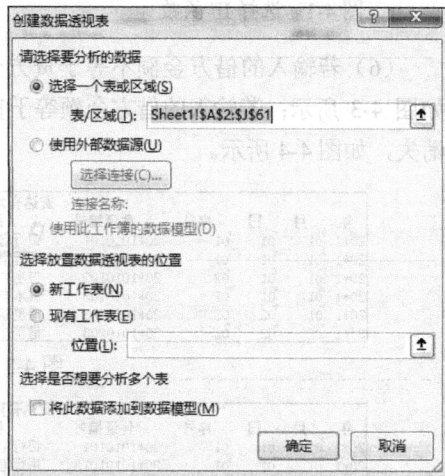

在运用数据透视表建立总分类账时，需要引用其他工作表的内容（请参见 3.3 节的内容），定义所需要的范围名称。

建立总分类账的操作步骤如下。

（1）打开"日记账"工作表。

（2）选择"插入"｜"表格"｜"数据透视表"命令，在"创建数据透视表"对话框中选中"选择一个表或区域"和"新工作表"单选按钮，如图 4-5 所示。

（3）单击"确定"按钮。

（4）在"数据透视表字段"对话框中进行设置，如图 4-6 所示。

（5）在"数据透视表字段"对话框中，将"年""月"拖动到"筛选"区域，如图 4-7 所示。

（6）在"数据透视表字段"对话框中，将"科目编号""会计科目""日"拖动到"行"区域，如图 4-7 所示。

（7）在"数据透视表字段"对话框中，将"借方金额""贷方金额"拖动到"值"区域，如图 4-7 所示。

图 4-5　建立数据透视表

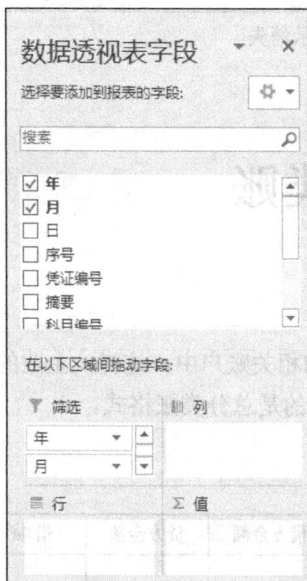

图 4-6　"数据透视表字段"对话框

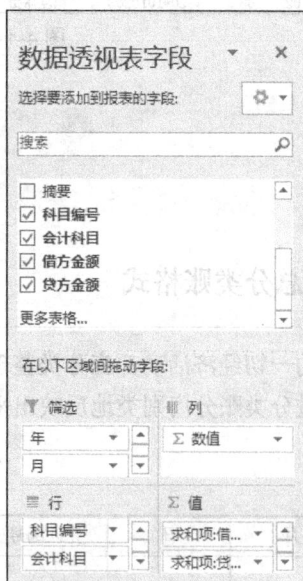

图 4-7　创建数据透视表

（8）完成上述步骤后，形成图 4-8 所示的工作表。

年	(全部)	▼	
月	(全部)	▼	
行标签	▼ 求和项:借方金额	求和项:贷方金额	
⊟1001	5,000	1,800	
库存现金	5,000	1,800	
01	2,000		
02		1,200	
06	3,000		
14		600	
⊟1002	83,100	55,200	
银行存款	83,100	55,200	
01	10,000	2,000	
02	50,000		
03	11,700		
09		3,000	
10		43,200	
14		7,000	
25	8,000		
28	3,400		
⊟1122	23,400	53,400	

建立总分类账 2

图 4-8　完成数据透视表的创建

（9）如果需要改变数值的计算类型，单击"求和项：借方金额"对应的下拉按钮，选择"值字段设置"命令，如图 4-9 所示。

（10）在"值字段设置"对话框的"计算类型"列表框中选择所需要的计算类型，如图 4-10 所示。

（11）选中 B 单元格，单击鼠标右键，在弹出的快捷菜单中选择"设置单元格格式"命令，如图 4-11 所示。

图 4-9　"值字段设置"命令　　　图 4-10　"计算类型"设置　　　图 4-11　"设置单元格格式"命令

（12）在"设置单元格格式"对话框的"分类"列表框中选择"会计专用"选项，将"小数位数"设置为 2，将"货币符号"设置为"无"，如图 4-12 所示。

（13）单击"确定"按钮。

（14）选中 C 单元格，重复设置单元格格式的步骤，工作表变成图 4-13 所示的格式。

（15）选择"数据透视表工具"｜"设计"｜"布局"｜"报表布局"命令，如图 4-14 所示。

（16）在弹出的下拉菜单中选择"以表格形式显示"命令，如图 4-15 所示。

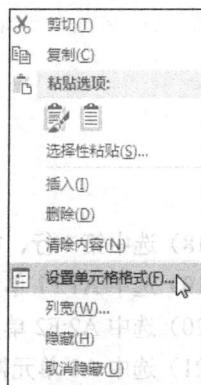

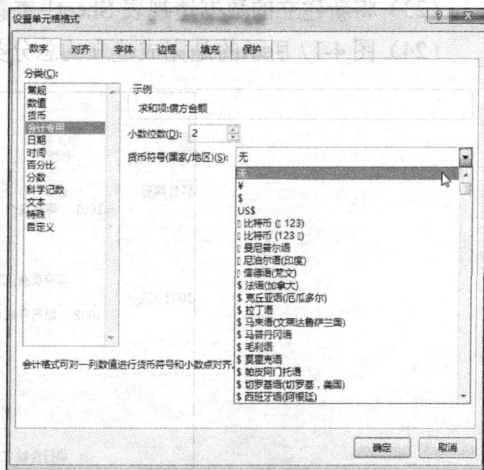

图 4-12　"设置单元格格式"对话框

图 4-13　完成设置单元格格式　　　　图 4-14　"报表布局"命令　　　　图 4-15　"以表格形式
显示"命令

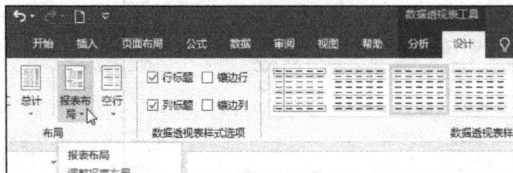

（17）完成上述步骤后，显示图 4-16 所示的工作表。

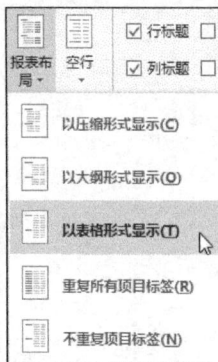

图 4-16　以表格形式显示的数据透视表

（18）选中第 1 行、第 2 行并单击鼠标右键，在弹出的快捷菜单中选择"插入"命令。

（19）选中 A1:F1 单元格区域，单击"合并后居中"按钮 ⊞。

（20）选中 A2:F2 单元格区域，单击"合并后居中"按钮 ⊞。

（21）选中 A1 单元格，输入"宏达有限责任公司"，并单击"加粗"按钮 **B** 。

（22）选中 A2 单元格，输入"总分类账"，并单击"加粗"按钮 **B** 。

（23）将新建立的数据透视表 Sheet1 重新命名为"总分类账"。

（24）图 4-17 所示的是完成建立的总分类账。

图 4-17　建立的总分类账

明细分类账的建立与总分类账的建立极为相似，即根据带有明细科目的日记账利用数据透视表功能自动生成。在此不做赘述，将在第 6 章实例训练中有所体现。

4.3.3 修改总分类账版面

观察已经建立的总分类账，可以发现与前面介绍的总分类账的格式有着较大的差别，该怎么修改呢？完成接下来的操作，总分类账就比较接近前面介绍的分类账格式了。

1. 添加余额

前面建立的总分类账有借贷方总额，却没有各科目的余额，因此要对工作表进行进一步的修改。修改总分类账版面的具体操作步骤如下。

（1）打开"总分类账"工作表。

（2）选择"数据透视表工具"｜"分析"｜"计算"｜"字段、项目和集"｜"计算字段"命令，如图 4-18 所示。

（3）在"插入计算字段"对话框的"名称"文本框中输入"借方余额"，并在"公式"文本框中设定"=IF((借方金额-贷方金额)>0,借方金额-贷方金额,0)"，如图 4-19 所示。

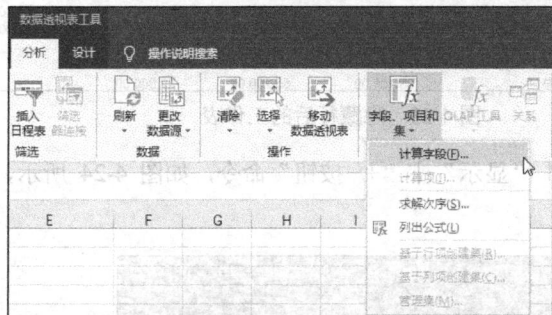

图 4-18 "计算字段"命令　　　　　　　　　图 4-19 添加"借方余额"字段

（4）单击"确定"按钮。

（5）选择"数据透视表工具"｜"分析"｜"计算"｜"字段、项目和集"｜"计算字段"命令，在"插入计算字段"对话框的"名称"文本框中输入"贷方余额"，并在"公式"文本框中设定"=IF((贷方金额-借方金额)>0,贷方金额-借方金额,0)"，如图 4-20 所示。

（6）单击"确定"按钮。"总分类账"工作表变成图 4-21 所示的格式。

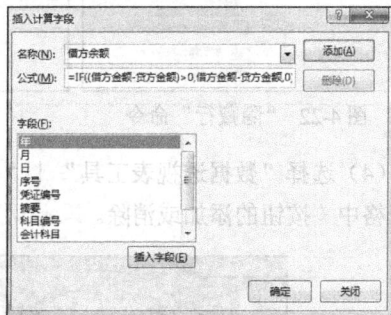

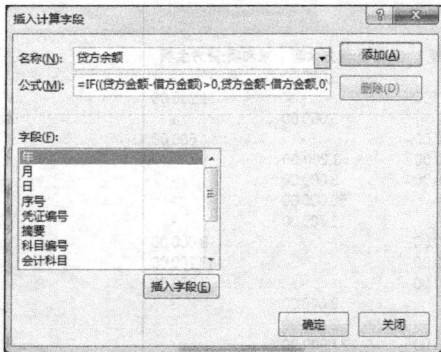

图 4-20 添加"贷方余额"字段　　　　　　　图 4-21 产生余额的总分类账

2．隐藏字段

"总分类账"工作表中含有较多字段，使得整张工作表看起来比较复杂。可以根据需要隐藏部分字段，使整个工作表看起来更简洁。隐藏字段的具体操作步骤如下。

（1）打开"总分类账"工作表。

（2）选中第 12 行，选择"开始"｜"单元格"｜"格式"｜"隐藏和取消隐藏"｜"隐藏行"命令，如图 4-22 所示。

隐藏字段

（3）对需要隐藏的行或者列采取相类似的步骤，可得到图 4-23 所示的工作表。

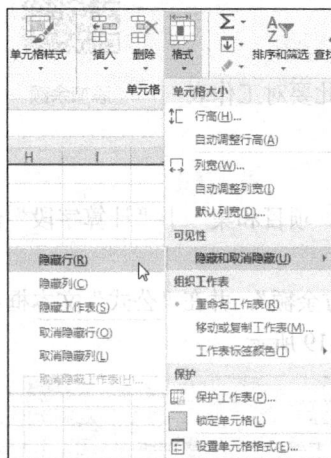

图 4-22 "隐藏行"命令

图 4-23 隐藏行后的工作表

（4）选择"数据透视表工具"｜"分析"｜"显示"｜"+/-按钮"命令，如图 4-24 所示，实现表格中 ⊟ 按钮的添加或消除。

图 4-24 添加或消除 ⊟ 按钮

（5）最后得到图 4-25 所示的工作表。单击 ⊟ 按钮，可隐藏不需要的内容。

图 4-25 添加 ⊟ 按钮的工作表

（6）单击 库存现金 中的 ⊟ 按钮，总分类账就变为图 4-26 所示的界面。此时，⊟ 按钮变为 ⊞ 按钮。如果单击 ⊞ 按钮，工作表就会恢复原来的界面。

				宏达有限责任公司				
				总分类账				
年	(全部)	▼						
月	(全部)	▼						
科目编号 ▼	会计科目 ▼	日 ▼	求和项:借方金额	求和项:贷方金额	求和项:借方余额	求和项:贷方余额		
⊟1001	⊞ 库存现金		5,000.00	1,800.00	3,200.00	-		
⊟1002	⊟ 银行存款	01	10,000.00	2,000.00	8,000.00	-		
		02	50,000.00		50,000.00	-		
		03	11,700.00		11,700.00	-		
		09		3,000.00	-	3,000.00		
		10		43,200.00	-	43,200.00		
		14		7,000.00	-	7,000.00		
		25	8,000.00		8,000.00	-		
		28	3,400.00		3,400.00	-		
	银行存款 汇总		83,100.00	55,200.00	27,900.00	-		

图 4-26　简洁的工作界面

如果需要取消隐藏行或者列，选定行或者列后，选择"开始"｜"单元格"｜"格式"｜"隐藏和取消隐藏"｜"取消隐藏行"或"取消隐藏列"命令即可。

4.3.4　显示单一科目分类账

在财务操作过程中，会计人员有时会关注某一会计科目的分类账。此时可使用筛选功能。显示单一科目分类账的具体操作步骤如下。

（1）打开"总分类账"工作表。

（2）单击"会计科目"字段旁的下拉按钮，选中"银行存款"复选框，如图 4-27 所示。

（3）单击"确定"按钮，工作表变为图 4-28 所示的格式，仅显示"银行存款"单一科目的分类账。

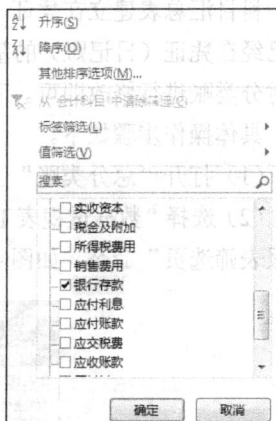

图 4-27　选中"银行存款"复选框

			宏达有限责任公司				
			总分类账				
年	(全部)	▼					
月	(全部)	▼					
科目编号 ▼	会计科目 ▼	日 ▼	求和项:借方金额	求和项:贷方金额	求和项:借方余额	求和项:贷方余额	
⊟1002	⊟ 银行存款	01	10,000.00	2,000.00	8,000.00	-	
		03	11,700.00		11,700.00	-	
		09		3,000.00	-	3,000.00	
		10		43,200.00	-	43,200.00	
		14		7,000.00	-	7,000.00	
		25	8,000.00		8,000.00	-	
		28	3,400.00		3,400.00	-	
	银行存款 汇总		83,100.00	55,200.00	27,900.00	-	
1002 汇总			83,100.00	55,200.00	27,900.00	-	
总计			83,100.00	55,200.00	27,900.00	-	

图 4-28　"银行存款"分类账

4.4　科目汇总表

4.4.1　科目汇总表概述

科目汇总表是根据一定期间内的所有经济业务，根据相同的会计科目进行归类，定期汇总出每一个会计科目的借方本期发生额合计数和贷方本期发生额合计数的一种表格。

　　科目汇总表在会计账务核算过程中起着承上启下的作用。一方面，它将一定期间发生的经济业务分门别类进行汇总；另一方面，它为编制会计报表提供了数据。表4-3所示是科目汇总表格式。

表4-3　　　　　　　　　　　　　　　　科目汇总表格式

科目汇总表

编制单位：　　　　　　　　　　　　　　　年　　月　　日　　　　　　　　　　　　　　　　单位：元

科目代码	会计科目	借方本期发生额	贷方本期发生额
	合计		

4.4.2　建立科目汇总表

　　科目汇总表建立在凭证（日记账）记录基础之上，其数据也来源于凭证。由于已经在凭证（日记账）的基础上生成了分类汇总的总账。建立科目汇总表只需要对分类账进行修改即可。下面的讲解假设已完成所需要的范围名称定义。

　　具体操作步骤如下。

　　（1）打开"总分类账"工作表。

　　（2）选择"数据透视表工具"｜"分析"｜"数据透视表"｜"选项"｜"显示报表筛选页"命令，如图4-29所示。

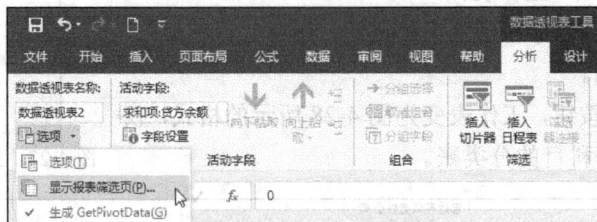

图4-29　"显示报表筛选页"命令

　　（3）在"显示报表筛选页"对话框中选择"月"选项，如图4-30所示。

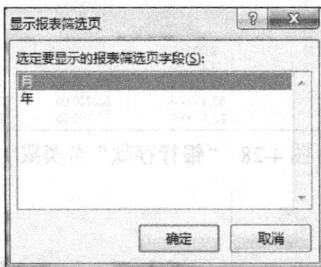

图4-30　选择"月"选项

　　（4）单击"确定"按钮。

　　（5）完成上述步骤后，形成一个与"总分类账"相同的工作表，即科目汇总表的底稿。

　　（6）选择"数据透视表工具"｜"分析"｜"显示"｜"字段列表"命令，如图4-31所示。

　　（7）在"数据透视表字段"对话框中删除"日""求和项：借方余额""求和项：贷方余额"字段，如图4-32所示。

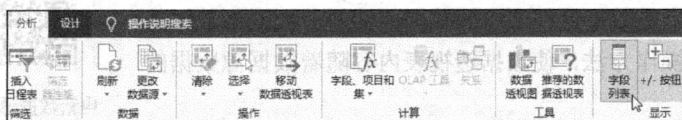

图 4-31 "字段列表"命令

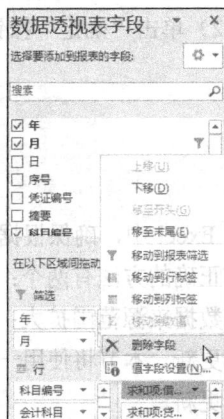

图 4-32 删除字段

（8）选择"数据透视表工具"｜"设计"｜"布局"｜"分类汇总"｜"不显示分类汇总"命令，如图 4-33 所示。

（9）工作表变为图 4-34 所示的格式，即为科目汇总表。

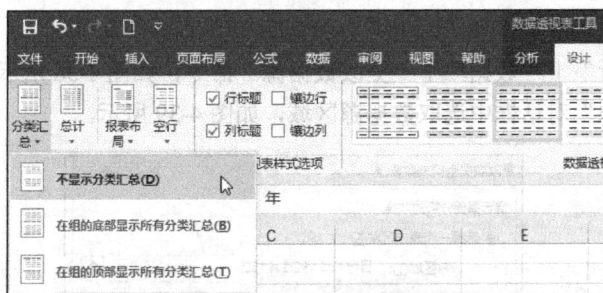

图 4-33 "不显示分类汇总"命令

宏达有限责任公司
总分类账

年	(全部)		
月	(全部)		
科目编号	会计科目	求和项:借方金额	求和项:贷方金额
⊞1001	库存现金	5,000.00	1,800.00
⊞1122	应收账款	23,400.00	53,400.00
⊞1221	其他应收款	1,200.00	
⊞1401	材料采购	10,000.00	10,000.00
⊞1403	原材料	10,000.00	5,500.00
⊞1405	库存商品		16,000.00
⊞1601	固定资产	500,000.00	
⊞1602	累计折旧		2,200.00
⊞2001	短期借款		10,000.00
⊞2202	应付账款	30,000.00	
⊞2231	应付利息		400.00
⊞4001	实收资本		500,000.00
⊞4103	本年利润	35,000.00	38,000.00
⊞6001	主营业务收入	30,000.00	30,000.00
⊞6051	其他业务收入	8,000.00	8,000.00
⊞6401	主营业务成本	16,000.00	16,000.00
⊞6402	其他业务成本	5,500.00	5,500.00

图 4-34 生成科目汇总表

（10）将工作表"01"重命名为"科目汇总表"，如图 4-35 所示。

（11）单击月字段旁的下拉按钮，选择科目汇总表编制的月份（假定存在多个月份的数据），如图 4-36 所示。

年	(全部)		
月	01		
科目编号	会计科目	求和项:借方金额	求和项:贷方金额
⊞1001	库存现金	5,000.00	1,800.00
⊞1002	银行存款	83,100.00	55,200.00
⊞1122	应收账款	23,400.00	53,400.00
⊞1221	其他应收款	1,200.00	
⊞1401	材料采购	10,000.00	10,000.00
⊞1403	原材料	10,000.00	5,500.00
⊞1405	库存商品		16,000.00
⊞1601	固定资产	500,000.00	
⊞1602	累计折旧		2,200.00
⊞2001	短期借款		10,000.00
⊞2202	应付账款	30,000.00	
⊞2221	应交税费	1,700.00	6,900.00
⊞2231	应付利息		400.00
⊞4001	实收资本		500,000.00
⊞4103	本年利润	35,000.00	38,000.00
⊞6001	主营业务收入	30,000.00	30,000.00
⊞6051	其他业务收入	8,000.00	8,000.00
⊞6401	主营业务成本	16,000.00	16,000.00
⊞6402	其他业务成本	5,500.00	5,500.00
⊞6403	税金及附加	800.00	800.00

图 4-35 重命名为"科目汇总表"

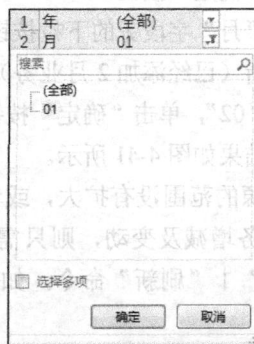

| 1 | 年 | (全部) | |
| 2 | 月 | 01 | |

搜索

- (全部)
  - 01

☐ 选择多项

确定　取消

图 4-36 所需月份的科目汇总表的选择

（12）单击"确定"按钮，即可生成该月的科目汇总表。

4.5 自动更新数据透视表

在 Excel 中，确保根据日记账建立的总分类账、科目汇总表等数据透视表中的数据正确的方法有两个：一个是在选择建立数据透视表的数据源区域时，尽可能地将数据来源范围扩大；另一个是数据透视表中的数据能够随着数据源数据的更新而更新。本节将使用一定的操作方法，使数据透视表内容随着数据源数据的更新而更新。

更新数据透视表

具体操作步骤如下。

（1）在"日记账"工作表添加一笔业务，如图 4-37 所示。

20*1	01	31	24	20*1013124	所得税	2221	应交税费		1,000.00
20*1	01	31	25	20*1013125	结转	4103	本年利润	1,000.00	
20*1	01	31	25	20*1013125	结转	6801	所得税费用		1,000.00
20*1	02	01	01	20*1020101	取现	1001	库存现金	100	
20*1	02	01	01	20*1020101	取现	1002	银行存款		100

图 4-37　修改日记账记录

（2）切换至"总分类账"工作表。

（3）选择"数据透视表工具"｜"分析"｜"数据"｜"更改数据源"命令，如图 4-38 所示。

（4）在弹出的"更改数据透视表数据源"对话框中选取数据源区域，如图 4-39 所示。

图 4-38　选择"更改数据源"命令

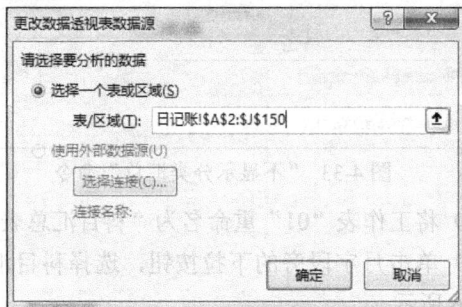

图 4-39　选取数据源区域

（5）单击"确定"按钮。

（6）单击"月"字段旁的下拉按钮，如图 4-40 所示，"总分类账"的数据已被更新（已经添加 2 月业务）。

（7）选择"02"，单击"确定"按钮，在此基础上建立的数据透视表均自动更新，结果如图 4-41 所示。

如果数据源的范围没有扩大，或者最初设定的数据源范围足够大，仅是日记账业务增减及变动，则只需选择"数据透视表工具"｜"分析"｜"数据"｜"刷新"命令，如图 4-42 所示，数据透视表中的数据即可更新。

图 4-40　更新后的总分类账

图 4-41 更新后的数据透视表

图 4-42 "刷新"命令

4.6 科目余额表

4.6.1 设置科目余额表

科目余额表是用来记录本期所有会计科目的发生额和余额的表格。它是科目汇总表的进一步延伸，能够反映某一会计期间相关会计科目（账户）的期初余额、本期发生额、期末余额，为编制会计报表提供更完善的数据。表 4-4 是科目余额表格式。

表 4-4   科目余额表格式

科目余额表

编制单位：   年   月   单位：元

科目代码	会计科目	期初余额		本期发生额		期末余额	
		借方	贷方	借方	贷方	借方	贷方
合计							

利用 Excel 建立科目余额表的操作步骤如下。

（1）将"第 4 章.xlsx"工作簿中的 Sheet2 工作表重命名为"科目余额表"。

（2）选中 A1:H1 单元格区域，单击"合并后居中"按钮 。在 A1 单元格中输入"宏达有限责任公司科目余额表"，并单击"加粗"按钮 ，如图 4-43 所示。

（3）选中 A2:A3 单元格区域，单击"合并后居中"按钮 。在 A2 单元格中输入"科目编号"，并单击"加粗"按钮 ，如图 4-43 所示。

（4）选中 B2:B3 单元格区域，单击"合并后居中"按钮 。在 B2 单元格中输入"会计科目"，并单击"加粗"按钮 ，如图 4-43 所示。

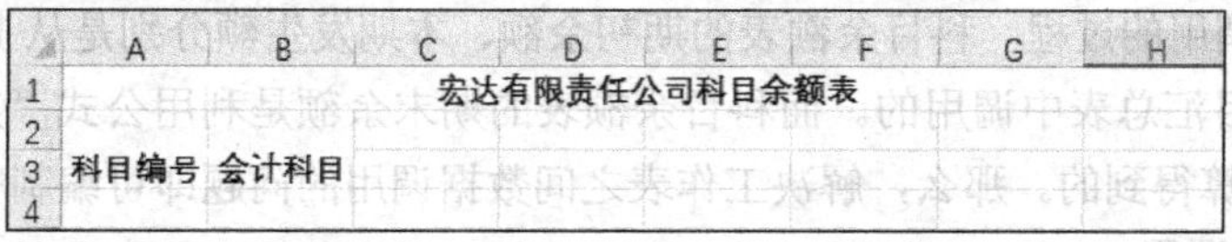

图 4-43 设置 A1、A2、B2 单元格

（5）选中 C2:D2 单元格区域，单击"合并后居中"按钮 。在 C2 单元格中输入"期初余额"，并单击"加粗"按钮 ，如图 4-44 所示。

（6）选中 E2:F2 单元格区域，单击"合并后居中"按钮 。在 E2 单元格中输入"本期发生额"，并单击"加粗"按钮 **B**，如图 4-44 所示。

（7）选中 G2:H2 单元格区域，单击"合并后居中"按钮 🔳。在 G2 单元格中输入"期末余额"，并单击"加粗"按钮 **B**，如图 4-44 所示。

（8）分别选中 C3、E3、G3 单元格，在这些单元格中输入"借方"，单击"居中"按钮 ≡ 及"加粗"按钮 **B**，如图 4-44 所示。

（9）分别选中 D3、F3、H3 单元格，在这些单元格中输入"贷方"，单击"居中"按钮 ≡ 及"加粗"按钮 **B**，调整 A 至 H 列到合适的宽度，如图 4-44 所示。

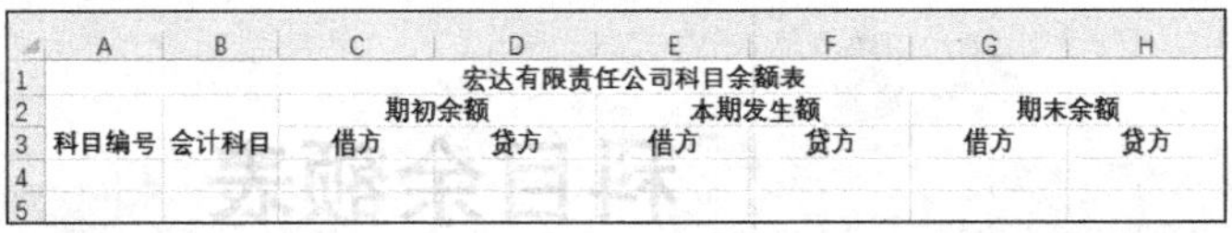

图 4-44　设置 C2、E2、G2、C3、D3、E3、F3、G3、H3 单元格

（10）根据 3.2 节介绍的记录单的有关知识，在 A4:B53 单元格区域中输入科目编号及相应的会计科目。

（11）选中 A54:B54 单元格区域，单击"合并后居中"按钮 🔳。在 A54 单元格中输入"合计"，并单击"加粗"按钮 **B**。

（12）选择 C:H 列单元格区域，选择"开始"｜"单元格"｜"格式"｜"设置单元格格式"命令，在打开的"设置单元格格式"对话框中，在"数字"选项卡的"分类"列表框中选择"会计专用"选项，将"小数位数"设置为 2，将"货币符号"设置为"无"。

（13）单击"确定"按钮。

（14）选中 C54 单元格，选择"公式"｜"函数库"｜"自动求和"命令。

（15）选中 C4:C55 单元格区域，在编辑栏中输入公式"=SUM(C4: C53)，如图 4-45 所示。

（16）按"Ctrl+Enter"快捷键。

（17）选中 C54 单元格并单击鼠标右键，在弹出的快捷菜单中选择"复制"命令。

图 4-45　输入公式

（18）选中 D54:H54 单元格区域并单击鼠标右键，在弹出的快捷菜单中选择"粘贴"命令，这样，D54:H54 单元格区域均自动套用公式。科目余额表的格式已建立完成。

4.6.2　编制科目余额表

编制科目余额表是指填写科目余额表的期初余额、本期发生额以及期末余额。这个过程实质上是工作表之间数据调用的过程。科目余额表的期初余额、本期发生额分别是从上期科目余额表中的期末余额及本期科目汇总表中调用的。而科目余额表的期末余额是利用公式"期末余额=期初余额+/-本期发生额"计算得到的。那么，解决工作表之间数据调用的问题即可编制完成科目余额表。

1. 期初余额的调用

由于科目余额表中的会计科目固定，这样本期科目余额表期初余额可以直接从上期科目余额表的期末余额调用。直接调用公式为"=[被引用工作簿名称]被引用工作表名称!被引用单元格"。若数据在同一个工作簿中，则"被引用工作簿名称"可以省略。

具体操作步骤如下。

（1）打开"第 4 章.xlsx"工作簿。

（2）选中"科目余额表"工作表的 C4 单元格，输入"="。

（3）将指针移至"期初余额表"工作表，单击 G4 单元格。

（4）按 Enter 键，如图 4-46 所示，系统在"科目余额表"工作表的 C4 单元格显示期初现金余额的数值。

（5）选中"科目余额表"工作表的 D4 单元格，输入"="。将指针移至"期初余额表"工作表，单击 H4 单元格，按 Enter 键。

（6）将指针放在 C4 单元格的右下角，使指针变为十字形，如图 4-47 所示，向下拖动指针填充至 C53 单元格。将指针放在 D4 单元格的右下角，使指针变为十字形，向下拖动指针填充至 D53 单元格。到此为止，1 月份科目余额表的期初余额已编制完成。

图 4-46   显示调用结果

图 4-47   指针变为十字形

2. 本期发生额的调用

科目余额表中本期发生额需从本期科目汇总表中调用。由于每个会计期间发生的经济业务不完全相同，这样，根据记录经济业务的日记账自动生成的科目汇总表的会计科目不固定。在从本期科目汇总表中调用数据时，不能直接调用，需要借助函数进行间接调用。以下的内容假设已完成所需要的范围名称定义。

科目余额表的本期发生额的链接调用

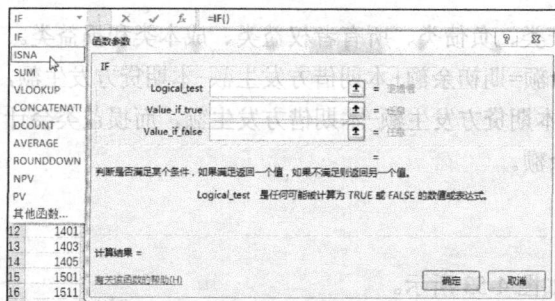

具体操作步骤如下。

（1）打开"科目余额表"工作表。

（2）选中 E4 单元格，单击 *f* 按钮，弹出"插入函数"对话框。在"选择函数"列表框中选择 IF 函数，单击"确定"按钮。

（3）将光标定位到 IF 函数的 Logical_test 参数位置，单击图 4-48 所示的下拉按钮，在打开的列表中选择 ISNA 函数。

（4）将光标定位到 ISNA 函数的 Value 参数位置，单击图 4-49 所示的下拉按钮，在打开的列表中选择 VLOOKUP 函数。

图 4-48   选择 ISNA 函数

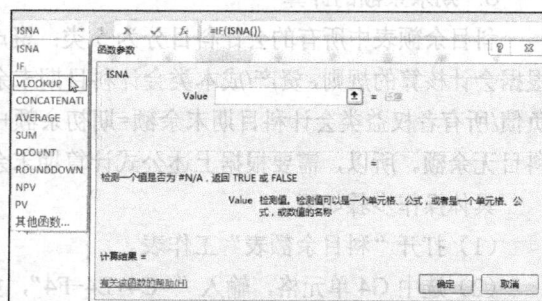

图 4-49   选择 VLOOKUP 函数

（5）在 VLOOKUP 函数的 Lookup_value 参数位置输入""库存现金""，在 Table_array 参数位置选择"公式"｜"定义的名称"｜"用于公式"｜"科目汇总表"命令（已定义"科目汇总表"名称，定义范围为科目汇总表的 B5:D28 单元格区域），在 Col_index_num 参数位置输入“2”，在 Range_lookup 参数位置输入“FALSE”，如图 4-50 所示。

（6）返回 IF 函数，在 Value_if_true 参数位置输入“0”，将光标定位到 Value_if_false 参数位置，单击下拉按钮，从打开的列表中选择 VLOOKUP 函数，如图 4-51 所示。

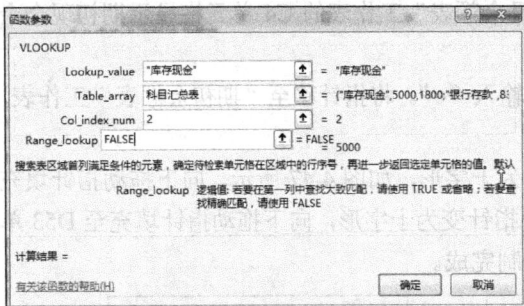

图 4-50　设置 VLOOKUP 函数的参数

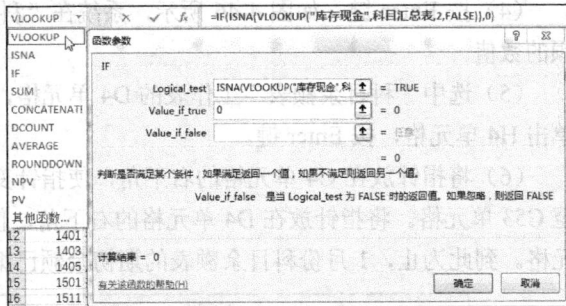

图 4-51　设置 IF 函数的参数

（7）重复步骤（5）。

（8）单击“确定”按钮，完成函数的设置。

（9）系统在 E4 单元格显示本月现金的借方发生额，如图 4-52 所示。

宏达有限责任公司科目余额表					
		期初余额		本期发生额	
科目编号	会计科目	借方	贷方	借方	贷方
1001	库存现金	500.00	-	5,000.00	
1002	银行存款	20,000.00	-		
1101	交易性金融资产	1,000.00	-		

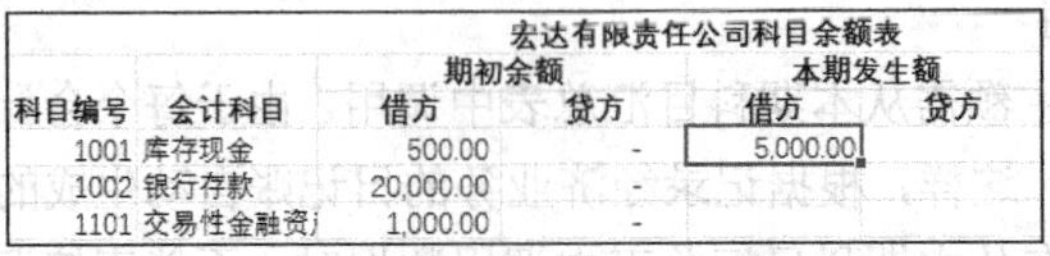

图 4-52　显示函数的计算结果

使用相同的方法，可以在科目余额表与科目汇总表之间建立动态的连接。科目余额表中的借方金额、贷方金额字段的公式如下。

本期借方发生额

=IF(ISNA(VLOOKUP("查找的会计科目",科目汇总表,2,FALSE)),0,VLOOKUP("查找的会计科目",科目汇总表,2,FALSE))

本期贷方发生额

=IF(ISNA(VLOOKUP("查找的会计科目",科目汇总表,3,FALSE)),0,VLOOKUP("查找的会计科目",科目汇总表,3,FALSE))

3. 期末余额的计算

科目余额表中所有的会计科目分为 5 类：资产类、负债类、所有者权益类、成本类和损益类。根据会计核算的规则，资产/成本类会计科目期末余额=期初余额+本期借方发生额-本期贷方发生额，负债/所有者权益类会计科目期末余额=期初余额+本期贷方发生额-本期借方发生额，而损益类会计科目无余额。所以，需要根据上述公式计算期末余额。

具体操作步骤如下。

（1）打开“科目余额表”工作表。

（2）选中 G4 单元格，输入“=C4+E4-F4”，如图 4-53 所示。

宏达有限责任公司科目余额表							
		期初余额		本期发生额		期末余额	
科目编号	会计科目	借方	贷方	借方	贷方	借方	贷方
1001	库存现金	500.00	-	5,000.00	1,800.00	=C4+E4-F4	
1002	银行存款	20,000.00	-	83,100.00	55,200.00		

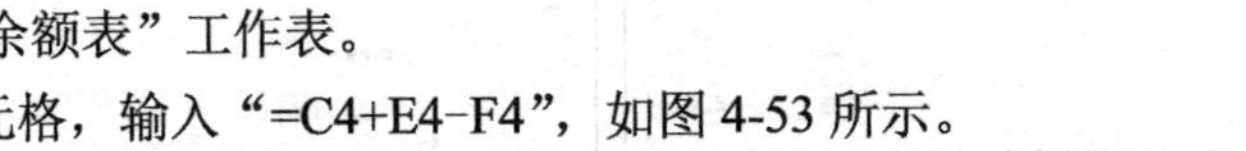

图 4-53　输入公式

（3）按 Enter 键。

（4）计算出来的现金的期末余额为 3700.00，如图 4-54 所示。

G4 | f_x =C4+E4-F4

	A	B	C	D	E	F	G	H
1				宏达有限责任公司科目余额表				
2			期初余额		本期发生额		期末余额	
3	科目编号	会计科目	借方	贷方	借方	贷方	借方	贷方
4	1001	库存现金	500.00	-	5,000.00	1,800.00	3,700.00	
5	1002	银行存款	20,000.00	-	83,100.00	55,200.00		

图 4-54　显示公式计算结果

（5）选中 G4 单元格并单击鼠标右键，在弹出的快捷菜单中选择“复制”命令。

（6）选择 G5:G10 单元格区域，按住 Ctrl 键，继续选择 G12:G17 单元格区域及 G19:G22 单元格区域。释放 Ctrl 键，此时共有 16 个单元格被选中。

（7）在选中的任意单元格上单击鼠标右键，在弹出的快捷菜单中选择“粘贴”命令。

（8）计算出来的资产/成本类会计科目的期末余额如图 4-55 所示。

	A	B	C	D	E	F	G	H
1				宏达有限责任公司科目余额表				
2			期初余额		本期发生额		期末余额	
3	科目编号	会计科目	借方	贷方	借方	贷方	借方	贷方
4	1001	库存现金	500.00	-	5,000.00	1,800.00	3,700.00	
5	1002	银行存款	20,000.00	-	83,100.00	55,200.00	47,900.00	
6	1101	交易性金融资	1,000.00	-	0.00	0.00	1,000.00	
7	1121	应收票据	-	-	0.00	0.00	-	
8	1122	应收账款	40,000.00	-	23,400.00	53,400.00	10,000.00	
9	1123	预付账款	-	-	0.00	0.00	-	
10	1221	其他应收款	-	-	1,200.00	0.00	1,200.00	
11	1231	坏账准备	-	200.00	0.00	0.00		
12	1401	材料采购	-	-	10,000.00	10,000.00	-	
13	1403	原材料	8,000.00	-	10,000.00	5,500.00	12,500.00	
14	1405	库存商品	50,000.00	-	0.00	16,000.00	34,000.00	
15	1501	持有至到期投	600.00	-	0.00	0.00	600.00	
16	1511	长期股权投资	7,000.00	-	0.00	0.00	7,000.00	
17	1601	固定资产	90,000.00	-	500,000.00	0.00	590,000.00	
18	1602	累计折旧	-	10,000.00	0.00	2,200.00		
19	1603	在建工程	-	-	0.00	0.00	-	
20	1701	无形资产	3,000.00	-	0.00	0.00	3,000.00	

图 4-55　显示填制结果

（9）选中 H11 单元格，输入“=D11+F11−E11”，按 Enter 键。

（10）选中 H18 单元格、H23:H39 单元格区域，复制 H11 单元格公式。

（11）已计算好的负债/所有者权益类会计科目的期末余额如图 4-56 所示。至此，科目余额表的编制工作已完成。

			宏达有限责任公司科目余额表				
		期初余额		本期发生额		期末余额	
科目编号	会计科目	借方	贷方	借方	贷方	借方	贷方
1001	库存现金	500.00	-	5,000.00	1,800.00	3,700.00	
1002	银行存款	20,000.00	-	83,100.00	55,200.00	47,900.00	
1101	交易性金融资	1,000.00	-	0.00	0.00	1,000.00	
1121	应收票据	-	-	0.00	0.00	-	
1122	应收账款	40,000.00	-	23,400.00	53,400.00	10,000.00	
1123	预付账款	-	-	0.00	0.00	-	
1221	其他应收款	-	-	1,200.00	0.00	1,200.00	
1231	坏账准备	-	200.00	0.00	0.00		200.00
1401	材料采购	-	-	10,000.00	10,000.00	-	
1403	原材料	8,000.00	-	10,000.00	5,500.00	12,500.00	
1405	库存商品	50,000.00	-	0.00	16,000.00	34,000.00	
1501	持有至到期投	600.00	-	0.00	0.00	600.00	
1511	长期股权投资	7,000.00	-	0.00	0.00	7,000.00	
1601	固定资产	90,000.00	-	500,000.00	0.00	590,000.00	
1602	累计折旧	-	10,000.00	0.00	2,200.00		12,200.00
1603	在建工程	-	-	0.00	0.00	-	
1701	无形资产	3,000.00	-	0.00	0.00	3,000.00	

图 4-56　编制完成的科目余额表

思考练习

一、填空题

1. 利用 IF 函数设置借贷不平衡自动显示，主要是呼应_____这个会计观念。

2. 在一张数据透视表中应分别有_____、_____、_____、_____4 个字段。

3. 对建立数据透视表的数据源区域内的数据进行改动，应执行_____命令对相应的数据透视表数据进行更新。

4. 若在数据透视表中添加及删除字段，选中数据透视表的任意一个数据单元格后，通过出现的_____进行操作。

5. 不同工作簿间建立数据的直接连接，直接调用的公式是_____。

二、简答题

1. 在财务操作过程中，会计人员有时会关注某一会计科目的分类账。陈述使用数据筛选功能显示单一科目分类账的具体操作步骤。

2. 在编制科目余额表时，要用到 VLOOKUP（ ）函数，请陈述该函数各项参数的含义。

三、上机操作题

对第 3 章上机操作题（2）建立的会计凭证表资料执行以下操作。

1. 建立总分类账，要求总分类账（数据透视表）格式："列"区域为"月"；"行"区域为"科目代码""会计科目""日"；"值"区域为"求和项：借方金额""求和项：贷方金额"。

2. 修改总分类账：添加余额，隐藏"科目代码求和项"。

Excel 在会计报表中的应用

第5章

本章的学习目标

- 了解会计报表的概念
- 掌握如何利用 Excel 建立并填制资产负债表、利润表、现金流量表、所有者权益变动表

编制会计报表是会计账务处理的最终环节，会计报表是会计工作的定期总结，是基于会计凭证、会计账簿、科目汇总表和科目余额表等会计资料编制的。本章主要介绍如何利用 Excel 建立和编制会计报表。

5.1 会计报表概述

5.1.1 会计报表的含义及作用

会计报表是综合反映企业经营成果、财务状况以及现金流量信息的书面文件，它是会计核算的最终结果，也是会计核算工作的总结。

会计报表向投资者、债权人、政府及其机构等会计报表的使用者提供有用的经济决策信息。编制会计报表的作用在于以下几个方面。

① 会计报表提供的经济信息是企业加强和改善经营管理的重要依据。

② 会计报表提供的经济信息是国家经济管理部门进行宏观调控和管理的依据。

③ 会计报表提供的经济信息是投资者和债权人决策的依据。

5.1.2 会计报表的分类

可以按照不同的标准将会计报表进行分类，常见的分类标准如下。

（1）按照反映内容的不同，会计报表可以分为动态会计报表和静态会计报表。动态会计报表是反映一定时期内资金耗费和资金收回的报表。例如，利润表是反映企业一定时期内经营成果的报表。静态会计报表是综合反映一定时点资产、负债和所有者权益的会计报表。例如，资产负债表是反映一定时点企业资产总额和权益总额的报表，从企业资产总量方面反映企业的财务状况，从而反映企业资产的变现能力和偿债能力。

（2）按照编制时间的不同，会计报表可以分为月报、季报、半年报和年报。

（3）按照编制单位的不同，会计报表可以分为单位会计报表和汇总会计报表。单位会计报表是指由企业在自身会计核算的基础上，对账簿记录进行加工而编制的会计报表，以反映企业本身的财务状况和经营成果。汇总会计报表是指由企业主管部门或上级机关，根据所属单位报送的会计报表，连同本单位会计报表汇总编制的综合性会计报表。

在本书中，仅介绍利用 Excel 编制基于企业自身会计核算的资产负债表、利润表、现金流量表和所有者权益变动表。

5.2 Excel 在资产负债表中的应用

企业经营需要反映企业的资产、负债及所有者权益的情况，这就需要编制资产负债表。资产负债表是企业会计报表中的主要报表。

5.2.1 设置资产负债表格式

资产负债表是反映企业某一特定日期财务状况的会计报表，它是根据资产、负债和所有者权益三者之间的平衡关系，把日常经营活动的信息按照一定的分类标准和一定的顺序加工而成的。它表明企业某一特定日期所拥有或控制的经济资源，所承担的现有义务和所有者对净资产的要求权。

国际上流行的资产负债表的格式通常有账户式和报告式两种。

账户式资产负债表是根据"资产=负债+所有者权益"将表分成左右两方，左方反映资产，右方反映负债和所有者权益，按其构成项目依据流动性（变现能力由强到弱）分类，并使左右双方总额相等，如表 5-1 所示。

表 5-1   资产负债表（账户式）

编制单位：   年   月   日   单位：元

资产	行次	金额	负债及所有者权益	行次	金额
流动资产			流动负债		
非流动资产			非流动负债		
			所有者权益		
资产合计			负债及所有者权益合计		

报告式资产负债表是按照资产、负债、所有者权益顺序自上而下排列的报表格式，如表 5-2 所示。

我国会计实务中采用账户式资产负债表，因此本书主要介绍账户式资产负债表的编制，具体操作步骤如下。

（1）将"第 5 章.xlsx"工作簿中的 Sheet1 工作表重命名为"资产负债表"。

（2）选中 A1:H1 单元格区域，单击"合并后居中"按钮圉。在 A1 单元格中输入"资产负债表"，并单击"加粗"按钮 **B**。

表 5-2   资产负债表（报告式）

编制单位：   年   月   日   单位：元

资 产	
流动资产	××××
非流动资产	××××
资产合计	××××
负 债	
流动负债	××××
非流动负债	××××
负债合计	××××
所有者权益	
实收资本	××××
资本公积	××××
盈余公积	××××
未分配利润	××××
所有者权益合计	××××

（3）使用相同的方法，并参照资产负债表基本格式（见图 5-1），在每个单元格中输入指定的数据。

（4）选中整个工作表。

（5）单击"开始"选项卡下"字体"组中的 ⊞· 按钮，在下拉菜单中选择"所有框线"命令，如图 5-2 所示。

图 5-1 资产负债表

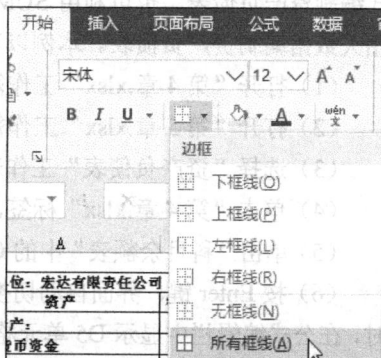

图 5-2 "所有框线"命令

（6）一张经过美化的资产负债表已生成，如图 5-3 所示。

图 5-3 经过美化的资产负债表

5.2.2 资产负债表的编制

在建立好的科目余额表基础上，用户可以很容易编制出资产负债表，因为资产负债表是根据各账户的余额加或减之后编制的。资产负债表本期期初余额即为上期期末余额，可以直接从上期资产负债表中获得，参照科目余额表期初余额填制，在此不做赘述，本小节主要介绍期末余额的编制。

资产负债表中各项目的数据主要通过以下几种方式获得。

（1）根据总账科目余额直接填列，如应收票据、短期借款。

（2）根据总账科目余额计算填列，如货币资金=库存现金+银行存款+其他货币资金。

（3）根据明细科目余额计算填列，如应付账款、预付款项。

（4）根据总账科目和明细科目的期末余额计算填列，例如长期借款、长期应收款。

（5）根据科目余额减去其备抵项目后的净额填列，例如应收账款、存货、无形资产。

依照各项目的数据获得方式，可以采用调用科目余额表、明细分类账等工作表的相关数据的方式编制资产负债表，也可利用 SUMIF 函数和 VLOOKUP 函数间接调用科目余额表等其他工作表的相关数据编制资产负债表。本例以直接调用为例，介绍资产负债表的编制，具体操作步骤如下。

（1）打开"第 4 章.xlsx"工作簿中的"科目余额表"工作表。

（2）打开"第 5 章.xlsx"工作簿中的"资产负债表"工作表。

（3）选择"资产负债表"工作表的 D5 单元格，输入"="。

（4）单击"第 4 章.xlsx"标签，切换至"科目余额表"。

（5）单击"科目余额表"中的 G4 单元格，输入"+"，然后单击"科目余额表"中的 G5 单元格。

（6）按 Enter 键，界面自动切换到"资产负债表"，并在 D5 单元格显示计算结果 51,600.00。此时，在公式编辑栏中显示 D5 单元格所采用的计算公式"=[第 4 章.xls]科目余额表!\$G\$4+[第 4 章.xls]科目余额表!\$G\$5"，如图 5-4 所示。

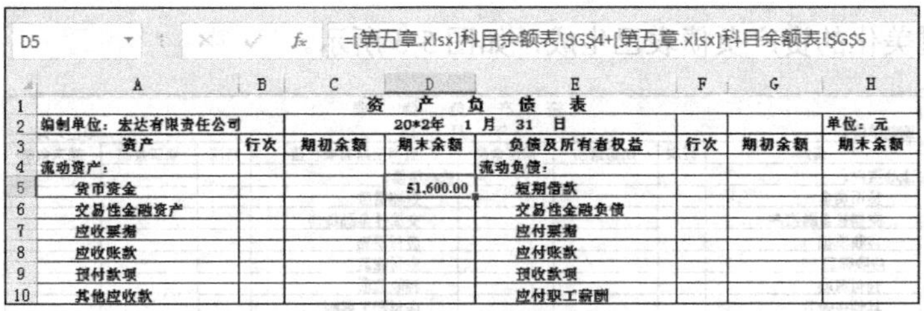

图 5-4　显示公式的计算结果

（7）参照第（3）～（6）步填制除合计数之外的项目。

（8）选中 D14 单元格，单击 fx 按钮，执行"插入函数"命令。

（9）在"选择函数"列表框中选择常用函数中的 SUM 函数，在 SUM 函数的 Number1 参数位置输入"D5:D13"，如图 5-5 所示。

图 5-5　设置 SUM 函数的参数

（10）参照步骤（9），填制其余的合计数，最终编制的资产负债表如图 5-6 所示。

<table>
<tr><td colspan="8" style="text-align:center">资 产 负 债 表</td></tr>
<tr><td>编制单位：宏达有限责任公司</td><td colspan="3" style="text-align:center">20*2年 1 月 31 日</td><td colspan="4" style="text-align:right">单位：元</td></tr>
<tr><td>资产</td><td>行次</td><td>期初余额</td><td>期末余额</td><td>负债及所有者权益</td><td>行次</td><td>期初余额</td><td>期末余额</td></tr>
<tr><td>流动资产：</td><td></td><td></td><td></td><td>流动负债：</td><td></td><td></td><td></td></tr>
<tr><td>货币资金</td><td></td><td></td><td>51,600.00</td><td>短期借款</td><td></td><td></td><td>14,000.00</td></tr>
<tr><td>交易性金融资产</td><td></td><td></td><td>1,000.00</td><td>交易性金融负债</td><td></td><td></td><td></td></tr>
<tr><td>应收票据</td><td></td><td></td><td></td><td>应付票据</td><td></td><td></td><td></td></tr>
<tr><td>应收账款</td><td></td><td></td><td>9,800.00</td><td>应付账款</td><td></td><td></td><td></td></tr>
<tr><td>预付款项</td><td></td><td></td><td></td><td>预收款项</td><td></td><td></td><td></td></tr>
<tr><td>其他应收款</td><td></td><td></td><td>1,200.00</td><td>应付职工薪酬</td><td></td><td></td><td></td></tr>
<tr><td>存货</td><td></td><td></td><td>46,800.00</td><td>应交税费</td><td></td><td></td><td>5,700.00</td></tr>
<tr><td>一年内到期的非流动资产</td><td></td><td></td><td></td><td>其他应付款</td><td></td><td></td><td>1,100.00</td></tr>
<tr><td>其他流动资产</td><td></td><td></td><td></td><td>一年内到期的非流动负债</td><td></td><td></td><td></td></tr>
<tr><td>流动资产合计</td><td></td><td></td><td>110,400.00</td><td>其他流动负债</td><td></td><td></td><td></td></tr>
<tr><td></td><td></td><td></td><td></td><td>流动负债合计</td><td></td><td></td><td>20,800.00</td></tr>
<tr><td>非流动资产：</td><td></td><td></td><td></td><td>非流动负债：</td><td></td><td></td><td></td></tr>
<tr><td>债权投资</td><td></td><td></td><td>600.00</td><td>长期借款</td><td></td><td></td><td>70,000.00</td></tr>
<tr><td>其他债权投资</td><td></td><td></td><td></td><td>应付债券</td><td></td><td></td><td></td></tr>
<tr><td>长期应收款</td><td></td><td></td><td></td><td>长期应付款</td><td></td><td></td><td></td></tr>
<tr><td>长期股权投资</td><td></td><td></td><td>7,000.00</td><td>预计负债</td><td></td><td></td><td></td></tr>
<tr><td>固定资产</td><td></td><td></td><td>577,800.00</td><td>递延所得税负债</td><td></td><td></td><td></td></tr>
<tr><td>在建工程</td><td></td><td></td><td></td><td>其他非流动负债</td><td></td><td></td><td></td></tr>
<tr><td>无形资产</td><td></td><td></td><td>3,000.00</td><td>非流动负债合计</td><td></td><td></td><td>70,000.00</td></tr>
<tr><td>商誉</td><td></td><td></td><td></td><td>负债合计</td><td></td><td></td><td>90,800.00</td></tr>
<tr><td>长期待摊费用</td><td></td><td></td><td></td><td>所有者权益：</td><td></td><td></td><td></td></tr>
<tr><td>递延所得税资产</td><td></td><td></td><td></td><td>实收资本（股本）</td><td></td><td></td><td>600,000.00</td></tr>
<tr><td></td><td></td><td></td><td></td><td>其他权益工具</td><td></td><td></td><td></td></tr>
<tr><td>其他非流动资产</td><td></td><td></td><td></td><td>资本公积</td><td></td><td></td><td>400.00</td></tr>
<tr><td>非流动资产合计</td><td></td><td></td><td>588,400.00</td><td>其他综合收益</td><td></td><td></td><td></td></tr>
<tr><td></td><td></td><td></td><td></td><td>盈余公积</td><td></td><td></td><td>3,700.00</td></tr>
<tr><td></td><td></td><td></td><td></td><td>专项储备</td><td></td><td></td><td></td></tr>
<tr><td></td><td></td><td></td><td></td><td>未分配利润</td><td></td><td></td><td>3,900.00</td></tr>
<tr><td></td><td></td><td></td><td></td><td>所有者权益合计</td><td></td><td></td><td>608,000.00</td></tr>
<tr><td>资产总计</td><td></td><td>-</td><td>698,800.00</td><td>负债和所有者权益总计</td><td></td><td></td><td>698,800.00</td></tr>
</table>

图 5-6　编制完成的资产负债表

5.3 | Excel 在利润表中的应用

企业经营一段时间，需要了解企业经营的好坏，这就需要编制利润表。利润表也是企业会计报表中的重要报表。

5.3.1　设置利润表格式

利润表是反映企业一定期间内生产经营成果的会计报表。利润表把一定时期内的营业收入与其同一会计期间相关的营业费用进行配比，以计算出企业一定时期的净利润。通过利润表反映的收入和费用等情况，报表使用者能够了解企业生产经营的收入情况及费用耗费情况，以及企业一定时期内的生产经营成果。利润是企业经营业绩的综合体现，又是进行利润分配的主要依据。

目前比较普遍的利润表的格式有多步式和单步式两种。

多步式利润表是经过计算营业利润、利润总额等多个步骤，最后计算净利润而编制成的利润表，如表 5-3 所示。

表 5-3　　　　　　　　　　　　　　利润表

编制单位：　　　　　　　　　　　　年　　月　　　　　　　　　　　　单位：元

项目	行次	本月数	本年累计数
一、营业收入			
减：营业成本			
税金及附加			
销售费用			
管理费用			

项目	行次	本月数	本年累计数
研发费用			
财务费用			
其中：利息费用			
利息收入			
加：其他收益			
投资收益			
公允价值变动损益			
信用减值损失			
资产减值损失			
资产处置收益			
二、营业利润			
加：营业外收入			
减：营业外支出			
三、利润总额			
减：所得税费用			
四、净利润			

单步式利润表是通过将所有收入扣除所有费用后一次计算净利润而编制的利润表，如表 5-4 所示。

在我国会计实务采用多步式利润表，因此本书主要介绍多步式利润表的编制。利润表的建立与资产负债表的建立过程和方法类似，具体操作步骤如下。

（1）将"第 5 章.xlsx"工作簿中的 Sheet2 工作表重命名为"利润表"。

表 5-4   利润表

编制单位：   年   月   单位：元

项目	行次	本月数	本年累计数
一、收入			
营业收入			
公允价值变动损益			
投资收益			
其他收益			
资产处置收益			
营业外收入			
收入合计			
二、费用			
营业成本			
税金及附加			
销售费用			
管理费用			
研发费用			
财务费用			
资产减值损失			
信用减值损失			
营业外支出			
所得税费用			
费用合计			
三、净利润			

（2）选中 A1:D1 单元格区域，单击"合并后居中"按钮 。在 A1 单元格中输入"利润表"，单击"加粗"按钮 **B** 。

（3）参照利润表的基本格式，使用同样的方法在每个单元格中输入特定的项目。

（4）选中 A4:D18 单元格区域，设置边框样式，如图 5-7 所示，利润表建立完成。

利润表			
编制单位：	年	月	单位：元
项　　　　目	行次	本月数	本年累计数
一、营业收入	1		
减：营业成本	2		
税金及附加	3		
销售费用	4		
管理费用	5		
研发费用	6		
财务费用	7		
其中：利息费用	8		
利息收入	9		
加：其他收益	10		
投资收益	11		
公允价值变动损益	12		
信用减值损失	13		
资产减值损失	14		
资产处置收益	15		
二、营业利润	16		
加：营业外收入	17		
减：营业外支出	18		
三、利润总额	19		
减：所得税费用	20		
四、净利润	21		

图 5-7　利润表

利润表的编制

5.3.2　利润表的编制

利润表的编制也是建立在科目余额表上的，只不过收入、费用类账户是虚账户，每期没有期初、期末余额。利润表需要根据科目余额表中有关会计科目的本期发生额编制。

1. 本月数的填制

利润表中本月数的填制，同样要建立利润表与科目余额表的连接，以便进行数据的调用。前面曾提及数据调用有直接调用与间接调用两种方式，资产负债表的编制使用了直接调用，本小节介绍的利润表的编制将使用间接调用。假设已定义所需范围名称。具体操作步骤如下。

（1）打开"第 5 章.xlsx"工作簿中的"利润表"工作表。

（2）选中"利润表"工作表中的 C4 单元格。

（3）单击 *fx* 按钮，然后选择 VOOLKUP 函数，单击"确定"按钮。

（4）在 VLOOKUP 函数的 Lookup_value 参数位置输入""主营业务收入""，将光标定位到 Table_array 参数位置，选择"公式"｜"定义的名称"｜"用于公式"｜"科目余额表"命令（科目余额表已按照第 4 章所示方法定义），在 Col_index_num 参数位置输入"5"，在 Range_lookup 参数位置输入"FALSE"，如图 5-8 所示。

（5）单击"确定"按钮完成函数参数的设置。

（6）按照步骤（4），在编辑栏中输入"+VLOOKUP("其他业务收入",科目余额表,5, FALSE)"，C4 单元格中显示的"营业收入"为"38,000"，如图 5-9 所示。

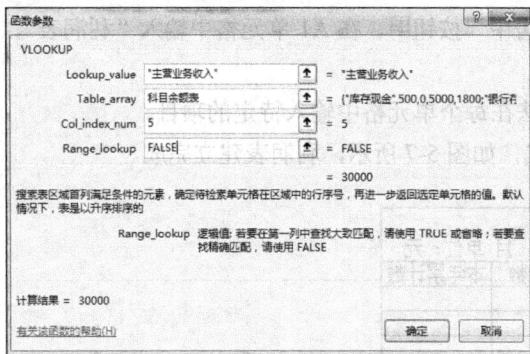

图 5-8　设置 VLOOKUP 函数参数

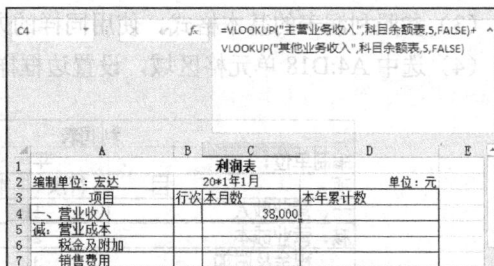

图 5-9　显示函数的计算结果

（7）选中 C5 单元格，输入"=VLOOKUP("主营业务成本",科目余额表,4,FALSE)+VLOOKUP("其他业务成本",科目余额表,4,FALSE)"，然后按 Enter 键。

（8）分别选中 C6、C7、C8、C9、C10、C11、C12、C13、C14、C15、C16、C17、C18、C20、C21 单元格，参照步骤（4）～步骤（5）完成数据的调用。

（9）选中 C19 单元格，输入"=C4-C5-C6-C7-C8-C9-C10+C13+C14+C15+C16+C17+C18"，然后按 Enter 键，结果如图 5-10 所示。

（10）选中 C22 单元格，输入"=C19+C20-C21"，然后按 Enter 键，结果如图 5-11 所示。

图 5-10　显示单元格计算结果（1）

图 5-11　显示单元格计算结果（2）

（11）选中 C23 单元格，输入"=C22×25%"，然后按 Enter 键。

（12）选中 C24 单元格，输入"=C22-C23"，然后按 Enter 键，完成利润表本月数的填制，结果如图 5-12 所示。

2．本年累计数的填制

利润表中的本年累计数是指从本年一月起至本月止若干月份累计实现的利润数，即本年累计数应该等于上月利润表本年累计数加上本月利润表本月数。这样，需要建立起上月利润表与本月利润表的连接，以便进行数据的调用。不同工作簿中工作表数据的调用在第 4 章已经详细介绍，在本节不再赘述。

图 5-12　编制完成的利润表

5.4 Excel 在现金流量表中的应用

为了规范企业现金的管理,提高会计信息质量,财政部制定了《企业会计准则——现金流量表》,并于 1998 年 1 月 1 日起执行。现金流量表也是企业会计报表中的主要报表。

5.4.1 设置现金流量表格式

现金流量表是反映企业一定会计期间现金和现金等价物(以下简称"现金")流入和流出的报表。现金流量表能够说明企业一定期间内现金流入和流出的原因、企业的偿债能力和支付股利的能力、企业未来获取现金的能力。

现金流量表应当按照经营活动、投资活动和筹资活动的现金流量分类分项列出,如表 5-5 所示。

表 5-5 现金流量表的格式

现金流量表

编制单位: 年度 单位: 元

项目	行次	金额
一、经营活动产生的现金流量		
销售商品、提供劳务收到现金		
收到的税费返还		
收到其他与经营活动有关的现金		
经营活动现金流入小计		
购买商品、接受劳务支付的现金		
支付给职工以及为职工支付的现金		
支付的各项税费		
支付其他与经营活动有关的现金		
经营活动现金流出小计		
经营活动产生的现金流量净额		
二、投资活动产生的现金流量		
收回投资收到的现金		
取得投资收益收到的现金		
处置固定资产、无形资产和其他长期资产收回的现金净额		
收到其他与投资活动有关的现金		
投资活动现金流入小计		
购建固定资产、无形资产和其他长期资产支付的现金		
投资支付的现金		
支付其他与投资活动有关的现金		
投资活动现金流出小计		
投资活动产生的现金流量净额		
三、筹资活动产生的现金流量		
吸收投资收到的现金		
取得借款收到的现金		

续表

项目	行次	金额
收到其他与筹资活动有关的现金		
筹资活动现金流入小计		
偿还债务支付的现金		
分配股利、利润或偿付利息支付的现金		
支付其他与筹资活动有关的现金		
筹资活动现金流出小计		
筹资活动产生的现金流量净额		
四、汇率变动对现金及现金等价物的影响		
五、现金及现金等价物净增加额		
加：期初现金及现金等价物余额		
六、期末现金及现金等价物余额		

现金流量表的建立仍然采用与资产负债表和利润表类似的方法。将"第 5 章.xlsx"工作簿中的Sheet3 工作表重命名为"现金流量表"，并通过单击"合并后居中""加粗""设置边框"等按钮完成图 5-13 所示的现金流量表的设置。

图 5-13　现金流量表

5.4.2　现金流量表的编制

现金流量表的编制是建立在总分类账等工作表基础之上的，类似于资产负债表和利润表的编制，即通过直接调用或间接调用相关工作表中的数据，再根据会计准则的有关规定，设置单元格的计算公式编制。

由于直接调用和间接调用在前面内容已介绍，现金流量表编制的具体操作步骤不做赘述。本书将在第 6 章对 4 种会计报表的编制综合举例。

5.5 | Excel 在所有者权益变动表中的应用

2007 年以前，公司所有者权益变动情况是以资产负债表附表形式予以体现的。新准则颁布后，要求企业于 2007 年正式对外呈报所有者权益变动表，所有者权益变动表成为与资产负债表、利润表和现金流量表并列披露的第四张财务报表。

5.5.1 设置所有者权益变动表格式

所有者权益变动表是反映企业所有者权益变动情况的报表。所有者权益变动表主要反映四个方面的内容：一是综合收益导致的所有者权益变动；二是资本业务导致的所有者权益总额发生的变动；三是利润分配导致的所有者权益变动；四是所有者权益内部的变动。具体格式如表 5-6 所示。

表 5-6 所有者权益变动表

编制单位： 年度 单位：元

项目	本年金额								
	实收资本（或股本）	其他权益工具	资本公积	减：库存股	其他综合收益	专项储备	盈余公积	未分配利润	所有者权益合计
一、上年年末余额									
加：会计政策变更									
前期差错更正									
二、本年年初余额									
三、本年增减变动金额（减少以"—"号填列）									
（一）综合收益总额									
（二）所有者投入和减少资本									
1. 所有者投入资本									
2. 其他权益工具持有者投入的金额									
3. 股份支付计入所有者权益的金额									
4. 其他									
（三）利润分配									
1. 提取盈余公积									
2. 对所有者（或股东）的分配									
3. 其他									
（四）所有者权益内部结转									
1. 资本公积转增资本（或股本）									
2. 盈余公积转增资本（或股本）									
3. 盈余公积弥补亏损									
4. 设定受益计划变动额结转留存收益									
5. 其他综合收益结转留存收益									
6. 其他									
四、本年年末余额									

所有者权益变动表的建立仍然采用与资产负债表和利润表类似的方法。将"第 5 章.xlsx"工作簿中的 Sheet4 工作表重命名为"所有者权益变动表"，并通过单击"合并后居中""加粗""设置边框"等按钮完成图 5-14 所示的所有者权益变动表的设置。

所有者权益变动表									
编制单位：				年					单位：
项目	本年金额								
	实收资本（或股本）	其他权益工具	资本公积	减：库存股	其他综合收益	专项储备	盈余公积	未分配利润	所有者权益合计
一、上年年末余额									
加：会计政策变更									
前期差错更正									
二、本年年初余额									
三、本年增减变动金额（减少以"一"号填列）									
（一）综合收益总额									
（二）所有者投入和减少资本									
1.所有者投入资本									
2.其他权益工具持有者投入的金额									
3.股份支付计入所有者权益的金额									
4.其他									
（三）利润分配									
1.提取盈余公积									
2.对所有者（或股东）的分配									
3.其他									
（四）所有者权益内部结转									
1.资本公积转增资本（或股本）									
2.盈余公积转增资本（或股本）									
3.盈余公积弥补亏损									
4.设定受益计划变动额转留存收益									
5.其他综合收益结转留存收益									
6.其他									
四、本年年末余额									

图 5-14　所有者权益变动表

5.5.2　所有者权益变动表的编制

所有者权益变动表的编制建立在相关会计资料基础之上，类似于资产负债表和利润表的编制，即通过直接调用或间接调用相关工作表的数据，再根据会计准则的有关规定，设置单元格的计算公式编制。

由于直接调用和间接调用在前面内容已介绍，所有者权益变动表编制的具体操作步骤不做赘述。本书将在第 6 章对 4 种会计报表的编制综合举例。

思考练习

一、填空题

1. 编制资产负债表时，可以采用数据链接_____方式引用相关工作表的数据进行资产负债表的编制，也可采用_____函数_____调用相关工作表的数据进行资产负债表的编制。

2. 利润表中营业成本数额的编制的公式为_____。

3. 现金流量表的编制应当按照_____活动、_____活动和_____活动的现金流量分类分项列出。

二、简答题

1. 什么是资产负债表？利用 Excel 编制资产负债表时，需要调用哪些资料的数据？

2. 简述在编制利润表过程中，如何对科目余额表进行定义名称的操作？

三、上机操作题

1. 新建 Excel 工作簿，并将 Sheet1 工作表重命名为"损益类科目发生额表"，按表 5-7 的工作表输入相关内容并自行修饰工作表。

表 5-7　　　　　　　　　　　　　　　工作表　　　　　　　　　　　　　　　单位：元

项目	借方发生额	贷方发生额
主营业务收入		8000.00
其他业务收入		2000.00
投资收益		500.00
营业外收入		400.00
主营业务成本	4000.00	
税金及附加	200.00	
其他业务支出	500.00	
销售费用	100.00	
管理费用	300.00	
财务费用	400.00	
营业外支出	500.00	
所得税	600.00	

2. 将 Sheet2 工作表重命名为"利润表"，格式如表 5-8 所示。

表 5-8　　　　　　　　　　　　　　　利润表

编制单位：四方有限责任公司　　　　　　　　　2015 年 1 月　　　　　　　　　单位：元

项目	行次		本月数

3. 根据上述资料，利用 VOOLKUP 函数进行间接调用完成利润表中本月数的填制。

第6章 Excel 在会计核算流程中的应用

通过本章的学习，读者可以结合前面章节的内容，学习利用 Excel 进行会计核算的整体流程，掌握从编制会计凭证表开始到资产负债表、利润表、现金流量表和所有者权益变动表的生成为止的整个会计核算操作流程，从而对财务报表编制的具体环节和步骤建立更加直观、清晰的认识。

6.1 会计核算流程概述

6.1.1 手工记账会计循环流程

财务会计必须对企业的交易和事项进行会计处理，以便最终为会计信息使用者提供财务报告。会计处理包括许多具体的会计程序，并要依次完成一系列的基本步骤。在财务会计中，这些周而复始、以记录为主的会计处理步骤称为会计循环。图 6-1 所示为基本和常见的手工记账的会计循环流程。

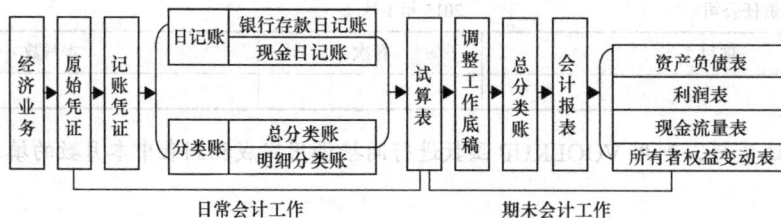

图 6-1　手工记账的会计循环流程

由图 6-1 可知，手工记账的会计循环一般包括以下几个环节。

（1）编审凭证：经济业务发生后，会计人员首先要取得或编制原始凭证，并审核其合法性、合规性等。其次，对每笔经济业务列出其应借记和贷记的账户及金额，并填制记账凭证。

（2）登记账簿：根据记账凭证所确定的会计分录，在各分类账中按账户进行登记。

（3）进行试算：将各分类账中各账户的借方总额、贷方总额和期末余额汇总列表，以验证分录及记账工作是否有错。

（4）定期调整：根据经济业务的最新发展，定期修正各账户的记录，使各账户能正确反映实际情况。

（5）期末结账：在会计期间终了，分别结算收入、费用类账户，以确定损益，并列出资产、负债、所有者权益类账户余额，以便结转到下期连续记录。

（6）编制报表：会计期间结束，将经营期间内所有经济业务及其结果汇总，编制完成资产负债表、利润表、现金流量表和所有者权益变动表，以反映企业的财务状况、经营成果、现金流量和所有者权益增减变动情况。

手工核算程序包括记账凭证核算程序、科目汇总表核算程序、汇总记账凭证核算程序以及日记总账核算程序等。在手工核算方式下对数据进行的分类整理，是通过将记账凭证的内容按会计科目转抄到日记账、明细分类账以及总分类账的形式来实现的。各种核算程序的根本出发点都一样，就是减少转抄的工作量，于是为了适应不同企业的特点而产生了各种各样的核算程序。但这些核算程序只能在一定程度上减少或简化转抄工作，而不能完全避免转抄。同一数据的多次转抄不仅浪费时间、精力和财物（存储纸张等），而且容易产生错误。为了减少这类错误的产生，必须增加必要的核对工作，如编制试算平衡表、明细账与总账的核对、会计凭证与相关账簿的核对、账簿记录与财产物资的实际拥有数核对等。

6.1.2　Excel记账会计循环流程

使用 Excel 进行会计核算时，登记账簿的环节完全可以取消，即平时不记现金日记账、银行存款日记账、明细账及总账，只需将经济业务以会计分录（记账凭证）的形式保存在会计分录表（或会计凭证表）中，在需要时对记账凭证按会计科目、日期等条件进行检索、编辑和直接输出日记账、明细账、总账甚至会计报表。计算机处理速度很快，检索和编辑的时间很短，因此能快速得到各种账簿和报表资料。计算机不会发生遗漏、重复及计算错误，因此，手工核算方式下的某些核对环节即可避免，从而节约了相当多的人力和时间，大大提高了会计人员的工作效率。

Excel 提供了强大的表格处理函数功能，借助这些工具，会计人员可以编制各种类型的报表。图 6-2 所示为使用 Excel 记账的会计循环流程。

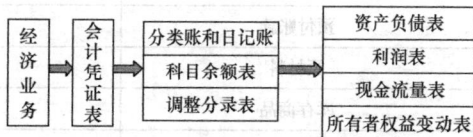

图 6-2　使用 Excel 记账的会计循环流程

观察图 6-2 可知，使用 Excel 记账的会计循环包括以下几个环节。

（1）编制会计凭证表：根据实际发生的经济业务编制生成会计分录表（会计凭证表），并对此进行审核。

（2）自动生成分类账和日记账：将会计凭证表中的经济业务通过数据透视表自动生成分类账（总分类账和明细分类账）和日记账（现金日记账和银行存款日记账）。

（3）自动生成科目汇总表：将会计凭证表中所有具有相同一级科目名称的科目汇总，生成一张科目汇总表。

（4）编制调整分录表：在编制现金流量表时需要按现金产生的原因调整会计分录表中的有关科目，即将现金按业务活动的不同区分为经营活动现金、投资活动现金和筹资活动现金，调整后生成一张调整分录表。

（5）生成会计报表：根据调整分录表和科目余额表生成资产负债表、利润表、现金流量表和所有者权益变动表。

可以看到，利用 Excel 进行会计核算并不用遵循传统会计核算程序（依照经济业务、原始凭证、记账凭证、日记账、分类账和会计报表的顺序）。这样做的理由主要有以下几个方面。

（1）编制会计报表所需的信息均可从会计分录表和调整分录表中直接或间接获取。

（2）使用表格化的"会计分录表"能更直观地反映出经济业务的具体内容。

（3）即便需要查询科目明细内容、现金日记账和银行日记账，通过 Excel 的数据库功能也可以很容易地实现。

6.2 使用 Excel 进行会计核算案例

6.2.1 企业概况

企业名称：宏达有限责任公司；法人名称：×××；单位地址：郑州市黄河路 6 号；开户行：郑州市工商银行黄河路分理处；银行账号：9558031575018696775l；统一社会信用代码：914101225374405961；主要产品：A 型机械、B 型机械；核算要求：材料发出采用先进先出法，固定资产月折旧率为 0.4%，增值税税率为 13%，所得税税率为 25%。

（1）20×1 年 12 月期初科目余额如表 6-1 所示。

表 6-1　　　　　　　　　　　　　　　　　科目余额表　　　　　　　　　　　　　　　　　单位：元

科目名称	借方余额	贷方余额
库存现金	21 960	
银行存款	1 308 640	
应收票据	15 000	
应收账款	42 000	
预付账款	11 000	
原材料	976 000	
库存商品	260 000	
长期股权投资	600 000	
固定资产	4 500 000	
累计折旧		1 020 000
无形资产	500 000	
短期借款		400 000
应付账款		17 000
应付票据		65 000
预收账款		8 000
应付利息		2 000
应付职工薪酬		12 800
应交税费		9 800
实收资本		5 000 000
资本公积		200 000
盈余公积		1 460 000
利润分配		40 000
余额合计	8 234 600	8 234 600

（2）期初余额明细。

| 应收账款——应收红光厂 | 借：30 000 |
| ——应收蓝天公司 | 借：12 000 |

应收票据——胜利厂　　　　　　　　　　借：15 000

预付账款——永安机械厂　　　　　　　　借：11 000

原材料——甲 380 吨，每吨 1 600 元　　借：608 000

　　　——乙 150 吨，每吨 2 000 元　借：300 000

　　　——丙 40 吨，每吨 1 700 元　借：68 000

库存商品——A 20 台，每台 6 400 元　借：128 000

库存商品——B 22 台，每台 6 000 元　借：132 000

固定资产——车间用　　　　　　　　　　借：2 500 000

　　　　　——厂部用　　　　　　　　　借：2 000 000

应付账款——新飞公司　　　　　　　　　贷：17 000

应付票据——大路公司　　　　　　　　　贷：65 000

预收账款——万方公司　　　　　　　　　贷：8 000

应交税费——未交增值税　　　　　　　　贷：8 909.09

　　　　　——应交城市维护建设税　　　贷：623.64

　　　　　——应交教育费附加　　　　　贷：267.27

盈余公积——法定盈余公积　　　　　　　贷：1 000 000

　　　　　——任意盈余公积　　　　　　贷：460 000

（3）12 月份发生的经济业务。

① 12 月 1 日，用现金购买办公用品 400 元。

② 12 月 2 日，用支票偿还前欠新飞公司货款 17 000 元。

③ 12 月 2 日，以银行存款购买转账支票，共计 60 元。

④ 12 月 3 日，车间领用甲材料 10 吨，每吨 1 600 元，用于 A 产品的生产。

⑤ 12 月 3 日，从银行提取现金作为备用金使用 2 000 元。

⑥ 12 月 4 日，由红星工厂购入甲材料 10 吨，每吨 1 600 元，货款共计 16 000 元，增值税 2 080 元，用支票支付，材料已入库。

⑦ 12 月 5 日，缴纳上月增值税、城市维护建设税和教育费附加。

⑧ 12 月 6 日，采购员张平出差，借差旅费 2 000 元，以银行存款支付。

⑨ 12 月 7 日，销售给海文公司 B 产品一批，货款 91 000 元（10 台×9 100 元/台），增值税税率为 13%，收到的支票已存入银行。

⑩ 12 月 7 日，用支票支付第三季度养路费 3 000 元。

提示　这笔业务涉及的原始凭证有支票存根和缴款收据等。

⑪ 12 月 8 日，车间领用乙材料 1 吨，每吨 2 000 元，用于车间一般耗用。

⑫ 12 月 9 日，用现金支付车间修理费 500 元。

⑬ 12 月 10 日，用现金预付明年上半年的报刊费 600 元。

⑭ 12月11日，签发现金支票，提取现金准备支付本月工资46 900元。

⑮ 12月11日，发放本月工资46 900元。

⑯ 12月12日，厂部招待客户餐费支付现金460元。

⑰ 12月13日，职工王艳报销医药费240元。

⑱ 12月14日，由新飞公司购入乙材料3吨，每吨2 000元，款项尚未支付，材料已入库。

⑲ 12月14日，由银行支付本月生产车间水费600元。

⑳ 12月15日，车间领用乙材料15吨，每吨2 000元，用于B产品的生产。

㉑ 12月16日，销售给蓝天公司A产品一批，货款117 600元（12台×9 800元/台），已经开具增值税专用发票，增值税税率为13%，货款尚未收到。

㉒ 12月17日，用支票支付广告费2 000元。

㉓ 12月18日，采购员张平出差回来报销差旅费2 700元，不足部分用现金支付。

㉔ 12月19日，用银行存款支付本月电费2 700元。其中，厂部用电800元，车间用电1 900元。

㉕ 12月20日，发生本月借款利息费用1 000元。

㉖ 12月21日，销售给万方公司丙材料10吨，每吨1 900元，共计19 000元，冲销预收账款8 000元，其余收转账支票，丙材料成本为每吨1 700元。

㉗ 12月21日，以银行存款支付本月电话费1 000元。

㉘ 12月22日，分配本月工资。其中，生产A产品的生产工人工资18 000元，生产B产品的生产工人工资12 000元，车间管理人员工资6 600元，厂部人员工资10 300元。

㉙ 12月22日，按工资总额的14%计提福利费。

㉚ 12月23日，以银行存款支付本月车间大修理费用1 000元。

㉛ 12月25日，年终盘点，盘盈生产用设备一台（全新），同类固定资产市场价格为8 000元（全新）。

㉜ 12月25日，年终盘点，盘亏甲材料1吨，金额1 600元（应负担的增值税为208元）。

㉝ 12月26日，用银行存款支付第四季度借款利息3 000元。

㉞ 12月26日，计提本月折旧。其中，车间应负担折旧10 000元，厂部应负担折旧8 000元。

㉟ 12月27日，接受协作单位无偿捐赠计算机一台，市场价格12 000元，用于管理。

㊱ 12月27日，盘点结束，经领导审批后，盘盈的设备8 000元计入营业外收入，盘亏的甲材料1 808元列入营业外支出。

㊲ 12月28日，结转本月制造费用，按工人工资比例分配。

㊳ 12月28日，结转本月已完工的A产品成本（包括上期尚未生产完工的A产品），A产品共8台。

㊴ 12月29日，计提本月城市维护建设税、教育费附加。

㊵ 12月29日，企业已有的丙材料当前市场价为每吨1 600元，按已给资料计提存货跌价准备。

㊶ 12月30日，用现金购印花税票500元。

㊷ 12月30日，厂部报销汽车加油费300元，经审核后以现金支付。

㊸ 12月31日，按年末应收账款余额的5‰计提坏账准备。

㊹ 12月31日，结转本月销售成本。其中：A产品12台，每台6 400元；B产品10台，每台6 000元。

㊺ 12月31日，结转本月各项收益。

㊻ 12月31日，结转本月各项支出。

㊼ 12月31日，计算并结转所得税费用。（本年纳税调整项目有：实际发放工资超过计税工资1 000

元，盘亏的甲材料 1 808 元，税务部门不允许税前扣除。）所得税费用采用应付税款法计算。

⑱ 12 月 31 日，按净利润的 10%计提法定盈余公积金。

⑲ 12 月 31 日，将本年净利润转入利润分配科目。

6.2.2 使用Excel进行会计核算的准备工作

1. 建立会计科目表

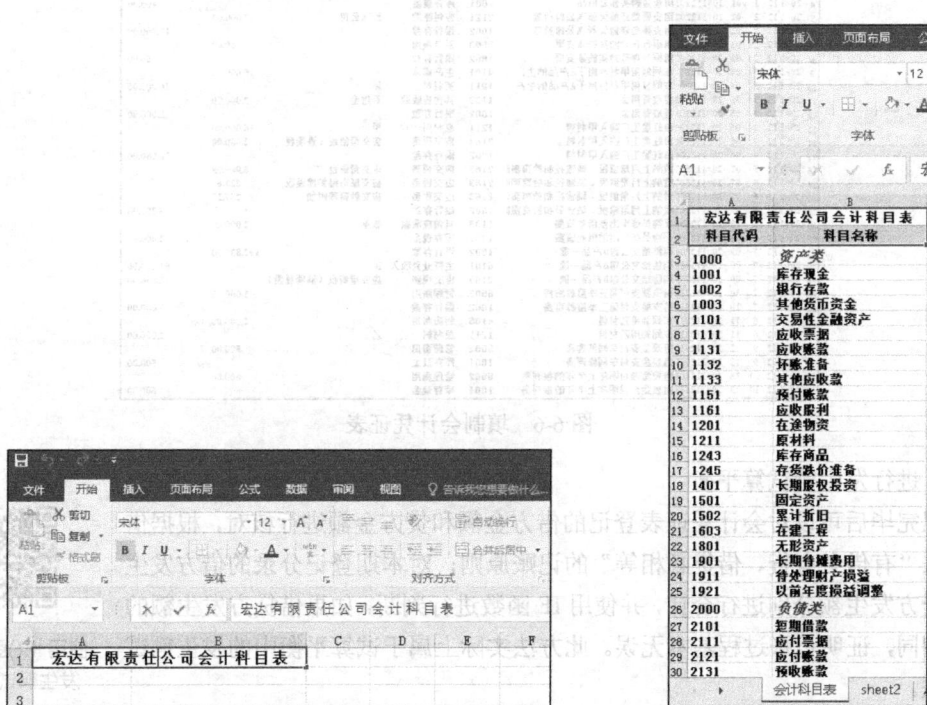

建立会计科目表的具体操作步骤如下。

（1）打开 Excel 工作簿，建立名为"第 6 章.xlsx"的工作簿，将指针移至 A1 单元格并单击，输入公司名称"宏达有限责任公司会计科目表"，如图 6-3 所示。

（2）选中 A2 和 B2 单元格，分别输入"科目代码"和"科目名称"，将单元格调整为合适的宽度，在"科目编号"和"科目名称"文本框中分别输入"1000"和"资产类"。按照宏达有限责任公司所需的会计科目，完成所有会计科目编号及名称的输入，形成会计科目表；将 Sheet1 工作表重命名为"会计科目表"，结果如图 6-4 所示。

图 6-3 输入公司名称   图 6-4 输入数据后的会计科目表

（3）如果会计科目表中的具体科目名称不适合本企业的经济业务类型，可以按照本书第 3 章所介绍的添加、修改和删除会计科目的方法进行调整。

2. 建立会计凭证表

建立会计凭证表具体操作步骤如下。

（1）将"第 6 章.xlsx"工作簿中的工作表 Sheet2 重命名为"会计凭证表"。在 A1 单元格中输入"宏达有限责任公司会计凭证表"；分别选中 A2 至 K2 单元格，输入"年""月""日""序号""凭证编号""摘要""科目代码""科目名称"

"明细科目""借方金额""贷方金额"，建立会计凭证表的基本格式；根据第 3 章的介绍，完成会计凭证表单元格的设置，结果如图 6-5 所示。

图 6-5　建立会计凭证表

（2）根据已知企业资料填制会计凭证表，如图 6-6 所示。

图 6-6　填制会计凭证表

（3）进行发生额试算平衡。

登记完毕后可以对会计凭证表登记的借方金额和贷方金额进行核对，根据借贷记账法"有借必有贷、借贷必相等"的记账原则，对本期登记分录的借方发生额以及贷方发生额分别进行合计，并使用 IF 函数进行判断，如果借贷方发生额的合计数相同，证明记账过程基本无误。此方法实际上属于试算平衡中的发生额试算平衡法。

使用 IF()函数进行
发生额试算平衡

单击 K143 单元格，输入公式"=IF(J142=K142,"正确","错误")"，按 Enter 键确认。注意，公式中的符号为英文模式下的符号。具体函数参数如图 6-7 所示。

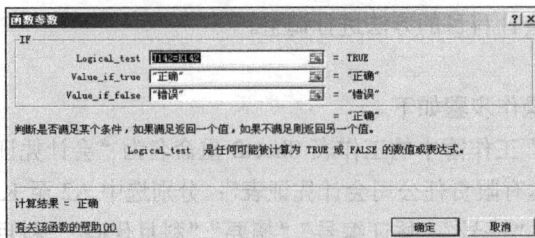

图 6-7　使用 IF 函数进行发生额试算平衡

该公式表示针对"会计凭证表"工作表中借贷方本期发生额是否平衡进行判断，如果该表中 J142 单元格（借方发生额合计数）等于 K142 单元格（贷方发生额合计数），即借贷平衡，就显示为"正确"；如果不满足借贷平衡条件，则显示为"错误"。试算平衡结果如图 6-8 所示。

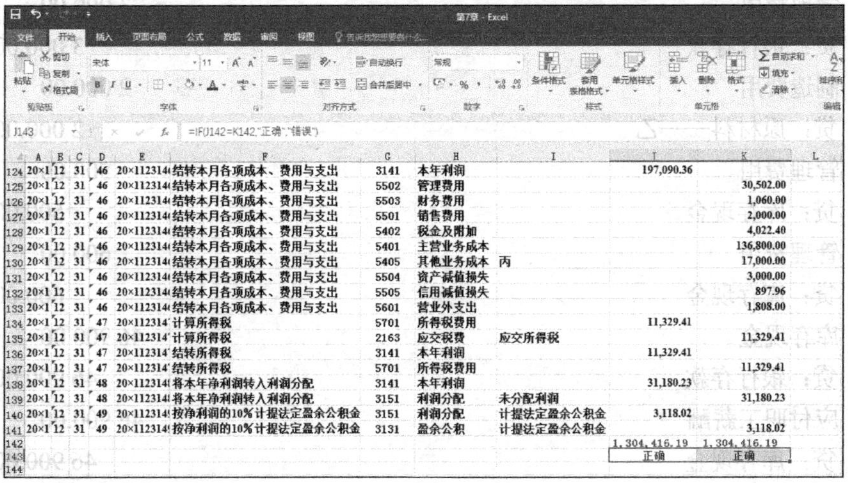
J143 =IF(J142=K142,"正确","错误")

	A	B	C	D	E	F	G	H	I	J	K	L
124	20×1	12	31	46	20×112314	结转本月各项成本、费用与支出	3141	本年利润		197,090.36		
125	20×1	12	31	46	20×112314	结转本月各项成本、费用与支出	5502	管理费用			30,502.00	
126	20×1	12	31	46	20×112314	结转本月各项成本、费用与支出	5503	财务费用			1,060.00	
127	20×1	12	31	46	20×112314	结转本月各项成本、费用与支出	5501	销售费用			2,000.00	
128	20×1	12	31	46	20×112314	结转本月各项成本、费用与支出	5402	税金及附加			4,022.40	
129	20×1	12	31	46	20×112314	结转本月各项成本、费用与支出	5401	主营业务成本			136,800.00	
130	20×1	12	31	46	20×112314	结转本月各项成本、费用与支出	5405	其他业务成本	丙		17,000.00	
131	20×1	12	31	46	20×112314	结转本月各项成本、费用与支出	5504	资产减值损失			3,000.00	
132	20×1	12	31	46	20×112314	结转本月各项成本、费用与支出	5505	信用减值损失			897.96	
133	20×1	12	31	46	20×112314	结转本月各项成本、费用与支出	5601	营业外支出			1,808.00	
134	20×1	12	31	47	20×112314	计算所得税	5701	所得税费用		11,329.41		
135	20×1	12	31	47	20×112314	计算所得税	2163	应交税费	应交所得税		11,329.41	
136	20×1	12	31	47	20×112314	结转所得税	3141	本年利润		11,329.41		
137	20×1	12	31	47	20×112314	结转所得税	5701	所得税费用			11,329.41	
138	20×1	12	31	48	20×112314	将本年净利润转入利润分配	3141	本年利润		31,180.23		
139	20×1	12	31	48	20×112314	将本年净利润转入利润分配	3151	利润分配	未分配利润		31,180.23	
140	20×1	12	31	49	20×112314	按净利润的10%计提法定盈余公积金	3151	利润分配	计提法定盈余公积金	3,118.02		
141	20×1	12	31	49	20×112314	按净利润的10%计提法定盈余公积金	3131	盈余公积	计提法定盈余公积金		3,118.02	
142										1,304,416.19	1,304,416.19	
143										正确	正确	
144												

图 6-8　试算平衡结果

需要强调的是，借贷方合计数相同并不意味着会计记录完全正确，因为有些账户记录的错误很难通过试算平衡发现。这些错误包括：借贷双方发生同等金额的记录错误，全部漏记或重复记录同一项经济业务，账户记录发生借贷方向错误，用错有关账户名称等。这些错误需要使用其他方法进行查找。

根据 6.2.1 小节给出 12 月份发生的经济业务编制会计分录。

① 借：管理费用　400.00
　　贷：库存现金　400.00

② 借：应付账款——新飞公司　17 000.00
　　贷：银行存款　17 000.00

③ 借：财务费用　60.00
　　贷：银行存款　60.00

④ 借：生产成本——A　16 000.00
　　贷：原材料——甲　16 000.00

⑤ 借：其他应收款——备用金　2 000.00
　　贷：银行存款　2 000.00

⑥ 借：原材料——甲　16 000.00
　　应交税费——应交增值税（进项税额）　2 080.00
　　贷：银行存款　18 080.00

⑦ 借：应交税费——未交增值税　8 909.09
　　——应交城市维护建设税　623.64
　　——应交教育费附加　267.27
　　贷：银行存款　9 800.00

⑧ 借：其他应收款——张平　2 000.00
　　贷：银行存款　2 000.00

⑨ 借：银行存款 102 830.00

贷：主营业务收入——B 91 000.00

应交税费——应交增值税（销项税额） 11 830.00

⑩ 借：管理费用 3 000.00

贷：银行存款 3 000.00

⑪ 借：制造费用 2 000.00

贷：原材料——乙 2 000.00

⑫ 借：管理费用 500.00

贷：库存现金 500.00

⑬ 借：管理费用 600.00

贷：库存现金 600.00

⑭ 借：库存现金 46 900.00

贷：银行存款 46 900.00

⑮ 借：应付职工薪酬 46 900.00

贷：库存现金 46 900.00

⑯ 借：管理费用 460.00

贷：库存现金 460.00

⑰ 借：应付职工薪酬 240.00

贷：库存现金 240.00

⑱ 借：原材料——乙 6 000.00

应交税费——应交增值税（进项税额） 780.00

贷：应付账款——新飞公司 6 780.00

⑲ 借：制造费用 600.00

贷：银行存款 600.00

⑳ 借：生产成本——B 30 000.00

贷：原材料——乙 30 000.00

㉑ 借：应收账款——蓝天公司 132 888.00

贷：主营业务收入——A 117 600.00

应交税费——应交增值税（销项税额） 15 288.00

㉒ 借：销售费用 2 000.00

贷：银行存款 2 000.00

㉓ 借：管理费用 2 700.00

贷：其他应收款——张平 2 000.00

库存现金 700.00

㉔ 借：管理费用 800.00

制造费用 1 900.00

贷：银行存款 2 700.00

㉕ 借：财务费用 1 000.00

贷：应付利息 1 000.00

㉖ 借：预收账款——万方公司　　　　　　　　　　　　　8 000.00
　　　银行存款　　　　　　　　　　　　　　　　　　　13 470.00
　　　　贷：其他业务收入——丙　　　　　　　　　　　　　　19 000.00
　　　　　　应交税费——应交增值税（销项税额）　　　　　　2 470.00
　　借：其他业务成本——丙　　　　　　　　　　　　　　17 000.00
　　　　贷：原材料——丙　　　　　　　　　　　　　　　　　17 000.00
㉗ 借：管理费用　　　　　　　　　　　　　　　　　　　1 000.00
　　　　贷：银行存款　　　　　　　　　　　　　　　　　　　1 000.00
㉘ 借：生产成本——A　　　　　　　　　　　　　　　　18 000.00
　　　　　　　——B　　　　　　　　　　　　　　　　12 000.00
　　　制造费用　　　　　　　　　　　　　　　　　　　6 600.00
　　　管理费用　　　　　　　　　　　　　　　　　　　10 300.00
　　　　贷：应付职工薪酬　　　　　　　　　　　　　　　　　46 900.00
㉙ 借：生产成本——A　　　　　　　　　　　　　　　　2 520.00
　　　　　　　——B　　　　　　　　　　　　　　　　1 680.00
　　　制造费用　　　　　　　　　　　　　　　　　　　924.00
　　　管理费用　　　　　　　　　　　　　　　　　　　1 442.00
　　　　贷：应付职工薪酬　　　　　　　　　　　　　　　　　6 566.00
㉚ 借：管理费用　　　　　　　　　　　　　　　　　　　1 000.00
　　　　贷：银行存款　　　　　　　　　　　　　　　　　　　1 000.00
㉛ 借：固定资产　　　　　　　　　　　　　　　　　　　8 000.00
　　　　贷：以前年度损益调整　　　　　　　　　　　　　　　8 000.00
　　借：以前年度损益调整　　　　　　　　　　　　　　　2 000.00
　　　　贷：应交税费——应交所得税　　　　　　　　　　　　2 000.00
㉜ 借：待处理财产损溢——待处理流动资产损溢　　　　　1 808.00
　　　　贷：原材料——甲　　　　　　　　　　　　　　　　　1 600.00
　　　　　　应交税费——应交增值税（进项税额转出）　　　　208.00
㉝ 借：应付利息　　　　　　　　　　　　　　　　　　　3 000.00
　　　　贷：银行存款　　　　　　　　　　　　　　　　　　　3 000.00
㉞ 借：制造费用　　　　　　　　　　　　　　　　　　　10 000.00
　　　管理费用　　　　　　　　　　　　　　　　　　　8 000.00
　　　　贷：累计折旧　　　　　　　　　　　　　　　　　　　18 000.00
㉟ 借：固定资产　　　　　　　　　　　　　　　　　　　12 000.00
　　　　贷：营业外收入　　　　　　　　　　　　　　　　　　12 000.00
㊱ 借：以前年度损益调整　　　　　　　　　　　　　　　6 000.00
　　　　贷：利润分配——未分配利润　　　　　　　　　　　　6 000.00
　　借：营业外支出　　　　　　　　　　　　　　　　　　1 808.00
　　　　贷：待处理财产损溢——待处理流动资产损溢　　　　　1 808.00
㊲ 借：生产成本——A　　　　　　　　　　　　　　　　13 214.40
　　　　　　　——B　　　　　　　　　　　　　　　　8 809.60
　　　　贷：制造费用　　　　　　　　　　　　　　　　　　　22 024.00

㊳ 借：库存商品——A   49 734.40
    贷：生产成本——A   49 734.40

㊴ 借：税金及附加   3 522.40
    贷：应交税费——应交城市维护建设税   2 465.68
        ——应交教育费附加   1 056.72

㊵ 借：资产减值损失   3 000.00
    贷：存货跌价准备   3 000.00

㊶ 借：税金及附加   500.00
    贷：库存现金   500.00

㊷ 借：管理费用   300.00
    贷：库存现金   300.00

㊸ 借：信用减值损失   897.96
    贷：坏账准备   897.96

㊹ 借：主营业务成本 ——A   76 800.00
        ——B   60 000.00
    贷：库存商品——A   76 800.00
        ——B   60 000.00

㊺ 借：主营业务收入 ——A   117 600.00
        ——B   91 000.00
    其他业务收入   19 000.00
    营业外收入   12 000.00
    贷：本年利润   239 600.00

㊻ 借：本年利润   197 090.36
    贷：管理费用   30 502.00
        财务费用   1 060.00
        销售费用   2 000.00
        资产减值损失   3 000.00
        信用减值损失   897.96
        税金及附加   4 022.40
        主营业务成本   136 800.00
        其他业务成本   17 000.00
        营业外支出   1 808.00

㊼ 借：所得税费用   11 329.41
    贷：应交税费——应交所得税   11 329.41
    （239 600.00－197 090.36＋1 000.00＋1 808.00）×25%=11 329.41
    借：本年利润   11 329.41
    贷：所得税费用   11 329.41

㊽ 借：利润分配——计提法定盈余公积金   3 118.02
    贷：盈余公积——计提法定盈余公积金   3 118.02

㊾ 借：本年利润   28 062.21
    贷：利润分配——未分配利润   28 062.21

6.2.3 使用Excel进行会计核算

生成总分类账

生成明细分类账

1. 生成总分类账

打开“第 6 章.xlsx”工作簿的“会计凭证表”工作表，使用第 4 章介绍的生成总分类账的方法，通过执行“插入”|“数据透视表”命令，建立数据透视表 Sheet3，并将其重新命名为“总分类账”，结果如图 6-9 所示。

2. 生成明细分类账

打开“第 6 章.xlsx”工作簿的“会计凭证表”工作表，使用第 4 章介绍的生成总分类账的方法，建立数据透视表 Sheet4，并将其重新命名为“明细分类账”，结果如图 6-10 所示。

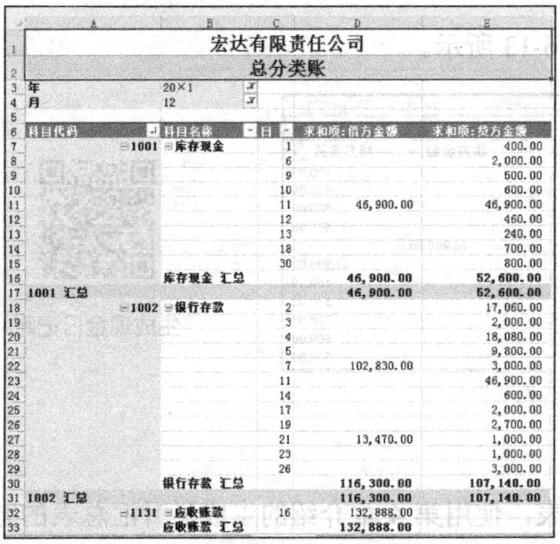

图 6-9 建立总分类账

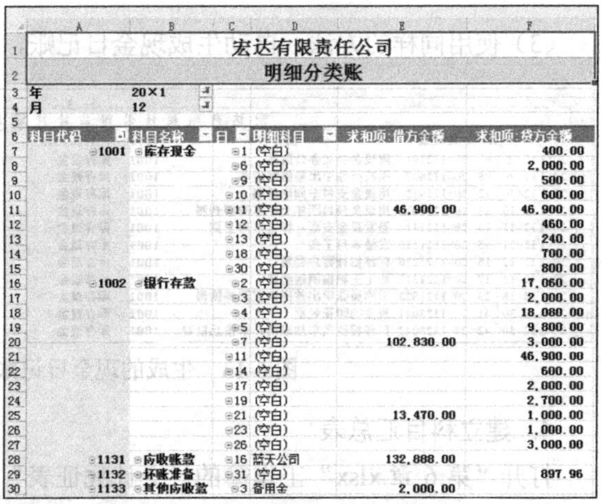

图 6-10 建立明细分类账

注释

也可不必建立明细分类账，直接在想要了解具体数据的总分类账的数据单元格上双击，即可生成 Sheet1 等新的工作表，显示相关账户的明细数据。

3. 筛选出现金日记账、银行存款日记账

(1) 打开“第 6 章.xlsx”工作簿的“会计凭证表”工作表，选择“开始”|“编辑”|“排序和筛选”|“筛选”命令，如图 6-11 所示。

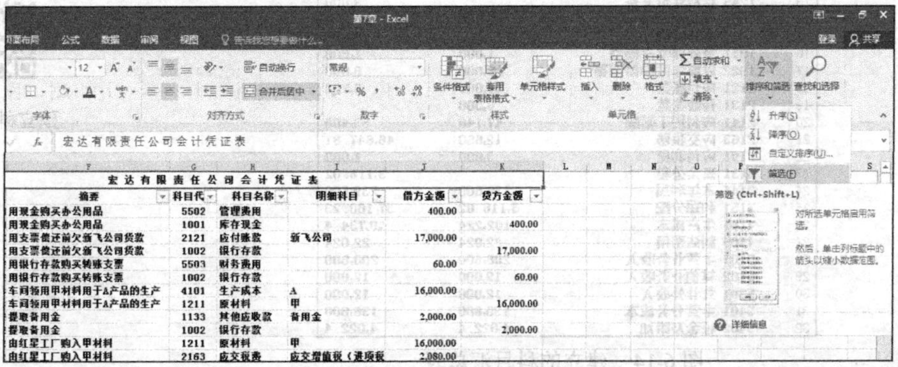

图 6-11 “筛选”命令

（2）单击“科目名称”右侧的下拉按钮▾，在弹出的下拉菜单中选中“银行存款”复选框作为筛选条件，然后单击“确定”按钮，即可生成银行存款日记账，如图 6-12 所示。

生成银行存款日记账

宏达有限责任公司会计凭证表

	年			序	凭证编号	摘要	科目代	科目名称	明细科目	借方金额	贷方金额
6	20×1	12	2	02	20×112202	用支票偿还前欠新飞公司货款	1002	银行存款			17,000.00
8	20×1	12	2	03	20×112203	用银行存款购买转账支票	1002	银行存款			60.00
12	20×1	12	3	05	20×112305	提取备用金	1002	银行存款			2,000.00
15	20×1	12	4	06	20×112406	由红星工厂购入甲材料	1002	银行存款			18,080.00
19	20×1	12	5	07	20×112507	缴纳上月增值税、城建税和教育费附	1002	银行存款			9,800.00
22	20×1	12	7	09	20×112709	销售给文公司B产品一批	1002	银行存款		102,830.00	
26	20×1	12	7	10	20×112710	用支票支付第三季度养路费	1002	银行存款			3,000.00
34	20×1	12	11	14	20×1121114	签发现金支票，提取本月工资	1002	银行存款			46,900.00
45	20×1	12	14	19	20×1121419	由银行支付本月生产车间水费	1002	银行存款			600.00
52	20×1	12	17	22	20×1121722	用支票支付广告费	1002	银行存款			2,000.00
58	20×1	12	19	24	20×1121924	用银行存款支付本月电费	1002	银行存款			2,700.00
62	20×1	12	21	26	20×1122126	销售给万方公司丙材料	1002	银行存款		13,470.00	
68	20×1	12	21	27	20×1122127	以银行存款支付本月电话费	1002	银行存款			1,000.00
80	20×1	12	23	30	20×1122330	本月车间以银行存款支付大修理费	1002	银行存款			1,000.00
89	20×1	12	26	33	20×1122633	用银行存款支付第四季度借款利息	1002	银行存款			3,000.00

图 6-12　生成的银行存款日记账

（3）使用同样的方法，自动生成现金日记账，如图 6-13 所示。

生成现金日记账

宏达有限责任公司会计凭证表

	年			序	凭证编号	摘要	科目代	科目名称	明细科目	借方金额	贷方金额
4	20×1	12	1	01	20×112101	用现金购买办公用品	1001	库存现金			400.00
21	20×1	12	6	08	20×112608	采购员张平出差借差旅费	1001	库存现金			2,000.00
30	20×1	12	9	12	20×112912	用现金支付车间修理费	1001	库存现金			500.00
32	20×1	12	10	13	20×1121013	用现金预付明年上半年的报刊费	1001	库存现金			600.00
33	20×1	12	11	14	20×1121114	签发现金支票，提取本月工资	1001	库存现金		46,900.00	
36	20×1	12	11	15	20×1121115	发放本月工资	1001	库存现金			46,900.00
38	20×1	12	12	16	20×1121216	厂部招待客户餐费	1001	库存现金			460.00
40	20×1	12	13	17	20×1121317	职工王艳报销医药费	1001	库存现金			240.00
55	20×1	12	18	23	20×1121823	采购员张平出差回来报销差旅费	1001	库存现金			700.00
110	20×1	12	30	41	20×1123041	现金购印花税票	1001	库存现金			500.00
112	20×1	12	30	42	20×1123042	厂部报销汽车加油费，审核后以现金	1001	库存现金			300.00

图 6-13　生成的现金日记账

4. 建立科目汇总表

打开“第 6 章.xlsx”工作簿的“会计凭证表”工作表，使用第 4 章介绍的生成科目汇总表的方法，通过执行“数据透视表工具”｜“分析”｜“数据透视表”｜“选项”｜“显示报表筛选页”命令，建立数据透视表 Sheet5，并将其重命名为“科目汇总表”，结果如图 6-14 所示。

建立科目汇总表

宏达有限责任公司

20×1年12月科目汇总表

月　12

科目代码	科目名称	求和项:借方金额	求和项:贷方金额
1001	库存现金	46,900	52,600
1002	银行存款	116,300	107,140
1131	应收账款	132,888	
1132	坏账准备		897.96
1133	其他应收款	4,000	2,000
1211	原材料	22,000	66,600
1243	库存商品	49,734.4	136,800
1245	存货跌价准备		3,000
1501	固定资产	20,000	
1502	累计折旧		18,000
1911	待处理财产损益	1,808	1,808
1922	以前年度损益调整	8,000	8,000
2121	应付账款	17,000	6,780
2131	预收账款	8,000	
2141	应付职工薪酬	47,140	53,466
2163	应交税费	12,660	46,647.81
2191	应付利息	3,000	1,000
3131	盈余公积		3,118.02
3141	本年利润	239,600	239,600
3151	利润分配	3,118.02	37,180.23
4101	生产成本	102,224	49,734.4
4105	制造费用	22,024	22,024
5101	主营业务收入	208,600	208,600
5102	其他业务收入	19,000	19,000
5301	营业外收入	12,000	12,000
5401	主营业务成本	136,800	136,800
5402	税金及附加	4,022.4	4,022.4

图 6-14　建立的科目汇总表

5. 建立科目余额表

（1）建立科目余额表的基本格式

将“第 6 章.xlsx”工作簿的 Sheet6 工作表重命名为“科目余额表”，按照第 4 章介绍的科目余额表格式的编制步骤，建立科目余额表的基本格式，结果如图 6-15 所示。

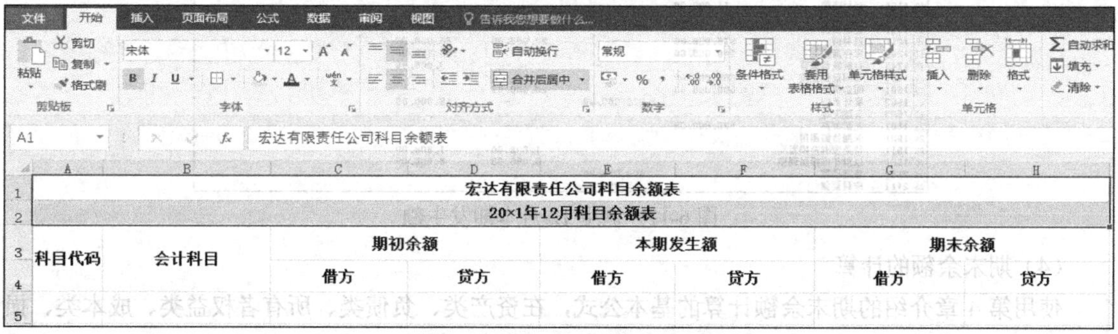

图 6-15　科目余额表的基本格式

（2）期初余额的调用

在 A4:B56 单元格区域中输入科目代码及相应的会计科目，使用第 4 章介绍的期初余额的直接调用公式，建立会计科目期初余额的连接，完成 12 月科目余额表期初余额编制，本例直接根据已知企业科目余额填制 12 月期初余额，如图 6-16 所示。引用数据时一定注意数据的借贷方向，例如资产类、成本类账户余额通常在借方（但是资产的抵减账户余额在贷方，如坏账准备、存货跌价准备和累计折旧等），负债与所有者权益类账户余额在贷方，损益类账户期末无余额。

	A	B	C	D	E	F	G	H
1	宏达有限责任公司科目余额表							
2	20×1年12月科目余额表							
3	科目代码	会计科目	期初余额		本期发生额		期末余额	
4			借方	贷方	借方	贷方	借方	贷方
5	1001	库存现金	21,960.00					
6	1002	银行存款	1,308,640.00					
7	1003	其他货币资金	-					
8	1101	交易性金融资产	-					
9	1111	应收票据	15,000.00					
10	1131	应收账款	42,000.00					
11	1132	坏账准备		-				
12	1133	其他应收款	-					
13	1151	预付账款	11,000.00					
14	1161	应收股利	-					
15	1201	在途物资	-					
16	1211	原材料	976,000.00					
17	1243	库存商品	260,000.00					
18	1245	存货跌价准备		-				
19	1401	长期股权投资	600,000.00					
20	1501	固定资产	4,500,000.00					
21	1502	累计折旧		1,020,000.00				
22	1603	在建工程	-					
23	1801	无形资产	500,000.00					
24	1901	长期待摊费用	-					
25	1911	待处理财产损益	-					
26	1921	以前年度损益调整	-					
27	2101	短期借款		400,000.00				
28	2111	应付票据		65,000.00				

图 6-16　调用 12 月期初余额

以库存现金为例
填制科目余额表

（3）本期发生额的调用

使用第 4 章介绍的本期发生额的间接调用的方法，从本期科目汇总表中调用 12 月本期发生额，如图 6-17 所示。

宏达有限责任公司科目余额表

20×1年12月科目余额表

科目代码	会计科目	期初余额		本期发生额		期末余额	
		借方	贷方	借方	贷方	借方	贷方
1001	库存现金	21,960.00		46,900.00	52,600.00		
1002	银行存款	1,308,640.00		116,300.00	107,140.00		
1003	其他货币资金	–		–	–		
1101	交易性金融资产	–		–	–		
1111	应收票据	15,000.00		–	–		
1131	应收账款	42,000.00		132,888.00	–		
1132	坏账准备		–	–	897.96		
1133	其他应收款	–		4,000.00	2,000.00		
1151	预付账款	11,000.00		–	–		
1161	应收股利	–		–	–		
1201	在途物资	–		–	–		
1211	原材料	976,000.00		22,000.00	66,600.00		
1243	库存商品	260,000.00		49,734.40	136,800.00		
1245	存货跌价准备		–	–	3,000.00		
1401	长期股权投资	600,000.00		–	–		
1501	固定资产	4,500,000.00		20,000.00	–		
1502	累计折旧		1,020,000.00	–	18,000.00		
1603	在建工程	–		–	–		
1801	无形资产	500,000.00		–	–		
1901	长期待摊费用	–		–	–		
1911	待处理财产损溢	–		1,808.00	1,808.00		
1921	以前年度损益调整	–		8,000.00	8,000.00		
2101	短期借款		400,000.00	–	–		
2111	应付票据		65,000.00	–	–		

图 6-17　调用 12 月本期发生额

（4）期末余额的计算

使用第 4 章介绍的期末余额计算的基本公式，在资产类、负债类、所有者权益类、成本类、损益类账户所对应的单元格中分别输入各自的期末余额计算公式（注意：一定分清借贷方向），完成 12 月期末余额的计算，结果如图 6-18 所示。

宏达有限责任公司科目余额表

20×1年12月科目余额表

科目代码	会计科目	期初余额		本期发生额		期末余额	
		借方	贷方	借方	贷方	借方	贷方
1001	库存现金	21,960.00		46,900.00	52,600.00	16,260.00	
1002	银行存款	1,308,640.00		116,300.00	107,140.00	1,317,800.00	
1003	其他货币资金	–		–	–	–	
1101	交易性金融资产	–		–	–	–	
1111	应收票据	15,000.00		–	–	15,000.00	
1131	应收账款	42,000.00		132,888.00	–	174,888.00	
1132	坏账准备		–	–	897.96		897.96
1133	其他应收款	–		4,000.00	2,000.00	2,000.00	
1151	预付账款	11,000.00		–	–	11,000.00	
1161	应收股利	–		–	–	–	
1201	在途物资	–		–	–	–	
1211	原材料	976,000.00		22,000.00	66,600.00	931,400.00	
1243	库存商品	260,000.00		49,734.40	136,800.00	172,934.40	
1245	存货跌价准备		–	–	3,000.00		3,000.00
1401	长期股权投资	600,000.00		–	–	600,000.00	
1501	固定资产	4,500,000.00		20,000.00	–	4,520,000.00	
1502	累计折旧		1,020,000.00	–	18,000.00		1,038,000.00
1603	在建工程	–		–	–	–	
1801	无形资产	500,000.00		–	–	500,000.00	
1901	长期待摊费用	–		–	–	–	
1911	待处理财产损溢	–		1,808.00	1,808.00	–	
1921	以前年度损益调整	–		8,000.00	8,000.00	–	
2101	短期借款		400,000.00	–	–		400,000.00
2111	应付票据		65,000.00	–	–		65,000.00

图 6-18　计算生成 12 月的期末余额

6.2.4　使用Excel编制会计报表

1. 编制资产负债表

（1）建立资产负债表格式

将“第 6 章.xlsx”工作簿新建的 Sheet7 工作表重命名为“资产负债表”，按照第 5 章介绍的账户式资产负债表的编制步骤，建立资产负债表的基本格式，并将表头的各个项目填制完整，如图 6-19 所示。会计报表的内容与形式已按《财政部关于修订印发 2019 年度一般企业财务报表格式的通知》（财会〔2019〕6 号）进行更新。

（2）编制资产负债表

在建立好的科目余额表基础上，使用第 5 章介绍的资产负债表的编制方法，采用数据直接调用的方法，编制资产负债表。一般的资产负债表项目可以引用科目余额表对应的会计科目而不需要调整，如“递延所得税资产”“短期借款”“应交税费”“递延所得税负债”“实收资本（或股本）”“资本公积”“其他综合收益”“盈余公积”等，可以进行直接调用。但是，有些资产负债表项目的填制，需要对科目余额表的数据进行分析调整。下面介绍需要分析调整的资产负债表项目的填制。

图 6-19　建立的资产负债表格式

货币资金=库存现金+银行存款+其他货币资金

货币资金期初数=科目余额表!C5+科目余额表!C6+科目余额表!C7

货币资金期末数=科目余额表!G5+科目余额表!G6+科目余额表!G6

应收账款=应收账款−坏账准备

应收账款期初数=科目余额表!C9+科目余额表!C10−科目余额表!D11

应收账款期末数=科目余额表!G9+科目余额表!G10−科目余额表!H11

存货=原材料+在途物资（物资采购）+低值易耗品+库存商品+分期收款发出商品
　　+委托加工物资+包装物+委托加工物资+委托代销商品+受托代销商品+生产成本
　　−受托代销商品款−存货跌价准备

存货期初余额=科目余额表!C15+科目余额表!C16+科目余额表!C17−科目余额表!D18+
　　科目余额表!C43

存货期末余额=科目余额表!G15+科目余额表!G16+科目余额表!G17−科目余额表!H18+
　　科目余额表!G43

以下省略编制公式。

其他应收款=应收利息+应收股利+其他应收款−坏账准备

长期股权投资=长期股权投资−长期股权投资减值准备

固定资产=固定资产−累计折旧−固定资产减值准备+固定资产清理

在建工程=在建工程−在建工程减值准备+工程物资

相对于资产类项目，负债类项目与所有者权益类项目相对简单，只要直接调用科目余额表对应的会计科目对应的金额即可。但要注意 2019 年修订后的会计报表中的新变化。

其他应付款=应付利息+应付股利+其他应付款

使用第 5 章介绍的资产负债表的编制方法，完成资产负债表的编制（注意检查资产负债表编制是否正确，即资产总额是否等于负债+所有者权益总额），如图 6-20 所示。

由于资料所限，资产负债表中的"年初余额"表示为"期初余额"，本例中期初数据来自 12 月 1 日资产负债数据，即 11 月 30 日的数据。

资 产 负 债 表							
编制单位：宏达有限责任公司		20×1年	12月	31日			单位：元
资产	行次	期初余额	期末余额	负债及所有者权益	行次	期初余额	期末余额
流动资产：				流动负债：			
货币资金		1,330,600.00	1,334,060.00	短期借款		400,000.00	400,000.00
交易性金融资产		-	-	交易性金融负债		-	-
应收票据		15,000.00	15,000.00	应付票据		65,000.00	65,000.00
应收账款		42,000.00	173,990.04	应付账款		17,000.00	6,780.00
预付款项		11,000.00	11,000.00	预收款项		8,000.00	-
其他应收款		-	2,000.00	应付职工薪酬		12,800.00	19,126.00
存货		1,236,000.00	1,153,824.00	应交税费		9,800.00	43,787.81
一年内到期的非流动资产		-	-	其他应付款		2,000.00	-
其他流动资产		-	-	一年内到期的非流动负债		-	-
流动资产合计		2,634,600.00	2,689,874.04	其他流动负债		-	-
				流动负债合计		514,600.00	534,693.81
非流动资产：				非流动负债：			
债权投资		-	-	长期借款		-	-
其他债权投资		-	-	应付债券		-	-
长期应收款		-	-	长期应付款		-	-
长期股权投资		600,000.00	600,000.00	预计负债		-	-
固定资产		3,480,000.00	3,482,000.00	递延所得税负债		-	-
在建工程		-	-	其他非流动负债		-	-
无形资产		500,000.00	500,000.00	非流动负债合计		-	-
商誉		-	-	负债合计		514,600.00	534,693.81
长期待摊费用		-	-	所有者权益：			
递延所得税资产		-	-	实收资本（股本）		5,000,000.00	5,000,000.00
其他非流动资产		-	-	其他权益工具		-	-
非流动资产合计		4,580,000.00	4,582,000.00	资本公积		200,000.00	200,000.00
				其他综合收益		-	-
				专项储备		-	-
				盈余公积		1,460,000.00	1,463,118.02
				未分配利润		40,000.00	74,062.21
				所有者权益合计		6,700,000.00	6,737,180.23
资产总计		7,214,600.00	7,271,874.04	负债和所有者权益总计		7,214,600.00	7,271,874.04
						正确	正确

图 6-20　编制完成的资产负债表

（3）由于资产负债表编制的依据是会计恒等式“资产=负债+所有者权益”，同样可以通过 IF 函数对生成的资产负债表数据进行判断，具体方法在前文已经详加说明，本例不做赘述。

2. 编制利润表

（1）建立利润表格式

将“第 6 章.xlsx”工作簿的 Sheet8 工作表重命名为“利润表”，按照第 5 章介绍的多步式利润表的编制步骤，建立利润表的基本格式，并将表头的各个项目填制完整，结果如图 6-21 所示。

（2）编制利润表

编制资产负债表

验证编制完成的资产负债表

编制利润表

利润表的编制也是建立在科目余额表上的，只不过收入、费用类账户是虚账户，每期没有期初、期末余额。利润表需要根据科目余额表中有关会计科目的本期发生额编制。使用第 5 章介绍的利润表的编制方法，利用间接调用方式（选择 VOOLKUP 函数）填制本月数，完成利润表的编制，结果如图 6-22 所示。

利 润 表			
编制单位：宏达有限责任公司	20×1年度	12月	单位：元
项 目	行次	本期金额	上期金额
一、营业收入			
减：营业成本			
税金及附加			
销售费用			
管理费用			
研发费用			
财务费用			
其中：利息费用			
利息收入			
加：其他收益			
投资收益（损失以“-”号填列）			
公允价值变动收益（损失以“-”号填列）			
信用减值损失（损失以“-”号填列）			
资产减值损失（损失以“-”号填列）			
资产处置收益（损失以“-”号填列）			
二、营业利润			
加：营业外收入			
减：营业外支出			
三、利润总额			
减：所得税费用			
四、净利润			
五、其他综合收益的税后净额			
（一）不能重分类进损益的其他综合收益			
（二）将重分类进损益的其他综合收益			
六、综合收益总额			

图 6-21　建立的利润表格式

利 润 表			
编制单位：宏达有限责任公司	20×1年度	12月	单位：元
项 目	行次	本期金额	上期金额
一、营业收入		227,600.00	
减：营业成本		153,800.00	
税金及附加		4,022.40	
销售费用		2,000.00	
管理费用		30,502.00	
研发费用		-	
财务费用		1,060.00	
其中：利息费用		1,060.00	
利息收入		-	
加：其他收益		-	
投资收益（损失以“-”号填列）		-	
公允价值变动收益（损失以“-”号填列）		-	
信用减值损失（损失以“-”号填列）		-897.96	
资产减值损失（损失以“-”号填列）		-3,000.00	
资产处置收益（损失以“-”号填列）		-	
二、营业利润		32,317.64	
加：营业外收入		12,000.00	
减：营业外支出		1,808.00	
三、利润总额		42,509.64	
减：所得税费用		11,329.41	
四、净利润		31,180.23	
五、其他综合收益的税后净额		-	
（一）不能重分类进损益的其他综合收益		-	
（二）将重分类进损益的其他综合收益		-	
六、综合收益总额		31,180.23	

图 6-22　编制完成的利润表

3. 编制现金流量表

（1）建立现金流量表格式

将“第 6 章.xlsx”工作簿的 Sheet9 工作表重命名为“现金流量表”，按照第 5 章介绍的现金流量表的编制步骤，建立现金流量表的基本格式，并将表头的各个项目填制完整，结果如图 6-23 所示。

本书重点讲述现金流量表主表的编制，不涉及补充资料的填制问题。

（2）编制调整分录表

将"第 6 章.xlsx"工作簿的 Sheet10 工作表重命名为"调整分录表"，将工作表"会计凭证表"复制到工作表"调整分录表"，以会计凭证表为基础编制调整分录表。

调整的方式为筛选出涉及库存现金、银行存款以及其他货币资金的单元格，按照业务发生的类型分别调整为经营活动现金、投资活动现金和筹资活动现金。例如，凡是涉及"原材料""在途物资""库存商品""生产成本""制造费用"等的会计科目均调整为"存货"资产负债表项目，但须说明明细内容。具体调整过程见下文（如果企业考虑"现金等价物"，还需要筛选出"投资日起三个月内到期或清偿的国债、商业本票、货币市场基金、可转让定期存单、商业本票及银行承兑汇票"等业务）。登记后的调整分录表如图 6-24 所示。

图 6-23　建立的现金流量表格式

图 6-24　调整分录表

具体调整分录如下所示。

① 借：管理费用——办公用品　　　　　　　　　　　400.00

　　　贷：经营活动现金——付其他　　　　　　　　　　　　400.00

② 借：应付账款——新飞公司　　　　　　　　　17 000.00

　　　贷：经营活动现金——购买商品　　　　　　　　　17 000.00

③ 借：财务费用——转账支票　　　　　　　　　　　60.00

　　　贷：经营活动现金——支付其他　　　　　　　　　　　60.00

④ 借：存货——A　　　　　　　　　　　　　16 000.00

　　　贷：存货——甲　　　　　　　　　　　　　　　16 000.00

⑤ 借：其他应收款　　　　　　　　　　　　　2 000.00

　　　贷：经营活动现金——支付其他　　　　　　　　　2 000.00

⑥ 借：存货——甲   16 000.00

   应交税费——应交增值税（进项税额） 2 080.00

    贷：经营活动现金——购买商品   16 000.00

     经营活动现金——进项税   2 080.00

⑦ 借：应交税费——未交增值税   8 909.09

    ——应交城市维护建设税   623.64

    ——教育费附加   267.27

    贷：经营活动现金——支付税费   9 800.00

⑧ 借：其他应收款——张平   2 000.00

    贷：经营活动现金——支付其他   2 000.00

⑨ 借：经营活动现金——销项税   11 830.00

   经营活动现金——销售商品   91 000.00

    贷：主营业务收入——B   91 000.00

    应交税费——应交增值税（销项税额） 11 830.00

⑩ 借：管理费用——养路费   3 000.00

    贷：经营活动现金——支付其他   3 000.00

⑪ 借：存货   2 000.00

    贷：存货——乙   2 000.00

⑫ 借：管理费用——支付修理费   500.00

    贷：经营活动现金——接受劳务   500.00

⑬ 借：管理费用——支付书报费   600.00

    贷：经营活动现金——支付其他   600.00

⑭ 不涉及现金流入流出，不需要编制调整分录

⑮ 借：应付职工薪酬   46 900.00

    贷：经营活动现金——支付职工   46 900.00

⑯ 借：管理费用——业务招待   460.00

    贷：经营活动现金——支付其他   460.00

⑰ 借：应付职工薪酬   240.00

    贷：经营活动现金——支付职工   240.00

⑱ 借：存货——乙   6 000.00

   应交税费——应交增值税（进项税额） 780.00

    贷：应付账款——新飞公司   6 780.00

⑲ 借：存货   600.00

    贷：经营活动现金——支付其他   600.00

⑳ 借：存货——B   30 000.00

    贷：存货——乙   30 000.00

㉑ 借：应收账款——蓝天公司   132 880.00

    贷：营业收入——A   117 600.00

    应交税费——应交增值税（销项税额） 15 288.00

㉒ 借：销售费用——广告费   2 000.00

    贷：经营活动现金——支付其他   2 000.00

㉓ 借：管理费用——差旅费   2 700.00

    贷：其他应收款——张平   2 000.00

        经营活动现金——支付其他   700.00

㉔ 借：管理费用   800.00

      存货   1 900.00

    贷：经营活动现金——支付其他   2 700.00

㉕ 借：财务费用   1 000.00

    贷：应付利息   1 000.00

㉖ 借：预收款项   8 000.00

      经营活动现金——销售商品   11 000.00

            ——销项税   2 470.00

    贷：营业收入——丙   19 000.00

        应交税费——应交增值税（销项税额）   2 470.00

  借：营业成本——丙   17 000.00

    贷：存货——丙   17 000.00

㉗ 借：管理费用——电话费   1 000.00

    贷：经营活动现金——支付其他   1 000.00

㉘ 借：存货——A   18 000.00

      存货——B   12 000.00

      存货   6 600.00

      管理费用——工资   10 300.00

    贷：应付职工薪酬   46 900.00

㉙ 借：存货——A   2 520.00

      存货——B   1 680.00

      存货   924.00

      管理费用——福利费   1 442.00

    贷：应付职工薪酬   6 566.00

㉚ 借：管理费用   1 000.00

    贷：经营活动现金——接受劳务   1 000.00

㉛ 借：固定资产   8 000.00

    贷：以前年度损益调整   8 000.00

  借：以前年度损益调整   2 000.00

    贷：应交税费——应交所得税   2 000.00

㉜ 借：待处理财产损溢——待处理流动资产损溢   1 808.00

    贷：存货——甲   1 600.00

        应交税费——应交增值税（进项税额转出）   208.00

㉝ 借：应付利息   3 000.00

    贷：筹资活动现金——偿付利息   3 000.00

㉞ 借：存货 10 000.00
　　　管理费用 8 000.00
　　　　贷：固定资产——累计折旧 18 000.00
㉟ 借：固定资产 12 000.00
　　　　贷：营业外收入 12 000.00
㊱ 借：以前年度损益调整 6 000.00
　　　　贷：利润分配——未分配利润 6 000.00
　　借：营业外支出 1 808.00
　　　　贷：待处理财产损溢——待处理流动资产损溢 1 808.00
㊲ 借：存货——A 13 214.40
　　　　　——B 8 809.60
　　　　贷：存货 22 024.00
㊳ 借：存货——A 49 734.40
　　　　贷：存货——A 49 734.40
㊴ 借：税金及附加 3 515.13
　　　　贷：应交税费——应交城市维护建设税 2 460.59
　　　　　　应交税费——应交教育费附加 1 054.54
㊵ 借：资产减值损失 3 000.00
　　　　贷：存货——存货跌价准备 3 000.00
㊶ 借：税金及附加——印花税 500.00
　　　　贷：经营活动现金——支付税费 500.00
㊷ 借：管理费用——加油费 300.00
　　　　贷：经营活动现金——支付其他 300.00
㊸ 借：信用资产减值损失 897.96
　　　　贷：应收账款——坏账准备 897.96
㊹ 借：营业成本——A 76 800.00
　　　　　——B 60 000.00
　　　　贷：存货——A 76 800.00
　　　　　　——B 60 000.00

由于部分业务不涉及现金流入、流出故省略。（实际上述业务并不完全都涉及现金流量表相关项目，但为了说明调整思路以及会计科目与报表项目的对应关系，故详细列示，实务中可以只调整与现金流量表有关的日常业务）。

（3）编制现金流量表

利用 SUMIF 函数引用并计算现金流量表的各个项目。

① 经营活动产生的现金流量。

· "销售商品、提供劳务收到的现金"项目反映的是企业销售商品、提供劳务实际收到的现金（含销售收入和应向购买者收取的增值税），包括本期销售商品、提供劳务收到的现金，以及前期销售和前期提供劳务本期收到的现金和本期预收的账款，扣除本期退回本期销售的商品和前期销售本期退回的商品支付的现金。需要注意的是，企业销售材料和代购代销业务收到的现金也在本项目中反映。根据该项目所反映的内容，编辑公式如下。

单击选中 C5 单元格，输入公式 "=SUMIF(调整分录表!$C$2:$C$115,"经营活动现金*销售商品*", 调整分录表!$D$2:$D$115)+SUMIF(调整分录表!$C$2:$C$115,"经营活动现金*提供劳务*",调整分录表!$D$2:$D$115)+SUMIF(调整分录表!$C$2:$C$115,"经营活动现金*销项税*",调整分录表!$D$2:$D$115)",，按 Enter 键，完成对公式的编辑。

② "收到的税费返还"项目反映的是企业收到返还的各种税费，例如收到的增值税、消费税返还等。根据该项目所反映的内容，编辑公式如下。

单击选中 C6 单元格，输入公式 "=SUMIF(调整分录表!$C$2:$C$115,"经营活动现金*收到税费*", 调整分录表!$D$2:$D$115)"，按 Enter 键，完成对公式的编辑。

③ "收到其他与经营活动有关的现金"项目反映的是企业除了上述各项目外，收到的其他与经营活动有关的现金，如罚款收入等。根据该项目所反映的内容，编辑公式如下。

单击选中 C7 单元格，输入公式 "=SUMIF(调整分录表!$C$2:$C$115,"经营活动现金*收到其他*", 调整分录表!$D$2:$D$115)"，按 Enter 键，完成对公式的编辑。

④ "经营活动现金流入小计"项目反映的是上述各经营活动现金流入项目的合计数。根据该项目所反映的内容，编辑公式如下。

单击选中 C8 单元格，输入公式 "=C5+C6+C7"（或=SUM(C5:C7)），按 Enter 键，完成对公式的编辑。

⑤ "购买商品、接受劳务支付的现金"项目反映的是企业购买商品、接受劳务实际支付的现金，包括本期购入商品、接受劳务支付的现金（包括增值税进项税额），以及本期支付前期购入商品、接受劳务的未支付款项和本期预付款项。本期发生的购货退回收到的现金应从本项目中扣除。根据该项目所反映的内容，编辑公式如下。

单击选中 C9 单元格，输入公式 "=SUMIF(调整分录表!$C$2:$C$115,"经营活动现金*购买商品*", 调整分录表!$E$2:$E$115)+SUMIF(调整分录表!$C$2:$C$115,"经营活动现金*接受劳务*",调整分录表!$E$2:$E$115)+SUMIF(调整分录表!$C$2:$C$115,"经营活动现金*进项税*",调整分录表!$E$2:$E$115)"，按 Enter 键，完成对公式的编辑。

⑥ "支付给职工以及为职工支付的现金"项目反映的是企业实际支付给职工，以及为职工支付的现金，包括本期实际支付给职工的工资、奖金、各种津贴和补贴等，以及为职工支付的其他费用。需要注意的是，本项目不包括支付离退休人员的各项费用和支付各在建工程人员的工资等。根据该项目所反映的内容，编辑公式如下。

单击选中 C10 单元格，输入公式 "=SUMIF(调整分录表!$C$2:$C$115,"经营活动现金*支付职工*", 调整分录表!$E$2:$E$115)"，按 Enter 键，完成对公式的编辑。

⑦ "支付的各项税费"项目反映的是企业当期实际上缴税务部门的各种税金，以及支付的教育费附加、矿产资源补偿费、印花税、房产税等。需要注意的是，本项目不包括计入固定资产价值、实际支付的耕地占用税。根据该项目所反映的内容，编辑公式如下。

单击选中 C11 单元格，输入公式 "=SUMIF(调整分录表!$C$2:$C$115,"经营活动现金*支付税费*", 调整分录表!$E$2:$E$115)"，按 Enter 键，完成对公式的编辑。

⑧ "支付其他与经营活动有关的现金"项目反映的是企业除上述各项目外，支付的其他与经营活动有关的现金，如罚款支出、支付的差旅费、业务招待费现金支出等。根据该项目所反映的内容，编辑公式如下。

单击选中 C12 单元格，输入公式 "=SUMIF(调整分录表!$C$2:$C$115,"经营活动现金*支付其他*", 调整分录表!$E$2:$E$115)"，按 Enter 键，完成对公式的编辑。

⑨"经营活动现金流出小计"项目反映的是上述各经营活动现金流出项目的合计数。根据该项目所反映的内容，编辑公式如下。

单击选中 C13 单元格，输入公式"=C9+C10+C11+C12"（或者"=SUM(C9:C12)"），按 Enter 键，完成对公式的编辑。

⑩"经营活动产生的现金流量净额"项目反映的是上述各经营活动现金流入项目的合计数，减去上述各经营活动现金流出项目的合计数之后的差额。根据该项目所反映的内容，编辑公式如下。

单击选中 C14 单元格，输入公式"=C8−C13"，按 Enter 键，完成对公式的编辑。

① 投资活动产生的现金流量。

● "收回投资所收到的现金"项目栏反映的是企业出售、转让或者到期收回除现金等价物以外的以公允价值计量且其变动计入当期损益的金融资产、长期股权投资而收到的现金，以及收回持有至到期投资本金而收到的现金。需要注意的是，本项目不包括持有至到期投资收回的利息，以及收回的非现金资产。根据该项目所反映的内容，编辑公式如下。

单击选中 C16 单元格，输入公式"=SUMIF(调整分录表!$C$2:$C$115,"投资活动现金*收回投资*",调整分录表!$D$2:$D$115)"，按 Enter 键，完成对公式的编辑。

② "取得投资收益收到的现金"项目反映的是企业因各种投资而分得的现金股利、利润、利息等。根据该项目所反映的内容，编辑公式如下。

单击选中 C17 单元格，输入公式= "SUMIF(调整分录表!$C$2:$C$115,"投资活动现金*取得投资收益*",调整分录表!$D$2:$D$115)"，按 Enter 键，完成对公式的编辑。

③ "处置固定资产、无形资产和其他长期资产收回的现金净额"项目反映的是企业处置固定资产、无形资产和其他长期资产所取得的现金，扣除为处置这些资产而支付的有关费用后的净额。自然灾害所造成的固定资产等长期资产损失而收到的保险赔偿收入，也在本项目中反映。根据该项目所反映的内容，编辑公式如下。

单击选中 C18 单元格，输入公式"=SUMIF(调整分录表!$C$2:$C$115,"投资活动现金*固定资产*",调整分录表!$D$2:$D$115)+SUMIF(调整分录表!$C$2:$C$115,"投资活动现金*无形资产*",调整分录表!$D$2:$D$115)+SUMIF(调整分录表!$C$2:$C$115,"投资活动现金*其他资产*",调整分录表!$D$2:$D$115)"，按 Enter 键，完成对公式的编辑。

④ "收到其他与投资活动有关的现金"项目反映的是企业除了上述各项以外，收到的其他与投资活动有关的现金。根据该项目所反映的内容，编辑公式如下。

单击选中 C19 单元格，输入公式"=SUMIF(调整分录表!$C$2:$C$115,"投资活动现金*其他现金*",调整分录表!$D$2:$D$115)"，按 Enter 键，完成对公式的编辑。

⑤ "投资活动现金流入小计"项目反映的是上述各投资活动现金流入项目的合计数。根据该项目所反映的内容，编辑公式如下。

单击选中 C20 单元格，输入公式"=C16+C17+C18+C19"（或者"=SUM(C16:C19)"），按 Enter 键，完成对公式的编辑。

⑥ "购建固定资产、无形资产和其他长期资产支付的现金"项目反映的是企业购买、建造固定资产、无形资产和其他长期资产所支付的现金。需要注意的是，本栏目不包括为构建固定资产而发生的借款利息资本化的部分，以及融资租入固定资产支付的租赁费。根据该项目所反映的内容，编辑公式如下。

单击选中 C21 单元格，输入公式"=SUMIF(调整分录表!$C$2:$C$115,"投资活动现金*固定资产*",调整分录表!$E$2:$E$115)+SUMIF(调整分录表!$C$2:$C$115,"投资活动现金*无形资产*",调整分录表!\$E\$2:\$E\$115)+SUMIF(调整分录表!\$C\$2:\$C\$115,"投资活动现金*其他长期资产*",调整分录表!\$E\$2:\$E\$115)",按 Enter 键,完成对公式的编辑。

⑦"投资支付的现金"项目反映的是企业进行各种性质的投资所支付的现金,包括企业取得的除现金等价物以外的以公允价值计量且其变动计入当期损益的金融资产、长期股权投资等支付的现金,以及为取得各项投资而支付的佣金、手续费等附加费用。根据该项目所反映的内容,编辑公式如下。

单击选中 C22 单元格,输入公式"=SUMIF(调整分录表!\$C\$2:\$C\$115,"投资活动现金*投资*",调整分录表!\$E\$2:\$E\$115)",按 Enter 键,完成对公式的编辑。

⑧"支付其他与投资活动有关的现金"项目反映的是企业除了上述各项以外,支付的其他与投资活动有关的现金。根据该项目所反映的内容,编辑公式如下。

单击选中 C23 单元格,输入公式"=SUMIF(调整分录表!\$C\$2:\$C\$115,"投资活动现金* 其他现金",调整分录表!\$E\$2:\$E\$115)",按 Enter 键,完成对公式的编辑。

⑨"投资活动现金流出小计"项目反映的是上述各投资活动现金流出项目的合计数。根据该项目所反映的内容,编辑公式如下。

单击选中 C24 单元格,输入公式"=C21+C22+C23"[或者"=SUM(C21:C23)"],按 Enter 键,完成对公式的编辑。

⑩"投资活动产生的现金流量净额"项目反映的是上述各投资活动现金流入项目的合计数,减去上述各投资活动现金流出项目的合计数之后的差额。根据该项目所反映的内容,编辑公式如下。

单击选中 C25 单元格,输入公式"=C20-C24",按 Enter 键,完成对公式的编辑。

① 筹资活动产生的现金流量。

• "吸收投资收到的现金"项目反映的是企业收到的投资者投入的现金,包括以发行股票方式筹集的资金、发行债券实际收到的现金等。根据该项目所反映的内容,编辑公式如下。

单击选中 C27 单元格,输入公式"=SUMIF(调整分录表!\$C\$2:\$C\$115,"筹资活动现金*吸收投资*",调整分录表!\$D\$2:\$D\$115)",按 Enter 键,完成对公式的编辑。

②"取得借款收到的现金"项目反映的是企业举借各种短期、长期借款所收到的现金。根据该项目所反映的内容,编辑公式如下。

单击选中 C28 单元格,输入公式"=SUMIF(调整分录表!\$C\$2:\$C\$115,"筹资活动现金*借款*",调整分录表!\$D\$2:\$D\$115)",按 Enter 键,完成对公式的编辑。

③"收到其他与投资活动有关的现金"项目反映的是企业除上述各项目外,收到的其他与筹资活动有关的额现金,如接受捐赠的现金等。根据该项目所反映的内容,编辑公式如下。

单击选中 C29 单元格,输入公式"=SUMIF(调整分录表!\$C\$2:\$C\$115,"筹资活动现金*其他现金*",调整分录表!\$D\$2:\$D\$115)",按 Enter 键,完成对公式的编辑。

④"筹资活动现金流入小计"项目反映的是上述各筹资活动现金流入项目的合计数。根据该项目所反映的内容,编辑公式如下。

单击选中 C30 单元格,输入公式"=C27+C28+C29"[或者"=SUM(C27:C29)"],按 Enter 键,完成对公式的编辑。

⑤"偿还债务支付的现金"项目反映的是企业以现金偿还债务的本金,包括偿还金融企业的借款本金、偿还债券本金等。需要注意的是,本项目不包括企业偿还的借款利息、债券利息等。根据该项目所反映的内容,编辑公式如下。

单击选中 C31 单元格，输入公式"=SUMIF(调整分录表!$C$2:$C$115,"筹资活动现金*借款*",调整分录表!$E$2:$E$115)"，按 Enter 键，完成对公式的编辑。

⑥"分配股利、利润或偿付利息支付的现金"项目反映的是企业实际支付给投资者的现金股利、利润以及支付给债权人的利息。根据该项目所反映的内容，编辑公式如下。

单击选中 C32 单元格，输入公式"=SUMIF(调整分录表!$C$2:$C$115,"筹资活动现金*股利*",调整分录表!$E$2:$E$115)+SUMIF(调整分录表!$C$2:$C$115,"筹资活动现金*利润*",调整分录表!$E$2:$E$115)+SUMIF(调整分录表!$C$2:$C$115,"筹资活动现金*利息*",调整分录表!$E$2:$E$115)"，按 Enter 键，完成对公式的编辑。

⑦"支付其他与筹资活动有关的现金"项目反映的是企业除了上述各项目外，支付的其他与筹资活动有关的现金，如捐赠现金支出等。根据该项目所反映的内容，编辑公式如下。

单击选中 C33 单元格，输入公式"=SUMIF(调整分录表!$C$2:$C$115,"筹资活动现金* 其他现金",调整分录表!$E$2:$E$115)"，按 Enter 键，完成对公式的编辑。

⑧"筹资活动现金流出小计"项目反映的是上述各筹资活动现金流出项目的合计数。根据该项目所反映的内容，编辑公式如下。

单击选中 C34 单元格，输入公式"=C31+C32+C33"[或者=SUM(C31:C33)]，按 Enter 键，完成对公式的编辑。

⑨"筹资活动产生的现金流量净额"项目反映的是上述各筹资活动现金流入项目的合计数，减去上述各筹资活动现金流出项目的合计数之后的差额。根据该项目所反映的内容，编辑公式如下。

单击选中 C35 单元格，输入公式"=C30-C34"，按 Enter 键，完成对公式的编辑。

- 汇率变动对现金及现金等价物的影响。

"汇率变动对现金及现金等价物的影响"项目反映的是企业外币现金流量以及境外子公司的现金流量折算为人民币时，所采用的现金流量发生日的汇率或者平均汇率折算的人民币金额与"现金及现金等价物净增加额"中外币现金净增加额，按照期末汇率折算的人民币金额之间的差额。一般企业不涉及该业务，本章不对此进行介绍。

- 现金及现金等价物净增加额。

"现金及现金等价物净增加额"项目反映的是上述经营活动现金流量净额、筹资活动现金流量净额与筹资活动现金流量净额的合计数。根据该项目所反映的内容，编辑公式如下。

单击选中 C37 单元格，输入公式"=C14+C25+C35"，按 Enter 键，完成对公式的编辑。

经过一系列函数的应用，完成现金流量表的编制工作，如图 6-25 所示。

（4）检验现金流量表编制的正确性

借助报表之间的会计关系，检验编制完成的现金流量表是否正确。

根据"现金流量表的现金净流量=资产负债表中货币资金的期末余额-货币资金的期初余额"可以建立一个简单的验证公式。

单击 C38 单元格，在单元格中输入公式"=资产负债表!D5-资产负债表!C5"，按 Enter 键，C38 单元格中显示"3,460.00"，该数据与现金流量净额完全一致，证明现金流量表编制正确，如图 6-26 所示。需要注意的是，使用此检查公式的前提是本企业无现金等价物，现金的流入流出仅涉及货币资金。

编制现金流量表

验证现金流量表的正确性

图 6-25　编制完成的现金流量表

图 6-26　检验现金流量表编制的正确性

4. 编制所有者权益变动表

（1）建立所有者权益变动表格式

将"第 6 章.xlsx"工作簿的 Sheet11 工作表重命名为"所有者权益变动表"，按照第 5 章介绍的所有者权益变动表的编制步骤，建立所有者权益变动表的基本格式，并将表头的各个项目填制完整，结果如图 6-27 所示。

图 6-27　建立的所有者权益变动表格式

（2）编制所有者权益变动表

第一项："上年年末余额"项目，反映企业上年资产负债表中实收资本（或股本）、资本溢价、库存股、盈余公积、未分配利润的年末余额以及合计数。该行数据可以引用上年所有者权益变动表的"本年年末余额"。

所有者权益变动表为年报，每年编制并报送一次，而本例数据以月为基础，故此为简化起见，本例以月份数据为例展示年报的编制，实际工作必须注意按实际情况填报。此处引用本工作簿（第 6 章.xlsx）中资产负债表的"期初余额"的数据，实务中应引用年初数据。

"会计政策变更"和"前期差错更正"项目，分别反映企业采用追溯调整法处理的会计政策变更的累积影响金额和采用追溯重述法处理的会计差错更正的累积影响金额。

为了体现会计政策变更和前期差错更正的影响，企业应当在上期期末所有者权益余额的基础上进行调整得出本期期初所有者权益，根据"盈余公积""利润分配""以前年度损益调整"等科目的发生额分析计算填列。

第㉛笔业务为盘盈固定资产，具体会计处理如下。

借：固定资产　　　　　　　　　　　　　　　　　　　　　　　　　　8 000.00
　　贷：以前年度损益调整　　　　　　　　　　　　　　　　　　　　8 000.00
借：以前年度损益调整　　　　　　　　　　　　　　　　　　　　　　2 000.00
　　贷：应交税费——应交所得税　　　　　　　　　　　　　　　　　2 000.00

第㊱笔业务为将固定资产盘盈的结果 6 000 元转入利润分配——未分配利润，会计分录如下。

借：以前年度损益调整　　　　　　　　　　　　　　　　　　　　　　6 000.00
　　贷：利润分配——未分配利润　　　　　　　　　　　　　　　　　6 000.00

固定资产盘盈属于前期差错，所以此项前期差错影响的是未分配利润项目，当会计人员调整差错项目时可以直接引用该项目金额，即在 G8 单元格直接引用明细分类账中的 6 000 元的前期差错造成的未分配利润。由于引用的明细分类账属于数据透视表，所以可以用函数=GETPIVOTDATA("求和项:贷方金额",明细分类账!\$A\$6,"日",27,"科目代码",3141,"科目名称","利润分配","明细科目","未分配利润")汇总引用前期差错对未分配利润的影响，如图 6-28 所示。本函数显示的是直接引用数据透视表的结果，初级学习者可以不用深究其原理。

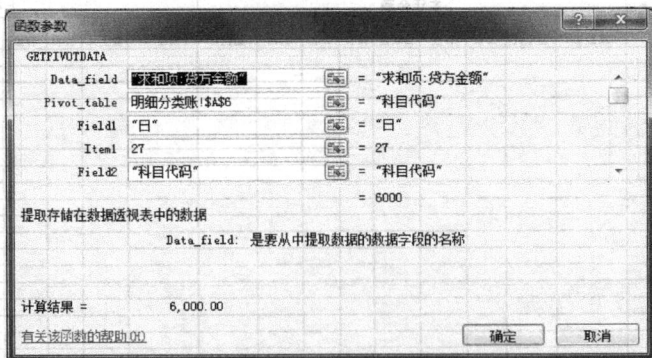

图 6-28　通过 GETPIVOTDATA 函数汇总引用前期差错对未分配利润的影响数据

第二项："本年年初余额"项目，是第一项中的"盈余公积"与"未分配利润"经过会计政策变更和前期差错更正调整后的结果。会计政策变更与前期差错更正只影响"盈余公积"和"未分配利润"项目，"实收资本"等其他项目的本年年初余额与上年年末余额相同。

本例存在由于"前期差错"增加"未分配利润"6 000 元（第㉛笔业务盘盈固定资产，导致未分配利润增加 6 000 元）的情况，除此以外，本行剩余项目的年初余额与上年年末余额相同。

第三项："本年增减变动金额"项目由四个部分组成，分别说明其填制要点。

①“综合收益总额”项目。

综合收益总额=“其他综合收益”的本期发生额+本期实现的“净利润”

可以直接引用利润表的“其他综合收益的税后净额”项目和“净利润”项目的数据。

引用利润表中的“利润表!C24”+“利润表!C27”，得到所有者权益变动表中的“综合收益总额”。

②“所有者投入和减少资本”项目，反映企业当年所有者投入的资本和减少的资本。其中：

- “所有者投入的普通股”项目，反映企业接受投资者投入形成的实收资本（或股本）和资本溢价或股本溢价，并对应列在“实收资本（或股本）”和“资本公积”栏。

“其他权益工具持有者投入资本”项目，反映企业发行的除普通股以外分类为权益工具的金融工具持有者投入资本的金额。该项目应根据金融工具类科目的相关明细科目发生额分析填列。

- “股份支付计入所有者权益的金额”项目，反映企业处于等待期中的以权益结算的股份支付当年计入资本公积的金额，并对应列在“资本公积”栏。
- 其他。

由于本例不存在“所有者投入和减少资本”的业务，故不再展示。

③“利润分配”下各项目，反映当年对所有者（或股东）分配的利润（或股利）金额和按照规定提取的盈余公积金额，并对应列在“未分配利润”和“盈余公积”栏。其中：

- “提取盈余公积”项目，反映企业按照规定提取的盈余公积。

本期提取盈余公积造成未分配利润同时等额减少，所以同一行的“未分配利润”也要填制并注意数额是提取盈余公积的负数，本行的所有者权益合计数=0

“提取盈余公积”的数据引用“科目余额表”中“盈余公积”科目的本期贷方发生额。

- “对所有者（或股东）的分配”项目，反映对所有者（或股东）分配的利润（或股利）金额。

由于对所有者（或股东）分配利润或股利将导致未分配利润的减少，本行所填的数据为负数。

“对所有者（或股东）的分配”的数据引用“科目余额表”中的“应付利润”（或“应付股利”）科目的本期贷方发生额。

④“所有者权益内部结转”下各项目，反映不影响当年所有者权益总额的所有者权益各组成部分之间当年的增减变动，包括资本公积转增资本（或股本）、盈余公积转增资本（或股本）、盈余公积弥补亏损等项目的金额、设立受益计划变动结转留存收益、其他综合收益结转留存收益。

由于本例不存在“所有者权益内部结转”的业务，故不再展示。

第四项：“本年年末余额”项目的数据来自该列数据由上到下加总计计算，如图 6-29 所示。

所有者权益变动表

编制单位：宏达有限责任公司　　20×1年度　　单位：元

项 目	本年金额									上年金额
	实收资本（或股本）	其他权益工具	资本公积	减：库存股	其他综合收益	专项储备	盈余公积	未分配利润	所有者权益合计	同“本年金额”的栏目
一、上年年末余额	5,000,000.00	-	200,000.00		-	-	1,460,000.00	40,000.00	6,700,000.00	
加：会计政策变更										
前期差错更正								6,000.00		
二、本年年初余额	5,000,000.00	-	200,000.00		-	-	1,460,000.00	46,000.00	6,700,000.00	
三、本年增减变动金额（减少以“-”号填列）										
（一）综合收益总额					-			31,180.23	31,180.23	
（二）所有者投入和减少资本										
1.所有者投入的普通股										
2.其他权益工具持有者投入资本										
3.股份支付计入所有者权益的金额										
4.其他										
（三）利润分配										
1.提取盈余公积										
2.对所有者（或股东）的分配							3,118.02	-3,118.02	-	
3.其他										
（四）所有者权益内部结转										
1.资本公积转增资本（或股本）										
2.盈余公积转增资本（或股本）										
3.盈余公积弥补亏损										
4.设定受益计划变动额结转留存收益										
5.其他综合受益结转留存收益										
6.其他										
四、本年年末余额	5,000,000.00	-	200,000.00		-	-	1,463,118.02	74,062.21	6,737,180.23	

图 6-29　填制完成的所有者权益变动表

编制所有者权益变动表

最后，由于所有者权益变动表与资产负债表的勾稽关系，可以利用编制好的资产负债表验证所有者权益变动表编制结果是否正确，如图 6-30 所示。

所有者权益变动表

编制单位：宏达有限责任公司　　20×1年度　　单位：元

项 目	本年金额									上年金额
	实收资本（或股本）	其他权益工具	资本公积	减：库存股	其他综合收益	专项储备	盈余公积	未分配利润	所有者权益合计	同“本年金额”的栏目
一、上年年末余额	5,000,000.00	–	200,000.00		–	–	1,460,000.00	40,000.00	6,700,000.00	
加：会计政策变更										
前期差错更正								6,000.00		
二、本年年初余额	5,000,000.00	–	200,000.00		–	–	1,460,000.00	46,000.00	6,700,000.00	
三、本年增减变动金额（减少以“–”号填列）										
（一）综合收益总额					–			31,180.23	31,180.23	
（二）所有者投入和减少资本										
1.所有者投入的普通股										
2.其他权益工具持有者投入资本										
3.股份支付计入所有者权益的金额										
4.其他										
（三）利润分配										
1.提取盈余公积										
2.对所有者（或股东）的分配							3,118.02	-3,118.02	–	
3.其他										
（四）所有者权益内部结转										
1.资本公积转增资本（或股本）										
2.盈余公积转增资本（或股本）										
3.盈余公积弥补亏损										
4.设定受益计划变动额结转留存收益										
5.其他综合受益结转留存收益										
6.其他										
四、本年年末余额	5,000,000.00	–	200,000.00		–	–	1,463,118.02	74,062.21	6,737,180.23	
验证所有者权益变动表编制的正确性									6,737,180.23	正确

图 6-30　验证所有者权益变动表编制的正确性

验证所有者权益变动表的正确性

思考练习

一、填空题

1. Excel 记账的会计核算流程包括编制______、生成______、生成______、编制______、生成______。

2. 在编制现金流量表前，需要筛选出会计凭证表内涉及库存现金、银行存款及其他货币资金的单元格，将它们按照业务发生的类型分别调整为______、______和______。

3. 编制所有者权益变动表时，“综合收益总额”项目是根据______项目的本期发生额+本期实现的______填写的。

二、简答题

1. 使用 Excel 进行会计核算的基本流程是什么？它与手工记账相比，显著的优势有哪些？

2. 账簿的类型有哪些，日记账是否必须全部建立，是否可以利用原有资料自动生成部分日记账？

3. 编制调整分录表的目的是什么？编制调整分录表的依据是什么？如何编制调整分录表？

三、上机操作题

资料：云阳公司是一家产品制造企业，生产 A、B 两种产品。存货采用先进先出法核算，增值税税率为 13%，企业所得税税率为 25%。

20×1 年 11 月 30 日，公司各总分类账户及其所属明细分类账户的期末余额如表 6-2 所示。

表 6-2　各分类账户及其所属明细分类账户的期末余额

资产类账户	借方余额（元）	负债及所有者权益类账户	贷方余额（元）
库存现金	2 500	短期借款	140 000
银行存款	600 000	应付账款	93 500
应收账款	172 000	其中：韦丰公司	85 000
其中：裕华商场	32 000	天通公司	8 500
南洋公司	140 000	应付职工薪酬	9 000
长期待摊费用	800	应付利息——短期借款利息	2 000
原材料	240 000	长期借款	100 000
——甲材料（100 吨，每吨 900 元）	90 000		

续表

资产类账户	借方余额（元）	负债及所有者权益类账户	贷方余额（元）
——乙材料（250 吨，每吨 600 元）	150 000		
生产成本——A	52 500		
库存商品	270 000		
——A（2 800 件，每件 50 元）	140 000		
——B（1 300 件，每件 100 元）	130 000	实收资本	800 000
债权投资	10 000	盈余公积	55 000
固定资产	186 000	本年利润	200 000
累计折旧	-94 300	利润分配——未分配利润	40 000
合计	1 439 500	合计	1 439 500

公司 20×1 年 12 月发生的经济业务如下。

① 1 日，开出现金支票一张，从银行提取现金 4 000 元备用。

② 1 日，职工王力预借差旅费 2 500 元，出纳以现金支付。

③ 2 日，以现金购买办公用品 500 元。

④ 2 日，从 A 公司购入甲、乙两种材料，发票账单已到达，货款用银行存款支付，材料已验收入库。其中，甲材料 10 吨，单价 900 元；乙材料 20 吨，单价 600 元。

⑤ 3 日，向燕兴公司销售 A 产品 2 500 件，每件售价 95 元。产品已发出，货款已收到并存入银行。

⑥ 4 日，以银行存款支付前欠韦丰公司货款 85 000 元。

⑦ 5 日，生产 A 产品领用甲材料 15 吨，领用乙材料 8 吨。

⑧ 6 日，职工王力出差归来报销差旅费 2 300 元，余额以现金退回。

⑨ 15 日，开出转账支票一张，支付车间设备修理费 1 130 元（价税合计）。

⑩ 17 日，向佳庭公司销售 B 产品 1 000 件，每件售价 130 元。货款尚未收到。

⑪ 22 日，用银行存款支付明年全年的财产保险费 3 600 元。

⑫ 22 日，用现金支付职工报销医药费 750 元。

⑬ 23 日，计提本月应付职工工资 150 000 元。其中，A、B 产品生产工人工资分别为 50 000 元、50 000 元，厂部管理人员工资为 50 000 元。

⑭ 23 日，按工资总额的 14% 提取职工福利费。

⑮ 24 日，通知银行转账 150 000 元，发放工资。

⑯ 26 日，以银行存款支付本月销售费用 15 000 元。

⑰ 27 日，计提本月短期借款利息 7 000 元。

⑱ 31 日，计提本月固定资产折旧 20 000 元，其中生产车间应负担 15 000 元，厂部负担 5 000 元。

⑲ 31 日，本月发生书报费 400 元，通过银行转账支付。

⑳ 31 日，分摊并结转本月发生的制造费用（按 A、B 两种产品的生产工人工资的比例分摊）。

㉑ 31 日，本月 A 产品全部完工，结转其完工成本（包括上月未完工成本）。

㉒ 31 日，结转本月 A、B 产品的销售成本。其中，A 产品每件 50 元，B 产品每件 100 元。

㉓ 31 日，计提本月经营业务应交城市维护建设税、教育费附加。城市维护建设税税率为 7%，教育费附加征收率为 3%。

㉔ 31 日，结转本月收支至"本年利润"账户。

㉕ 31 日，按当月利润总额计算所得税（所得税税率为 25%），并结转至本年利润。

㉖ 31 日，结转"本年利润"账户余额至"利润分配"账户。

根据以上企业资料，建立会计凭证表，生成总分类账、明细分类账、现金日记账和银行存款日记账，建立科目汇总表、科目余额表，建立资产负债表、利润表、现金流量表和所有者权益变动表。

第7章

Excel 在应收账款管理中的应用

本章的学习目标

- 掌握如何利用 Excel 建立并登记应收账款明细账
- 掌握如何利用 Excel 分析逾期应收账款
- 掌握如何利用 Excel 分析应收账款账龄
- 掌握如何利用 Excel 计算应收账款的坏账准备

通过本章的学习，读者应了解并掌握利用 Excel 对企业现有应收账款进行管理的具体方法。

7.1 应收账款管理概述

7.1.1　应收账款的概念与作用

应收账款，是指企业因销售商品、产品或提供劳务等原因，应向购货单位或接受劳务单位收取的款项，包括代垫的运杂费等。应收账款实质是由于赊销向客户提供的信用。

企业通过提供商业信用，采取赊销、分期付款等方式可以促进销售，增强竞争力，获得利润。

具体而言，应收账款具有增加销售和减少存货的作用。

（1）应收账款产生于赊销，而赊销会给企业带来销售收入和利润增加。

（2）企业持有一定产成品存货时，会相应占用资金，形成相关管理成本等，而赊销可避免这些成本的产生。故当企业产成品存货较多时，一般会采取赊销的方式，将存货转化为应收账款，节约存货管理成本。

7.1.2　应收账款管理的必要性

随着商品经济的发展，商业信用越来越重要，应收账款管理已经成为企业流动资产管理中的一个重要项目。根据对企业日常管理的调研分析发现，部分企业经营不善甚至倒闭，不是因为没有盈利能力，而是因为没有重视应收账款管理。

应收账款管理的目标是：在发挥应收账款促进销售、减少存货、增加竞争力作用的同时，制定合理的应收账款信用政策，强化应收账款管理，减少坏账损失。

应收账款管理的基本内容包括客户（债务人）管理和应收账款账龄分析。

（1）客户管理的具体内容是对现有债务人的还款情况进行分析。客户通常都是货款到期后才付款，有的客户只有被不断催促后才付款，甚至还有些客户蓄意欺诈，根本无意还款。这就要求企业做好客户的甄别筛选工作，做好债权凭证的制作保管工作，尽可能防范和降低交易风险。

（2）应收账款账龄分析是指根据应收账款入账时间的长短来估计坏账损失的方法。账龄分析法的设计，对提取坏账准备来说应该是比较科学的，虽然应收账款能否收回及能收回多少不一定完全取决于时间的长短，但一般来说，账款拖欠的时间越长，发生坏账的可能性就越大。

对应收账款进行具体管理时，利用 Excel 可以极大提高管理人员的工作效率。

7.2 应收账款统计

7.2.1 应收账款明细账的建立

在 Excel 中进行应收账款管理，首先要将企业现有应收账款信息登记到工作表中，具体操作如下。

1. 建立应收账款管理工作表

打开"第 7 章.xlsx"工作簿，将鼠标指针移至左下方 Sheet1 处，右击，在弹出的快捷菜单中选择"重命名"命令，如图 7-1 所示，输入"应收账款管理"。

2. 登记各项应收账款的相关信息

针对各项应收账款分别登记其相关信息。

（1）应收账款产生日期（赊销日期）

（2）客户（债务人）单位名称

（3）应收账款金额（赊销金额）

（4）付款期限（信用期，一般以天为单位）

（5）应收账款到期日

以上所列相关信息仅作为参考，针对企业的实际需要，可以进一步根据不同管理要求对上述信息进行添加或删除。

3. 登记应收账款的相关明细信息

（1）选择 A1 单元格，输入"宏达公司应收账款管理"。将列调整为合适的宽度。

（2）选择 A2 单元格，输入"当前日期"，本例默认日期为"2021 年 12 月 31 日"，实际工作中可以使用 NOW 函数来确定当前日期，但当我们直接输入该函数时发现显示的日期信息还包括时和分，即为"2021-12-31 10:51"。这是因为单元格默认该函数显示的当前日期要具体到时和分，故应将该单元格的格式调整为日期格式中的年、月、日形式。具体调整方法为：单击该单元格，单击鼠标右键，在弹出的快捷菜单中选择"设置单元格格式"命令，在"数字"选项卡的"分类"列表框中选择"日期"，在"类型"列表框中选择"2012-03-14"，调整后按 Enter 键确认，如图 7-2 所示。

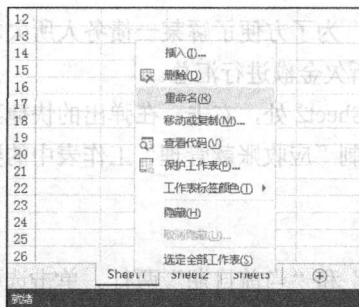

图 7-1　修改 Excel 工作表的名称

图 7-2　输入当前日期

（3）选择 A3 单元格，输入"赊销日期"。登记应收账款产生的日期。选择 B3 单元格，输入"债务人名称"。选择 C3 单元格，输入"应收金额"。选择 D3 单元格，输入"付款期限（天）"。选择 E3 单元格，输入"到期日"。输入完成后如图 7-3 所示。在具体实务处理中，为了使应收账款管理更加合理、完善，可以根据实际情况添加补充说明资料。

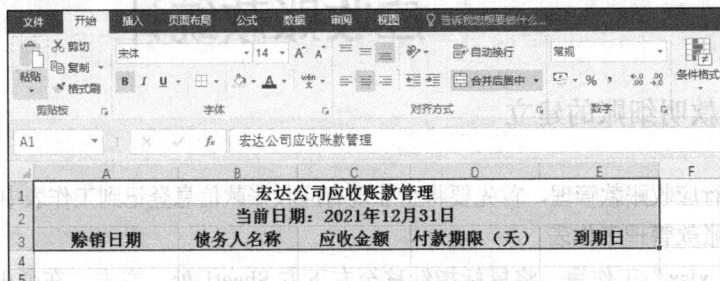

图 7-3　输入应收账款管理信息

4. 输入企业现有应收账款详细信息

选择 A4 单元格，输入具体赊销（应收账款产生）日期，将单元格格式设置为"日期"，选择企业常用日期格式。选择 B4 单元格，输入具体债务人名称。选择 C4 单元格，输入应收金额，将单元格格式设置为"货币"，选择企业常用货币形式。选择 D4 单元格，输入付款期限（天）。选择 E4 单元格，输入函数="A4+D4"，按 Enter 键确认，即可直接计算出该项应收账款的到期日。将以上单元格的有效性控制复制到 A～E 列的其他单元格。最终输入的详细信息如图 7-4 所示。

输入宏达公司现有
应收账款详细信息

图 7-4　输入宏达公司现有应收账款详细信息

7.2.2　各债务人的应收账款统计

登记完宏达公司现有的各项应收账款后，由于债务人众多，为了方便了解某一债务人所欠本公司款项的总额，利用 Excel 提供的数据命令，针对不同债务人所欠金额进行汇总。

首先打开"第 7 章.xlsx"工作簿，将鼠标指针移至左下方 Sheet2 处，右击，在弹出的快捷菜单中选择"重命名"命令，输入"债务人应收账款金额统计"。复制"应收账款管理"工作表中的数据到当前工作表。

1. 以"债务人名称"重新排序

为了方便筛选数据，可以先删除"宏达公司应收账款管理"和"当前日期"两行。单击选取现有所有数据，选择"开始"｜"编辑"｜"排序和筛选"｜"自定义排序"命令，打开"排序"对话框，如图 7-5 所示。设置"主要关键字"为"债务人名称"，设置"次要关键字"为"赊销日期"，"排列依据"默认为"数值"，"次序"默认为"升序"，单击"确定"按钮。

执行命令后，原来按照应收账款发生先后顺序登记的数据，变为按照债务人名称排序，如图 7-6 所示。

图 7-5 "排序"对话框

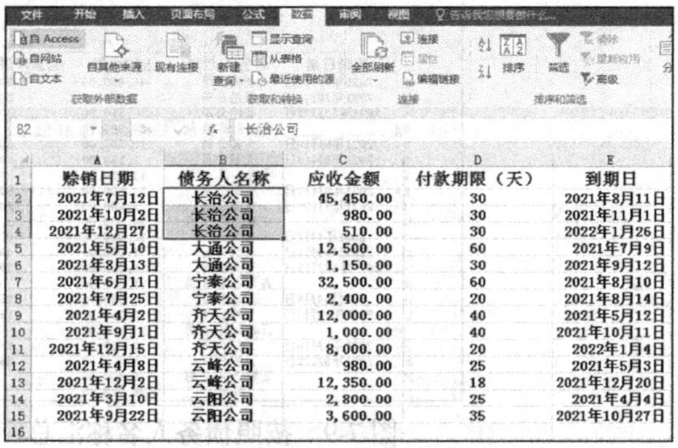

图 7-6 按照债务人名称重新排序

2. 对各债务人的应收账款金额进行汇总

选中 B1 单元格，然后选择"数据"|"分级显示"|"分类汇总"命令，如图 7-7 所示。在"分类汇总"对话框中，设置"分类字段"为"债务人名称"，"汇总方式"为"求和"，"选定汇总项"为"应收金额"，选中"替换当前分类汇总"和"汇总结果显示在数据下方"复选框，单击"确定"按钮，如图 7-8 所示。

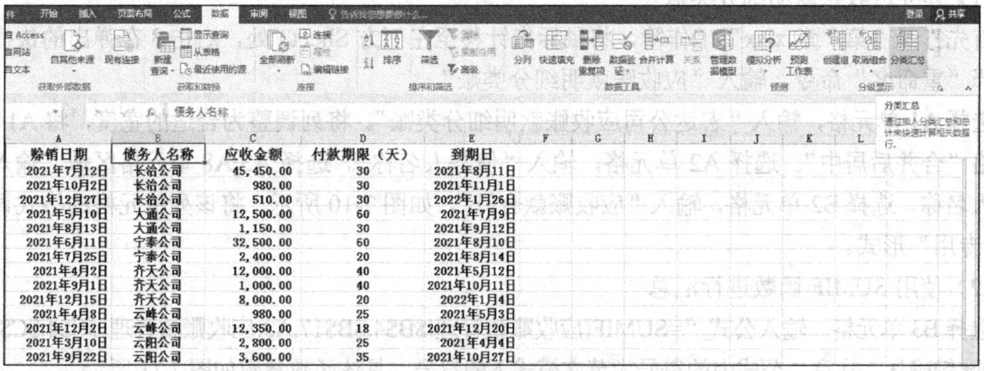

图 7-7 "分类汇总"命令

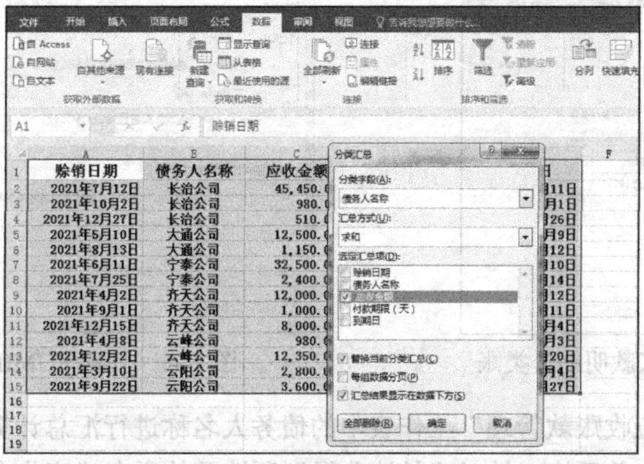

图 7-8 设置分类汇总

执行命令后，即可显示按照债务人名称针对应收账款金额进行汇总的数据，如图7-9所示。通过汇总数据可以看出，长治公司与宁泰公司所欠本公司的款项较多，必须对其进行重点管理。

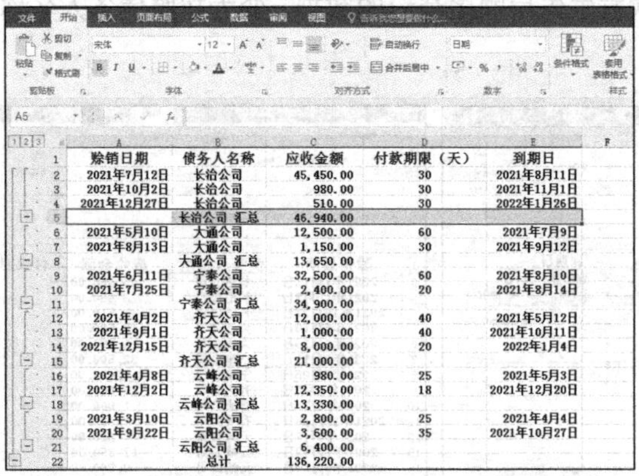

重排并汇总债务人
应收账款总额

图7-9　按照债务人名称汇总应收账款总额

7.2.3　利用函数、图表统计各债务人应收账款

除了利用分类汇总命令对各债务人进行排序和金额的汇总以外，还可以利用SUMIF函数实现该统计结果。

1. 使用SUMIF函数统计各债务人的应收账款

（1）建立应收账款明细分类账

首先打开"第7章.xlsx"工作簿，将鼠标指针移至左下方Sheet3处，右击，在弹出的快捷菜单中选择"重命名"命令，输入"应收账款明细分类账"。

选择A1单元格，输入"宏达公司应收账款明细分类账"。将列调整为合适的宽度，将A1和B1单元格"合并后居中"。选择A2单元格，输入"债务人名称"。选择A3:A8单元格区域，输入各个债务人名称。选择B2单元格，输入"应收账款合计"，如图7-10所示，将该列单元格的格式调整为"会计专用"形式。

（2）使用SUMIF函数进行汇总

选择B3单元格，输入公式"=SUMIF(应收账款管理!\$B\$4:\$B\$17,A3,应收账款管理!\$C\$4:\$C\$17)"，按Enter键确认。注意，公式中的符号为英文模式下的符号。具体函数参数如图7-11所示。

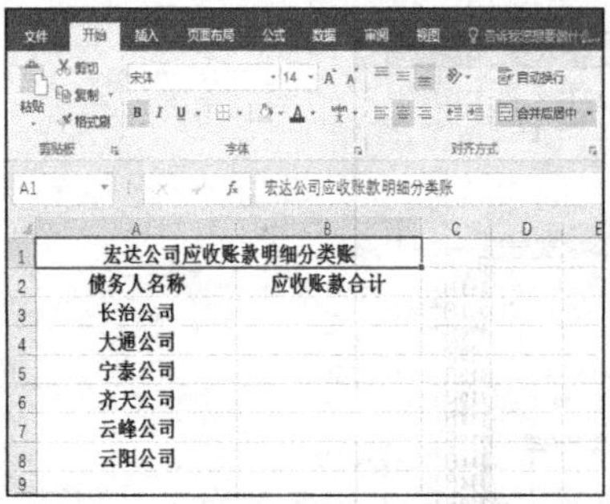

图7-10　建立应收账款明细分类账

图7-11　使用SUMIF函数进行汇总

该公式表示针对"应收账款管理"工作表中的债务人名称进行汇总计算，找到"应收账款明细分类账"中"长治公司"单元格，针对"长治公司"所涉及的所有"应收金额"进行汇总。

（3）生成分类汇总数据

将 B3 单元格的公式复制到该列其他单元格中，则可快速计算出其他债务人的应收账款合计金额，如图 7-12 所示。

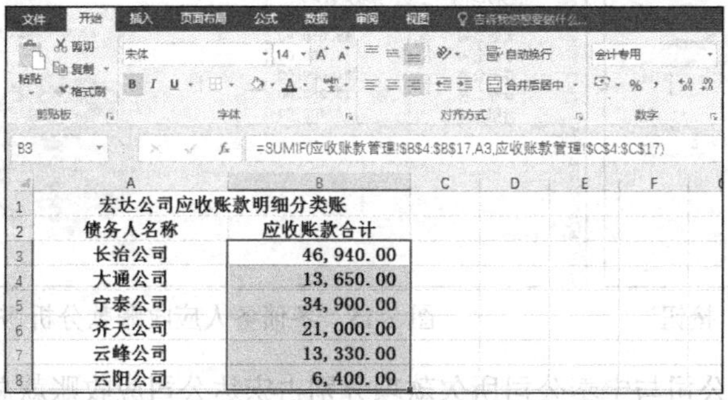

汇总各债务人所欠金额

图 7-12　复制 SUMIF 函数公式，汇总各债务人所欠金额

通过对比，可发现利用 SUMIF 函数汇总的各个债务人应收账款合计金额与利用分类汇总命令计算的合计金额完全相同，应收账款管理人员可根据需要自行选择以上两种汇总方式。

（4）使用数据条展示应收账款金额

选择 B3:B8 单元格区域，选择"开始"｜"样式"｜"条件格式"｜"数据条"命令，在下拉菜单中选择"实心填充"中的"红色数据条"，操作过程和完成效果如图 7-13 所示。

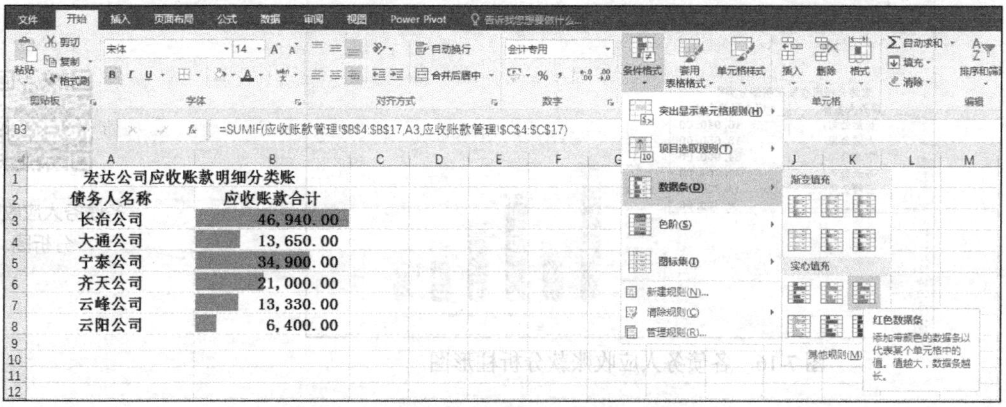

图 7-13　使用数据条展示应收账款金额

通过观察不同债务人所欠款项数据条的长度，我们可以很直观地看到长治公司与宁泰公司的数据条较长，说明这两家公司的欠款较多。

2．建立图表进行对比分析

如果希望了解所有债务人所欠款项的综合情况，可以通过建立饼形图更加直观地显示各债务人的应收账款占应收账款总额的百分比。具体操作如下。

（1）在上文编制完成的"应收账款明细分类账"工作表中，在"插入"选项卡的"图表"组中，单击"插入饼图或圆环图"按钮，如图 7-14 所示。

（2）可以根据制表要求，选择二维饼图、三维饼图、圆环图及更多饼图，选择"二维饼图"中的某种饼图，系统即可自动生成相应的分析饼图，效果如图 7-15 所示。在图表创建完成后，可以按照前文所述，对已经生成的图形进行设计，以使整个图形更加完善。从作图程序来看，Excel 2016 较 Excel 2010 更简便，图表形式和内容修改起来也更灵活、直观。

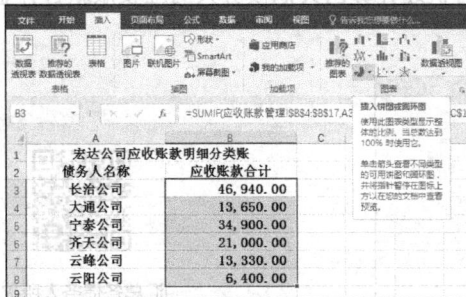

图 7-14 插入"饼图或圆环图"按钮

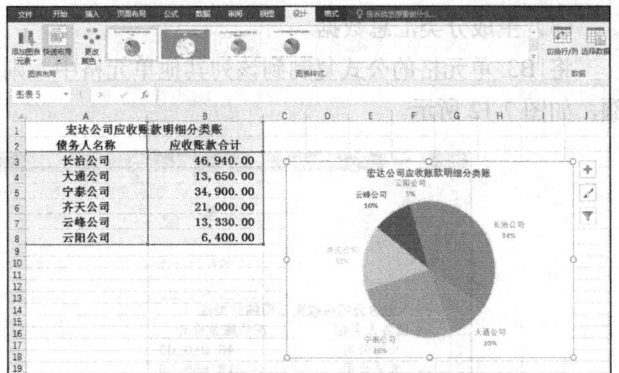

图 7-15 各债务人应收账款分析饼图

通过图 7-15 可以看出，长治公司与宁泰公司所欠款项分别占宏达公司应收账款总额的 34%和 26%，必须对这两个公司的应收账款进行重点管理。

（3）除了自动生成饼图以外，还可以根据需要将各债务人应收账款分析图调整为柱形图、折线图、条形图、面积图、散点图、瀑布图、直方图等所需要的其他图表。例如，单击"插入柱形图或条形图"按钮 ，选择"三维柱形图"中的"三维簇状柱形图"，即可自动生成三维簇状柱形图，效果如图 7-16 所示。

各债务人应收账款分析图

图 7-16 各债务人应收账款分析柱形图

通过图 7-16 可以看出，长治公司与宁泰公司所欠款项分别为 46 940 元和 34 900 元。

7.3 逾期应收账款分析

应收账款在登记入账时会记录赊销日期和约定付款期限，当企业应收账款数量较多时，一般于月底统计本期是否有应收账款到期，如果到期应收账款尚未收款，必须反映逾期天数，以便及时采取催收措施，减少坏账发生的可能性，降低企业应收账款的坏账成本。

7.3.1 计算应收账款是否到期

1. 建立"逾期应收账款分析"工作表

在"第 7 章.xlsx"工作簿中新建工作表 Sheet1，并重命名为"逾期应收账款分析"。复制"应收

账款管理"工作表中的数据到当前工作表中。为方便后文使用函数进行分析、判断，将"当前日期"与"2021 年 12 月 31 日"分列 A2 和 B2 两个单元格。

> **注意** 本例假设"当前日期"为"2021 年 12 月 31 日"，实际工作中可以使用 NOW 函数来确定当前日期。

选中 E 列与 F 列，右击，在弹出的快捷菜单中选择"插入"命令，即可一次性插入两列。单击 E3 单元格输入"已收金额"，单击 F3 单元格输入"未收金额"，并输入实际已收金额和未收金额，将 E 列与 F 列的单元格格式调整为"会计专用"格式。单击 H3 单元格，在其中输入"是否到期"，建立宏达公司逾期应收账款分析表，如图 7-17 所示。

2. 判断现有各项应收账款是否到期

通过 IF 函数判断宏达公司现有各项应收账款是否到期。

单击 H4 单元格，输入公式"=IF(G4<$B$2,"是","否")"，按 Enter 键确认。注意，公式中的符号为英文模式下的符号。具体函数参数如图 7-18 所示。

图 7-17　宏达公司逾期应收账款分析表

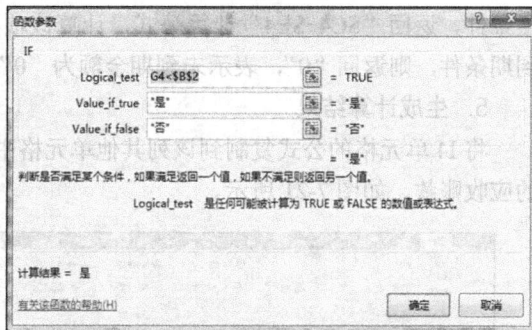

图 7-18　使用 IF 函数分析应收账款是否到期

该公式表示针对"逾期应收账款分析"工作表中某债务人的应收账款是否到期进行判断，如果该表中 G4 单元格（到期日）小于 B2 单元格（当前日期），即该项应收账款已经到期。满足上述条件，返回"是"；如果不满足应收账款已经到期条件，则返回"否"。

3. 生成判断结果

将 H4 单元格的公式复制到该列其他单元格中，则可快速判断其他债务人所欠该公司的款项是否到期，如图 7-19 所示。

图 7-19　复制 IF 函数公式，判断各债务人所欠款项是否到期

4. 显示未到期金额

单击 I3 单元格，输入"未到期金额"。单击 I4 单元格，输入公式"=IF($B$2-$G4<0,$C4-$E4,0)"，按 Enter 键确认。注意，公式中的符号为英文模式下的符号。具体函数参数如图 7-20 所示。

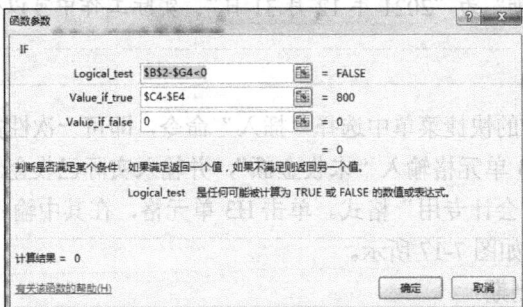

判断各债务人所欠
款项是否到期

图 7-20　使用 IF 函数计算未到期应收账款金额

该公式表示针对"逾期应收账款分析"工作表中某债务人的未到期应收账款的金额进行判断，如果该表中 B2 单元格（当前日期）小于 G4 单元格（到期日），即该项应收账款尚未到期。满足上述条件，返回"$C4-$E4"计算公式，计算该项尚未到期应收账款的剩余未收金额；如果不满足未到期条件，则返回"0"，表示未到期金额为"0"，即该项应收账款已经到期。

5. 生成计算结果

将 I4 单元格的公式复制到该列其他单元格中，则可快速计算其他债务人所欠该公司的尚未到期的应收账款，如图 7-21 所示。

计算各债务人所欠
未到期金额

图 7-21　复制 IF 函数公式，计算各债务人所欠未到期应收账款金额

7.3.2　计算应收账款逾期天数

虽然上文为应收账款管理提供了应收账款是否到期的判断结果，但是为了下文进一步分析应收账款账龄，还可以利用 Excel 进一步计算各项应收账款的逾期天数，以便提供更加详细的管理数据。具体计算过程如下。

1. 设计逾期天数分析表

在"逾期应收账款分析"工作表的数据右侧建立"逾期天数分析表"，对逾期天数进行分类筛选。实际工作中，通常对逾期天数划分不同等级，如"0~30 天""30~60 天""60~90 天""90 天以上"等，如图 7-22 所示。

2. 使用 IF 函数分析逾期 0~30 天的应收账款

单击 J4 单元格，输入公式"=IF(AND($K$2-$G4>0, $K$2-$G4<=30),$C4-$E4,0)"，按 Enter 键确认。注意，公式中的符号为英文模式下的符号。具体函数参数如图 7-23 所示。

图 7-22　在原有工作表中建立
逾期天数分析表

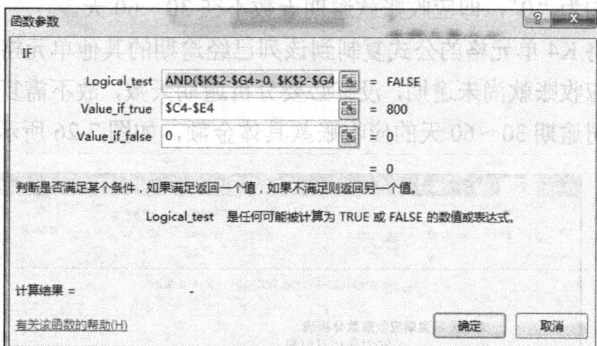

图 7-23　使用 IF 函数计算逾期应收账款具体金额（1）

该公式表示针对"逾期应收账款分析"工作表中某债务人逾期应收账款的具体金额进行判断，如果该表中 K2 单元格（当前日期）大于 G4 单元格（到期日），即该项应收账款已经逾期，且逾期天数在 30 天以内（包括 30 天）。满足上述条件，返回"$C4-$E4"计算公式，计算该项已经逾期应收账款的剩余未收金额；如果不满足未到期条件，则返回"0"，表示未到期金额为"0"，即逾期应收账款不在 0~30 天。

将 J4 单元格的公式复制到该列已经逾期的其他单元格中（J5:J15 单元格区域，由于最后两笔应收账款尚未逾期，没有必要分析逾期天数，故不需复制公式），则可快速计算其他债务人所欠该公司逾期 0~30 天的应收账款具体金额，如图 7-24 所示。

图 7-24　复制 IF 函数公式，计算各债务人所欠逾期 0~30 天的应收账款金额

IF 函数公式计算
各债务人所欠逾期
0~30 天的应收账款
金额

3. 使用 IF 函数分析逾期 30~60 天的应收账款

单击 K4 单元格，输入公式"=IF(AND($K$2-$G4>30, $K$2-$G4<=60),$C4-$E4,0)"，按 Enter 键确认。注意，公式中的符号为英文模式下的符号。具体函数参数如图 7-25 所示。

该公式表示针对"逾期应收账款分析"工作表中某债务人的逾期应收账款的具体金额进行

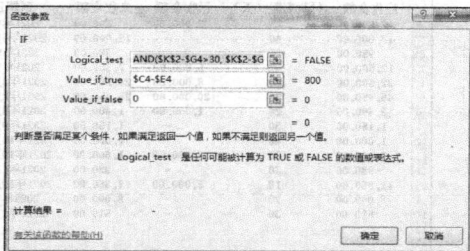

图 7-25　使用 IF 函数计算逾期应收账款具体金额（2）

判断，如果该表中 K2 单元格（当前日期）大于 G4 单元格（到期日），即该项应收账款已经逾期，且逾期天数在 30～60 天（大于 30 天，小于等于 60 天）。满足上述条件，返回"$C4-$E4"计算公式，计算该项已经逾期应收账款的剩余未收金额；如果不满足未到期条件，则返回"0"，表示未到期金额为"0"，即应收账款逾期天数不在 30～60 天。

将 K4 单元格的公式复制到该列已经逾期的其他单元格中（K5:K15 单元格区域，同样由于最后两笔应收账款尚未逾期，没有必要分析逾期天数，故不需复制公式），则可快速计算其他债务人所欠该公司逾期 30～60 天的应收账款具体金额，如图 7-26 所示。

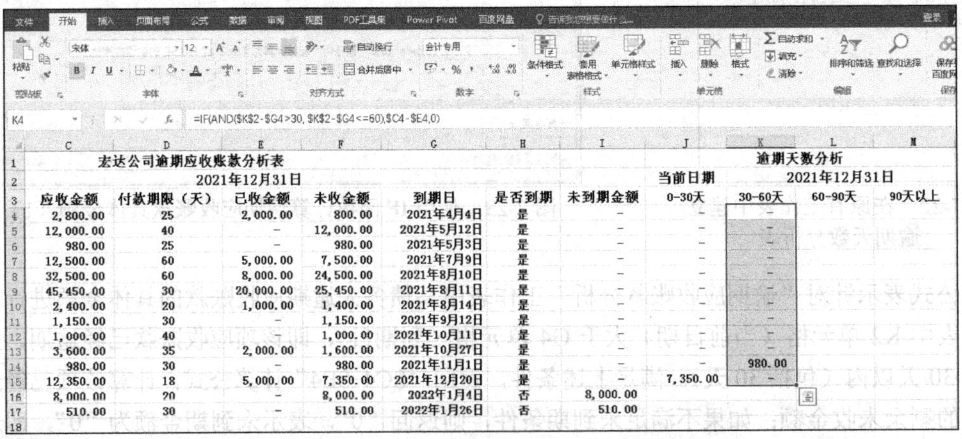

图 7-26　复制 IF 函数公式，计算各债务人所欠逾期 30～60 天的应收账款金额

4. 使用 IF 函数分析逾期 60～90 天和 90 天以上的应收账款

单击 L4 单元格，输入公式"=IF(AND($K$2-$G4>60, $K$2-$G4<=90), $C4-$E4, 0)"，按 Enter 键确认，可以计算各债务人所欠逾期 60～90 天的应收账款金额。

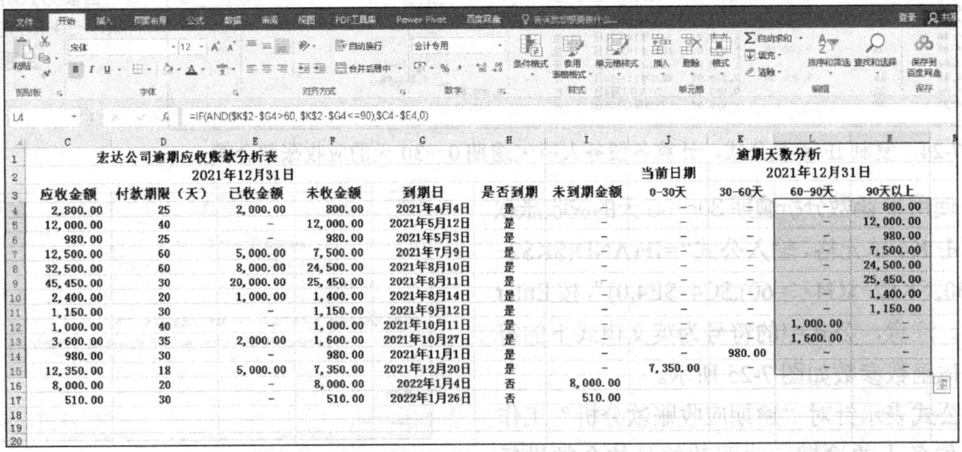

单击 M4 单元格，输入公式"=IF($K$2-$G4>90, $C4-$E4, 0)"，按 Enter 键确认，可以计算各债务人所欠逾期 90 天以上的应收账款金额。

将以上公式复制到对应列已经逾期的其他单元格中，则可快速计算其他债务人所欠该公司逾期 60～90 天和 90 天以上的应收账款具体金额，并将 J4:M15 单元格区域的单元格格式设置为货币格式，如图 7-27 所示。

计算各债务人所欠更长逾期天数的应收账款

图 7-27　复制 IF 函数公式，计算各债务人所欠更长逾期天数的应收账款金额

由以上统计数据可以明显看出，宏达公司应收账款逾期情况非常严重，该公司 14 笔应收账款中有 8 笔逾期 90 天以上，必须重视以上逾期应收账款的催收工作，盘活流动资产，减少坏账损失的发生。

根据应收账款逾期天数分析表所提供的信息，企业可以了解各债务人收款、欠款情况，判断欠款的可收回程度和可能发生的损失。同时，企业还可酌情做出采取放宽或紧缩商业信用政策的决策，并可将这些信息作为衡量收款部门和资信部门工作效率的依据。

7.4 应收账款账龄分析

账龄是指债务人所欠企业应收账款的时间。一般账龄越长，发生坏账损失的可能性就越大。账龄分析法是指根据应收账款的时间长短来估计坏账损失的一种方法，又称"应收账款账龄分析法"。

在估计坏账损失之前，可将应收账款按其账龄编制一张"应收账款账龄分析表"，借以了解应收账款在各个债务人之间的金额分布情况及其拖欠时间的长短。应收账款账龄分析表实际上是在上文编制完成的逾期天数分析表的基础上编制的，企业不仅可以利用逾期天数分析表对每个债务人产生的应收账款进行分析，还可将其作为计算坏账准备的依据。

7.4.1 建立应收账款账龄分析表

1. 利用"逾期天数分析表"建立"应收账款账龄分析表"

利用 7.3.2 小节中对应收账款逾期天数进行分析的表格可以建立账龄分析表。在"第 7 章.xlsx"工作簿中单击 ⊕ 新建工作表 Sheet2，并重命名为"应收账款账龄分析"。单击 A1 单元格，输入"应收账款账龄分析表"。单击 A2 单元格，输入"当前日期"。单击 B2 单元格，输入"2021 年 12 月 31 日"。

> **注意**　本例假设"当前日期"为"2021 年 12 月 31 日"，实际工作中可以使用 NOW 函数来确定当前日期。

单击 A3 单元格，输入"账龄"，并设置账龄的种类。本例将账龄分为 5 类，分别为"未到期""0～30 天""30～60 天""60～90 天""90 天以上"。

单击 B3 单元格，输入"应收账款"，此列显示不同账龄的应收账款金额，设置此列单元格格式为"货币"，选择企业常用的货币形式即可。

单击 C3 单元格，输入"占应收账款总额的百分比"，此列显示不同账龄的应收账款金额占应收账款总额的比例，设置此列单元格格式为"百分比"，并默认小数位数为 2。

对填制完的内容进行调整、美化，从而完成应收账款账龄分析表的表头及各项标示的建立，如图 7-28 所示。

2. 计算各账龄所涉及的应收账款金额

单击 B4 单元格，输入公式"=SUM(逾期应收账款分析!I4:I17)"，按 Enter 键确认。可以引用"逾期应收账款分析"工作表中的未到期金额，汇总计算出截止到 2021 年 12 月 31 日，应收账款总额中尚未到期的应收账款金额为"8,510.00"，如图 7-29 所示。

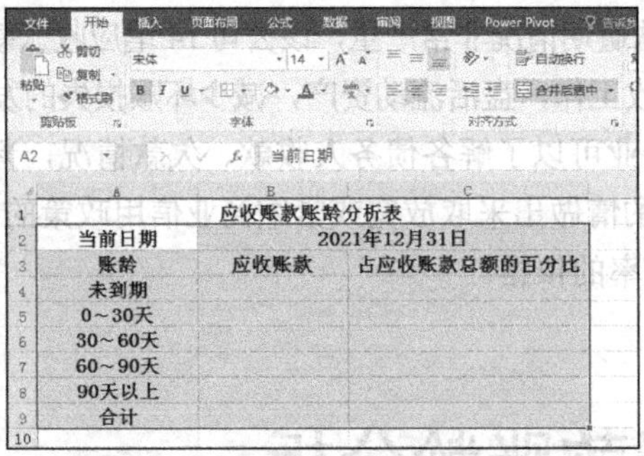

图 7-28　建立应收账款账龄分析表

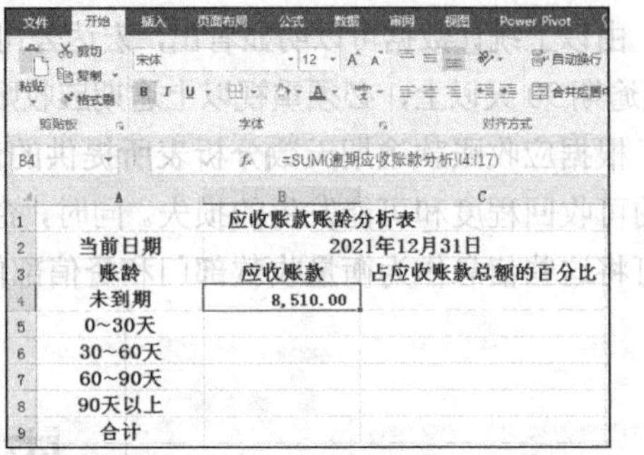

图 7-29　统计未到期应收账款金额

单击 B5:B8 单元格区域，输入 SUM 函数公式，对其余账龄的应收账款金额进行统计、汇总，各具体求和公式如图 7-30 所示。按 Enter 键确认，生成各账龄所对应的应收账款金额，如图 7-31 所示。

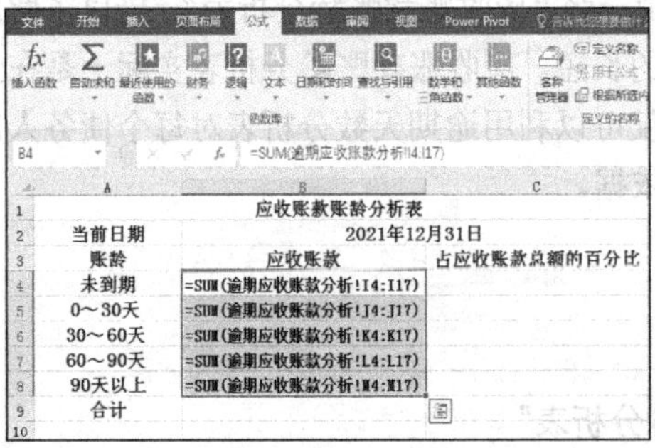

图 7-30　统计各账龄应收账款金额的 SUM 函数公式

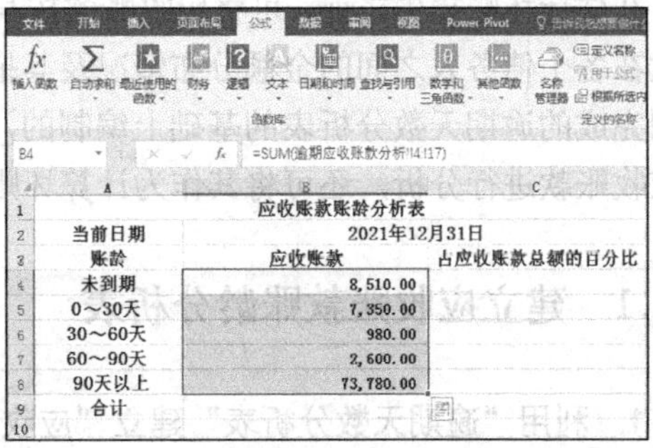

图 7-31　统计得到各账龄对应的应收账款金额

3. 计算各账龄所涉及的应收账款占应收账款总额的百分比

首先计算现有应收账款总额。单击 B9 单元格，输入公式"=SUM(B4:B8)"，按 Enter 键确认，即可计算各账龄所涉及的应收账款总额，如图 7-32 所示。

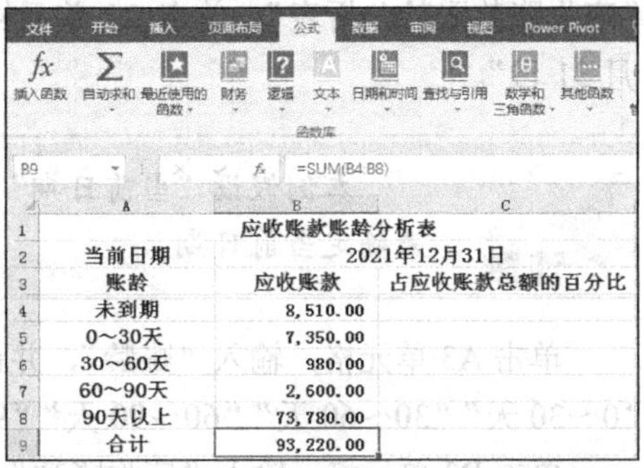

然后计算各账龄所涉及的应收账款占应收账款总额的百分比。单击 C4 单元格，输入公式"=B4/$B$9"，按 Enter 键确认，即可计算出未到期应收账款占应收账款总额的百分比。复制公式到该列其他单元格中，可计算出其他账龄所涉及的应收账款占应收账款总额的百分比，如图 7-33 所示。

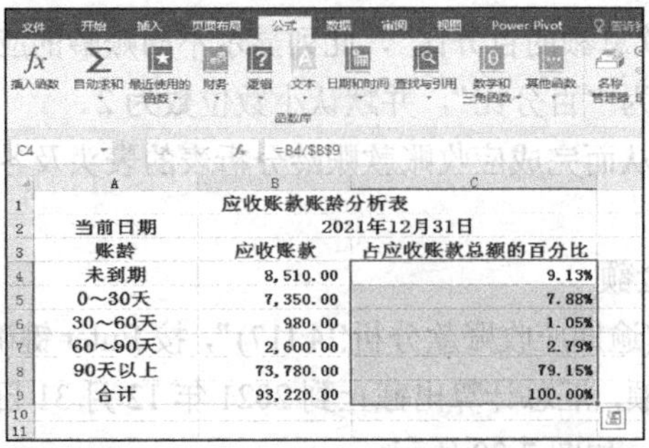

图 7-32　汇总各账龄所涉及的应收账款总额

图 7-33　计算各账龄所涉及的应收账款占应收账款总额的百分比

各账龄所涉及的应收账款占应收账款总额的百分比

7.4.2 计算应收账款坏账准备的金额

企业赊销虽然可以促进销售，消化库存，但也会发生各种成本，例如应收账款机会成本、管理成本和坏账成本等，其中坏账是应收账款带来的最大损失，必须加以重视。

我国现行会计制度要求企业应当于每年年度终了，对应收账款进行全面检查，预计各项应收账款可能发生的坏账准备，对预计不能收回的应收款项，应当计提坏账准备。企业计提坏账准备的方法由企业自行确定，常用计提坏账准备的方法是账龄分析法。

采用账龄分析法计提坏账准备时，将不同账龄的应收账款进行分组，将应收账款拖欠时间（逾期天数，也就是账龄）分为若干区间，计算各个区间上应收账款的金额，并为每一个区间估计一个坏账损失百分比；然后，用各区间上的应收账款金额乘以该区间的坏账损失百分比，估计各个区间上的坏账损失；最后，将各区间上的坏账损失估计求和，即为坏账损失的估计总额。采用这种方法，可使坏账损失的计算结果更符合客观情况。

1. 估计坏账准备比例

坏账率就是坏账额占应收账款总额的比例，其计算公式为：

坏账率=年坏账额÷年应收账款总额

我国《企业会计制度》在坏账准备计提比例方面给予企业较大的自主权，主要表现在：一是计提比例不限；二是对不能够收回或收回的可能性不大的应收账款可以全额计提坏账准备。在实际工作中，企业估计坏账准备比例时可以考虑以下因素。

（1）函证情况，每次函证发出后，对方是否及时、准确地回函。

（2）历史上应收款项收回的情况，包括收回时间和归还应收账款是否呈现周期性。

（3）债务单位历史上是否存在无法支付的情况。

（4）某一债务单位近期内是否有不良记录。

（5）债务单位目前发生的财务困难与过去已发生的财务困难是否存在类似的情形。

（6）债务单位的债务状况是否有好转的可能性，包括债务单位的产品开发，现有产品的销售、回款，市场需求及资产质量状况，是否呈现出好转态势等。

（7）债务单位所处的经济、政治和法制环境。

（8）债务单位的内部控制、财务、生产、技术管理等情况，以及其他有利于判断可收回性的情况。

账龄分析法下，通常账龄越长，发生坏账的可能性越大，估计的坏账准备的比例就越高。假设宏达公司根据历史经验估计，未到期的应收账款发生坏账的可能性是 0%，逾期 0～30 天的应收账款发生坏账的可能性约为 1%，逾期 30～60 天的应收账款发生坏账的可能性约为 3%，逾期 60～90 天的应收账款发生坏账的可能性约为 6%，逾期 90 天以上的应收账款发生坏账的可能性约为 10%，将估计的坏账准备比例分别输入 D4～D8 单元格，如图 7-34 所示。

2. 计算坏账准备金额

单击 E3 单元格，输入"坏账准备金额"。单击 E4 单元格，输入公式"=B4*D4"，按 Enter 键确认。

将 E4 单元格的公式复制到该列的其他单元格中（E5:E8 单元格区域），则可计算各账龄所涉及应收账款产生的坏账准备金额。单击 E9 单元格，输入公式"=SUM(E4:E8)"，按 Enter 键确认，计算坏账准备总额，如图 7-35 所示。

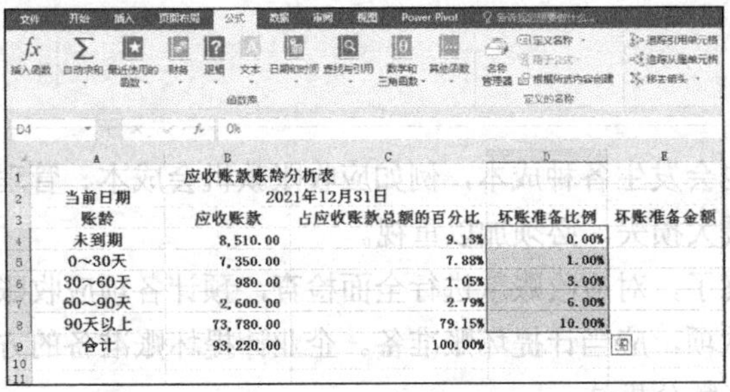

图 7-34　宏达公司估计的坏账准备比例 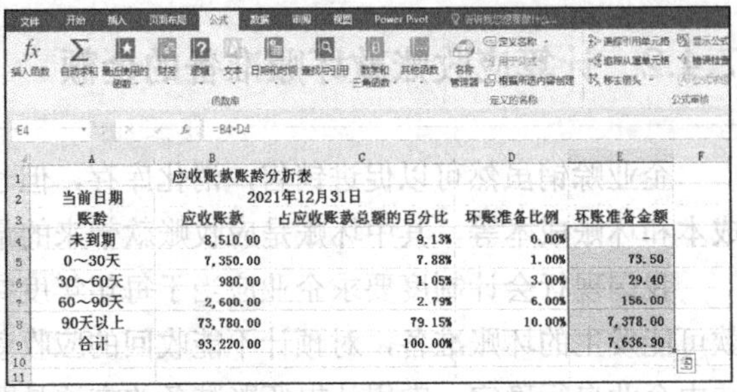　　　　图 7-35　计算坏账准备金额

由以上计算的坏账准备可以明显看出，宏达公司应收账款的坏账准备金额较高，主要原因是逾期 90 天以上的应收账款较多，且坏账发生的比例较高。但即便如此企业也不能放弃对逾期时间较长的应收账款的催收，而且还要加强对逾期 60～90 天及逾期 30～60 天的应收账款的催收工作，防止债务人继续拖欠款项，造成企业更多坏账损失的发生。

使用 Excel 进行应收账款管理的方法，同样可以应用于企业的应收票据管理甚至应付账款管理，本章不重复介绍。对于应收票据和应付账款的分析，可以参照前文进行操作，但需要注意，应收票据和应付账款不需要研究坏账准备的问题。

思考练习

一、填空题

1. 在对各债务人的应收账款金额进行汇总时，首先需要对原来按照应收账款发生时间先后排序的应收账款数据进行重新排序，选择_____选项卡中的_____命令，并选择"主要关键字"为_____，单击_____按钮，在出现的_____下拉列表框中选择_____，默认"排列依据"为"数值"，排列"次序"默认为"升序"。

2. 使用数据条对应收账款明细分类账的数据进行显示时，需要选择所需显示数据条的单元格区域，选择_____选项卡中的_____命令，在展开的选项菜单中，选择数据条样式，即可使用数据条直观地展示各个债务人应收账款多少。

3. 判断现有应收账款是否到期，常用_____函数编辑公式，快速生成判断结果。

二、简答题

1. 为什么需要对应收账款进行重点管理？

2. 如何使用 Excel 对现有债务人所欠款项进行统计？

3. 如何使用 Excel 的函数或图表分析现有债务人所欠款项？

4. 什么是应收账款账龄？分析应收账款账龄有何意义？

5. 如何利用已知账龄结果快捷计算坏账准备？

三、上机操作题

裕泰公司 2021 年 11 月 30 日的应收账款资料如表 7-1 所示。

表 7-1　　　　　　　　　　　　　　　　　应收账款概况

赊销日期	债务人名称	应收金额（元）	付款期限（天）
2021 年 1 月 8 日	红光公司	30 000	50
2021 年 2 月 18 日	蓝天公司	500 000	40

赊销日期	债务人名称	应收金额（元）	付款期限（天）
2021 年 3 月 6 日	胜利公司	20 000	30
2021 年 4 月 20 日	永安公司	100 000	40
2021 年 5 月 11 日	蓝天公司	12 000	35
2021 年 6 月 4 日	永安公司	30 000	30
2021 年 7 月 23 日	胜利公司	15 000	30
2021 年 8 月 15 日	红光公司	58 000	30
2021 年 10 月 17 日	蓝天公司	16 000	30
2021 年 11 月 5 日	永安公司	40 000	25

要求：

（1）分别计算各应收账款到期日；

（2）汇总统计各债务人所欠裕泰公司的欠款总额，并建立饼图分析各债务人所占比重；

（3）计算各应收账款是否到期及未到期金额，并计算逾期天数；

（4）建立应收账款账龄分析表；

（5）根据未到期的应收账款发生坏账的可能性是 0%，逾期 0～30 天的应收账款发生坏账的可能性约为 2%，逾期 30～60 天的应收账款发生坏账的可能性约为 5%，逾期 60～90 天的应收账款发生坏账的可能性约为 8%，逾期 90 天以上的应收账款发生坏账的可能性约为 10%，分别计算各账龄所涉及应收账款的坏账准备金额。

第8章 | Excel 在固定资产管理中的应用

本章的学习目标

- 掌握如何利用 Excel 建立并登记固定资产卡片账
- 掌握如何利用 Excel 计算固定资产的累计折旧
- 掌握如何利用 Excel 计算固定资产的账面价值

通过本章的学习，读者应了解并掌握利用 Excel 对企业拥有或控制的固定资产进行管理的具体方法。

8.1 | 固定资产概述

8.1.1 固定资产的概念

固定资产，是指同时具有下列特征的有形资产：首先，为生产商品、提供劳务、出租或经营管理而持有；其次，使用寿命超过一个会计年度。使用寿命，是指企业使用固定资产的预计期间，或者该固定资产所能生产产品或提供劳务的数量。基于重要性原则，如果某资产同时满足上述两个条件但单位价值偏低，也只能确认为低值易耗品而非固定资产，故此，固定资产还有一个隐含特点就是单位价值较高。

企业固定资产种类很多，根据不同的分类标准，可以分成不同的类别。企业应当选择适当的分类标准对固定资产进行分类，以满足经营管理的需要。

（1）固定资产按经济用途分类，可以分为生产用固定资产和非生产用固定资产。生产用固定资产指的是直接服务于企业生产经营过程的固定资产。非生产用固定资产指的是不直接服务于企业生产经营过程的固定资产。

固定资产按经济用途分类，可以分类反映企业生产经营用固定资产和非生产经营用固定资产之间的组成变化情况，借以考核和分析企业固定资产管理和利用情况，从而促进固定资产的合理配置，充分发挥其效用。

（2）固定资产按使用情况分类，可分为使用中的固定资产、未使用的固定资产和不需用的固定资产。使用中的固定资产指的是正在使用的经营性和非经营性固定资产。由于季节性经营或修理等原因，暂时停止使用的固定资产仍属于企业使用中的固定资产；企业出租给其他单位使用的固定资产及内部替换使用的固定资产，也属于使用中的固定资产。未使用的固定资产指的是已完工或已购建的尚未交付使用的固定资产，以及因进行改建、扩建等原因停止使用的固定资产，如企业购建的尚待安装的固定资产、经营任务变更停止使用的固定资产等。不需用的固定资产指的是本企业多余或不适用，需要调配处理的固定资产。

固定资产按使用情况进行分类，有利于企业掌握固定资产的使用情况，便于比较分析固定资产的利用效率，挖掘固定资产的使用潜力，促进固定资产的合理使用，同时也便于企业准确合理地计提固定资产折旧。

（3）固定资产按所有权进行分类，可分为自有固定资产和租入固定资产。自有固定资产指的是企业拥有的可供企业自由支配使用的固定资产，租入固定资产指的是企业采用租赁方式从其他单位租入的固定资产。

（4）固定资产按经济用途和使用情况进行综合分类，可分为生产经营用固定资产、非生产经营用固定资产、租出固定资产、不需用固定资产、未使用固定资产、土地和融资租入固定资产。

由于企业的经营性质不同，经营规模有大有小，对于固定资产的分类可以有不同的分类方法，企业可以根据自己的实际情况和经营管理、会计核算的需要进行分类。

8.1.2 对固定资产进行单独管理的必要性

固定资产由于其特殊性，在企业资产管理中处于举足轻重的地位。一般而言，其重要性体现在以下几个方面。

1. 固定资产是生产资料，是物质生产的基础

固定资产属于生产资料，生产资料是劳动者用以影响或改变劳动对象的性能或形态的物质资料，如机器设备、厂房和运输工具等。生产资料是物质生产的基础，在企业经济活动中处于十分重要的地位。

2. 固定资产单位价值高，所占资金比重大

与流动资产相比，固定资产的购置或取得，通常要花费较大的代价。在绝大多数企业中，固定资产所占的资金在其资金总额中占有较大的比重，是企业家底的"大头"。由于经济价值大的特点，固定资产对企业财务状况的反映也有很大影响，任何固定资产计价或记录错误，都有可能在较大程度上改变企业真实的财务状况。

3. 固定资产的折旧计提对成本费用的影响较大

固定资产在使用过程中，它们的价值应以折旧的形式逐渐转移到产品或服务成本中去。由于固定资产的价值较大，即使其折旧计提几乎贯穿整个使用期间，在某一会计期间计入产品或服务成本中的折旧额依然较大，所以，固定资产的折旧计提方法是否合适、折旧额的计算是否正确，将在很大程度上影响当期的成本费用水平及固定资产的净值。

4. 固定资产管理工作的难度较大，问题较多

由于企业的固定资产种类多、数量大、使用分散并且使用期限较长，所以在使用和管理中容易发生被遗忘、遗失、损坏或被盗等事件。

8.2 固定资产卡片账的管理

8.2.1 固定资产卡片账的建立

在我国的会计实务中，企业对固定资产在日常核算时常采用卡片账形式。严格地说，卡片账也是一种明细活页账，只不过它不是装在活页账夹中，而是装在卡片箱内。在卡片账上详细登记固定资产的相关信息。卡片账有助于对固定资产进行独立的、详尽的记录，帮助企业加强对固定资产的

管理。但是，纸质卡片账也存在记录和保存不便的问题，通过 Excel 对固定资产取得的信息进行记录、查询、修改和删除，比纸质卡片账更加准确、快捷、方便，保管更加安全。

1. 建立固定资产管理工作表

打开"第 9 章.xlsx"工作簿，将鼠标指针移至左下方 Sheet1 处，单击鼠标右键，在弹出的快捷菜单中选择"重命名"命令，如图 8-1 所示，输入"固定资产管理"。

2. 登记固定资产的相关信息

固定资产一般登记以下信息。

（1）购置日期。

（2）资产类别，该部分是固定资产管理的重要分类依据。固定资产基本分为 5 个类别：土地、建筑物、机器设备、办公设备及其他设备。

（3）资产名称。

（4）增加方式。

（5）单位。

（6）数量。

（7）初始购置成本。

（8）金额合计。

（9）使用年限。

（10）预计净残值。

（11）本期计提折旧。

（12）累计折旧。

（13）账面价值。

（14）处置时间。

（15）处置净损益。

图 8-1　修改 Excel 工作表的名称

登记固定资产的相关明细信息。选择 A1 单元格，输入"购置日期"。将列调整为合适的宽度，并将该列单元格的格式调整为日期格式。选择 B1 单元格，输入"资产类别"。选择 C1 单元格，输入"资产名称"。使用相同的方法，登记固定资产的其他信息。在具体实务处理中，为了使固定资产管理更加完善，可以根据实际情况添加明细资料，如图 8-2 和图 8-3 所示。

购置日期	资产类别	资产名称	增加方式	单位	数量	初始购置成本	金额合计	使用年限

图 8-2　输入固定资产详细信息（1）

图 8-3　输入固定资产详细信息（2）

3. 保证输入固定资产相关信息的方便和有效

为了方便数据的输入并防止出错，在"增加方式"列设置有效性控制。选中 D2 单元格，在"数据"选项卡的"数据工具"组中，单击"数据验证"按钮（Excel 2016 以"数据验证"替代 Excel 2010 的"数据有效性"，但基本功能一致），在打开的对话框中单击"允许"下拉按钮，选择"序列"选项，如图 8-4 所示。在"来源"选项中设置固定资产增加方式："在建工程转入,投资者投入,直接购入,部门调拨,捐赠"（注意，输入增加方式的具体内容时，以英文模式下的","进行分隔，不可以采用中文模式下的","进行分隔，否则无法按照序列显示具体的增加方式），如图 8-5 所示。单击"确定"按钮后，将 D2 单元格的有效性控制复制到 D 列的其他单元格。

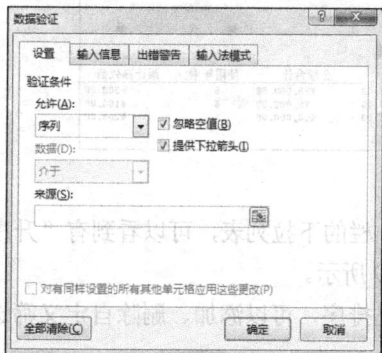

图 8-4　"数据验证"对话框

图 8-5　输入固定资产增加方式

设置固定资产增加方式的数据验证

输入现有固定资产的具体信息，输入结果如图 8-6 所示。

购置日期	资产类别	资产名称	增加方式	单位	数量	初始购置成本	金额合计	使用年限	预计净残值
2017年6月20日	办公设备	计算机	直接购入	台	5	¥5,000.00	¥25,000.00	5	¥300.00
2018年12月31日	办公设备	激光打印机	直接购入	台	3	¥3,000.00	¥9,000.00	5	¥100.00
2019年12月31日	办公设备	复印机	直接购入	台	2	¥25,000.00	¥50,000.00	5	¥200.00

图 8-6　输入现有固定资产的具体信息

8.2.2　固定资产卡片账的查询

当企业拥有的固定资产登记完毕后，为了方便查找某一项固定资产，利用 Excel 提供的自动筛选命令，建立固定资产查询功能。自动筛选命令为用户提供了在具有大量记录的数据清单中快速查找符合某种条件记录的功能。使用自动筛选命令筛选记录时，字段名称将变成一个下拉列表的名称。下面演示针对现有固定资产进行查找、筛选的操作步骤。首先选中 A1 单元格，然后在"开始"选项卡的"编辑"组中，单击"排序和筛选"按钮，选择"筛选"命令，如图 8-7 所示。

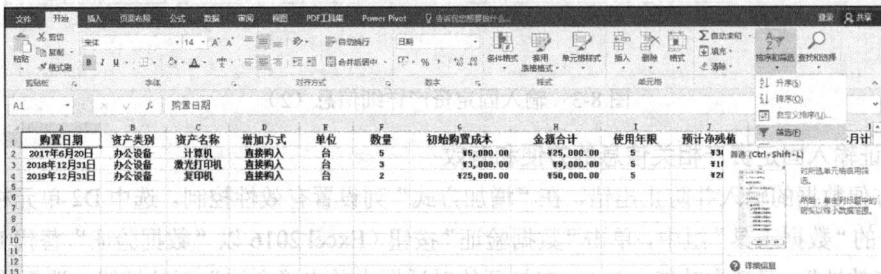

图 8-7 "筛选"命令

执行该命令后，系统在"购置日期"等栏显示筛选按钮 ▾，如图 8-8 所示。

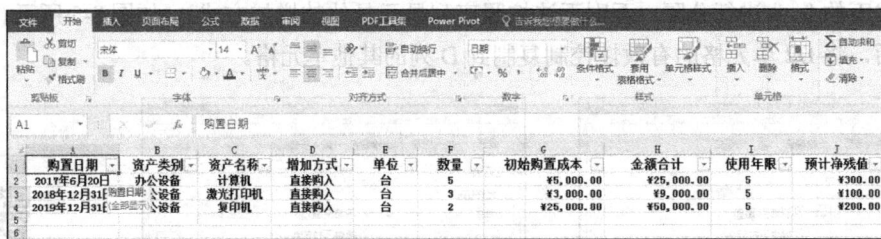

图 8-8 出现筛选按钮

单击筛选按钮 ▾，弹出查询方式的下拉列表，单击任意一栏的下拉列表，可以看到有"升序""降序""按颜色排序""日期筛选"等数据查询方式，如图 8-9 所示。

Excel 2016 筛选功能中的"按颜色排序"实质就是自定义排序，可以添加、删除自定义筛选条件，筛选方式更为灵活。

在图 8-9 中选择"按颜色排序"|"自定义排序"命令，打开"排序"对话框，如图 8-10 所示。

图 8-9 弹出查询方式下拉列表

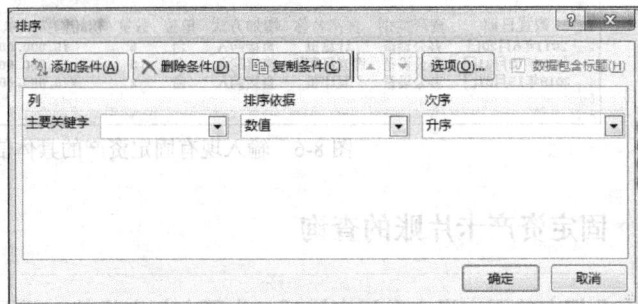

图 8-10 "排序"对话框

下面以现有的固定资产资料为例，介绍自定义筛选的查询方式。假设需要查询 2018—2019 年购置的固定资产。首先将光标移至 A1 栏，单击 A1 单元格，在"开始"选项卡的"编辑"组中，单击"排序和筛选"按钮，选择"筛选"命令，A1、B1 等各单元格均显示筛选按钮，再单击 A1 单元格的筛选按钮，选择"日期筛选"，在"日期筛选"项目中取消选中"2017 年"，如图 8-11 所示。设置完毕后，单击"确定"按钮开始执行筛选命令。

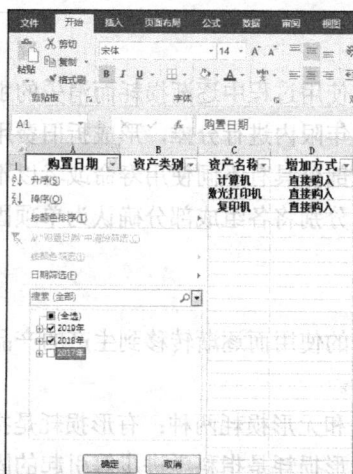

图 8-11　确定筛选条件

当返回固定资产管理工作表后，可以看到显示的固定资产数据已经是所需查询的 2018—2019 年的数据，显示结果如图 8-12 所示。

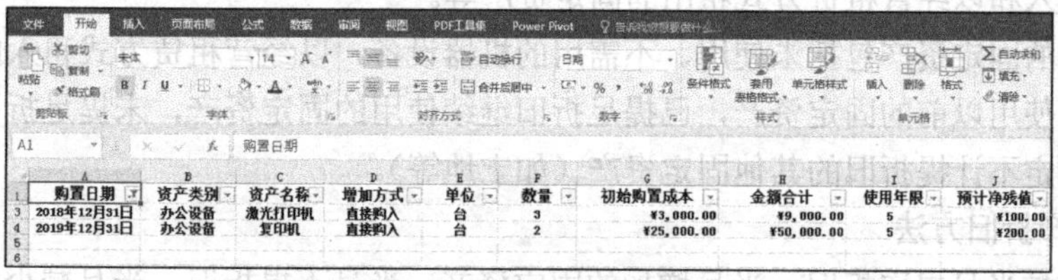

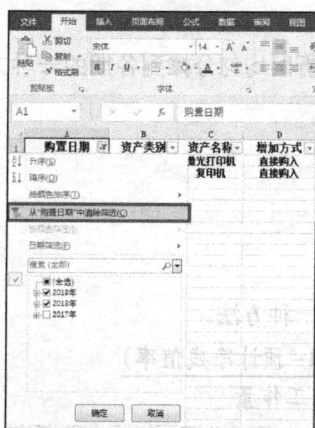

图 8-12　显示筛选后的数据

如果需要还原为"显示全部数据"，只需要单击筛选按钮，选择"从'购置日期'中清除筛选"命令，如图 8-13 所示，即可显示现有的全部数据。

图 8-13　取消筛选的数据

对现有固定资产
进行筛选

8.3 固定资产折旧的计提

8.3.1 计提固定资产折旧

1. 固定资产折旧概述

固定资产折旧是指固定资产在使用过程中逐渐损耗而消失的那部分价值。固定资产损耗的这部分价值应当在固定资产的有效使用年限内进行分摊，形成折旧费用并计入各期成本。根据企业会计准则相关规定：固定资产的各组成部分具有不同使用寿命或者以不同方式为企业提供经济利益，适用不同折旧率或折旧方法的，应当分别将各组成部分确认为单项固定资产。故此，折旧的计提还有助于单项固定资产的划分。

（1）固定资产折旧的性质

固定资产的价值随着固定资产的使用而逐渐转移到生产的产品中或构成费用，然后通过产品（商品）的销售，收回货款，得到补偿。

固定资产的损耗分为有形损耗和无形损耗两种：有形损耗是指固定资产使用和自然力的影响而引起的使用价值和价值的损失，无形损耗是指科学进步等引起的固定资产的价值损失。

（2）计提折旧的范围

企业在用的固定资产（包括经营用固定资产、非经营用固定资产、租出固定资产等）一般均应计提折旧，包括房屋和建筑物，在用的机器设备、仪器仪表、运输工具，季节性停用、大修理停用的设备，融资租入和以经营租赁方式租出的固定资产等。

不计提折旧的固定资产包括未使用、不需用的机器设备，以经营租赁方式租入的固定资产，在建工程项目交付使用以前的固定资产，已提足折旧继续使用的固定资产，未提足折旧提前报废的固定资产，国家规定不计提折旧的其他固定资产（如土地等）。

2. 固定资产折旧方法

企业一般应按当月提取折旧：当月增加的固定资产，当月不提折旧；当月减少的固定资产，当月照提折旧。

提足折旧是指已经提足该项固定资产的应提折旧总额。应提折旧总额为固定资产原价减去预计残值。

（1）年限平均法

年限平均法又称直线法，是将固定资产的折旧均匀分摊到各期的一种方法。

$$年折旧率 = \frac{1-预计净残值率}{预计使用年限} \times 100\%$$

$$月折旧率 = 年折旧率 \div 12$$

$$月折旧额 = 固定资产原值 \times 月折旧率$$

（2）工作量法

工作量法是根据实际工作量计提折旧额的一种方法。

$$每一工作量折旧额 = \frac{固定资产原值 \times (1-预计净残值率)}{预计总工作量}$$

$$某项固定资产月折旧额 = 该项固定资产当月工作量 \times 每一工作量折旧额$$

（3）双倍余额递减法

双倍余额递减法是在不考虑固定资产净残值的情况下，根据每期期初固定资产账面余额和双倍的直线法折旧率计算固定资产折旧的一种方法。

$$年折旧率 = \frac{2}{预计使用年限} \times 100\%$$

$$月折旧率 = 年折旧率 \div 12$$

$$月折旧额 = 固定资产账面净值 \times 月折旧率$$

实行双倍余额递减法计提折旧的固定资产，应当在其固定资产折旧年限到期以前两年内，将固定资产净值（扣除净残值）平均摊销。

（4）年数总和法

年数总和法又称合计年限法，是将固定资产的原值减去净残值后的净额乘以一个逐年递减的分数计算每年的折旧额的方法，这个分数的分子代表固定资产尚可使用的年数，分母代表使用年限的逐年数字总和。

$$年折旧率 = \frac{尚可使用的年数}{预计使用年限的年数总和}$$

或者：

$$年折旧率 = \frac{预计使用年限 - 已使用年限}{预计使用年限 \times (预计使用年限 + 1) \div 2}$$

$$月折旧率 = 年折旧率 \div 12$$

$$月折旧额 = (固定资产原值 - 预计净残值) \times 月折旧率$$

8.3.2 固定资产折旧函数

手工计算固定资产的折旧金额过程非常烦琐，但是，利用 Excel 中提供的函数可以自动生成固定资产折旧金额。具体处理折旧的函数有 7 个（常用的有 5 个），每个折旧函数都有不同的使用方式。

1. DB 函数

函数用途：DB 函数会返回利用固定余额递减法计算的一定日期内资产的折旧金额。

使用语法：

DB(cost,salvage,life,period,month)

参数说明如下。

（1）cost：固定资产的初始购置成本。

（2）salvage：固定资产的残值（预计残值）。

（3）life：固定资产的使用年限。

（4）period：需要计算折旧的期次，使用时 period 必须与 life 使用相同的衡量单位。

（5）month：第一年的月份数，如果省略，则假定其值为 12。

用法说明：固定余额递减法为在一固定比率下计算折旧的方法。DB 函数运用下列公式来计算折旧：(cost-上一期总折旧值)*比率。其中，比率=1-((salvage/cost)^(1/life))，计算时四舍五入至小数第 3 位。对于第一期的折旧和最后一期的折旧，必须使用特别的计算方式。对第一期而言，DB 函数使用运算公式：cost*比率*month/12。对最后一期而言，DB 函数使用公式：((cost-前几期折旧值总和)*比率*(12-month))/12。

2. DDB 函数

函数用途：DDB 函数返回指定固定资产在指定日期内按加倍余额递减法或其他指定方法计算所得的折旧金额。

使用语法：

DDB(cost, salvage, life, period, factor)

参数说明如下。

（1）cost：固定资产的初始购置成本。

（2）salvage：固定资产的残值（预计残值）。

（3）life：固定资产的使用年限。

（4）period：要计算折旧的期次。使用时，period 必须与 life 使用相同的衡量单位。

（5）factor：此参数用来指定余额递减的速率。如果该参数被省略，其假定值是 2（采用双倍余额递减法）。

3. SLN 函数

函数用途：SLN 函数返回指定固定资产使用直线折旧法计算出的每期折旧金额。

使用语法：

SLN(cost, salvage, life)

参数说明如下。

（1）cost：固定资产的初始购置成本。

（2）salvage：固定资产的残值（预计残值）。

（3）life：固定资产的使用年限。

4. SYD 函数

函数用途：SYD 函数返回指定固定资产在某段日期内按年数合计法计算出的每期折旧金额。

使用语法：

SYD(cost, salvage, life, per)

参数说明如下。

（1）cost：固定资产的初始购置成本。

（2）salvage：固定资产的残值（预计残值）。

（3）life：固定资产的使用年限。

（4）per：要计算的某段时期。per 必须与 life 自变量采用相同的衡量单位。

5. VDB 函数

函数用途：VDB 函数返回指定固定资产在某一时段的折旧金额，使用双倍余额递减法计算折旧。VDB 函数采用的是变量余额递减折旧法。

使用语法：

VDB(cost, salvage, life, start-period, end-period, factor, no-switch)

参数说明如下。

（1）cost：固定资产的初始购置成本。

（2）salvage：固定资产的残值（预计残值）。

（3）life：固定资产的使用年限。

（4）start-period：此参数用来指定折旧数额的计算从第几期开始。该参数必须与 life 自变量采用相同的衡量单位。

（5）end-period：此参数用来指定折旧数额的计算要算到第几期为止。该参数必须与 life 自变量采用相同的衡量单位。

（6）factor：余额递减的速率。如果省略，则使用默认值 2（采用倍率递减法）。

（7）no-switch：此参数是一个逻辑值参数，用于判断是否要在折旧数额大于递减余额法算出的数额时将折旧数额切换成直线法的折旧数额。

6. AMORDEGRC 函数（略）

7. AMORLINC 函数（略）

8.3.3 固定资产折旧函数应用举例

对于固定资产管理而言，折旧费用的计提尤其重要，一般采用常用的折旧方法，即前文所述的 5 种主要方法。在本小节使用双倍余额递减法作为折旧方法。

【例 8-1】某固定资产的初始取得成本为 50 000 元，预计净残值率为 5%，预计使用年限为 6 年，采用双倍余额递减法计提折旧，计算此固定资产第一年的折旧额。计算过程如下。

首先打开 Excel 工作簿，将鼠标指针移至左下方 Sheet2 处，右击，在弹出的快捷菜单中选择"重命名"命令，输入"固定资产计提折旧演示"，在该工作表中进行演示。

① 单击 A1 单元格之后，单击 fx 按钮，如图 8-14 所示。

② 在打开的"插入函数"对话框中单击"或选择类别"下拉按钮▼，在弹出的下拉列表中选择"财务"选项，在出现的财务函数中选择 DDB 函数，如图 8-15 所示。

③ 按要求输入 DDB 函数的参数：固定资产原值（Cost）=

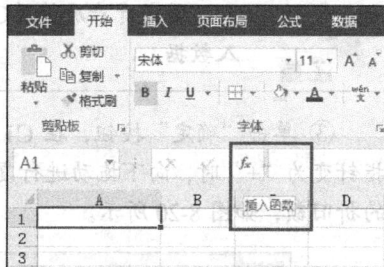

图 8-14　插入函数

50000、固定资产预计残值（Salvage）=50000*0.05、预计使用年限（Life）=6、计算折旧的期次（Period）=1，如图 8-16 所示。

图 8-15　选择折旧函数

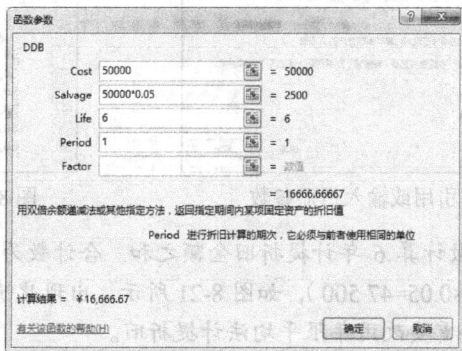

图 8-16　输入按照年份计提折旧的参数

DDB 函数计提第一年折旧

使用时，Period 必须与 Life 使用相同的衡量单位，该例题中均为年。

单击"确定"按钮，计算的折旧值出现在 A1 单元格中，如图 8-17 所示。

【例 8-2】承【例 8-1】，如果需要计算第一年至第六年所有的折旧金额，具体操作步骤如下。

① 分别单击 A1 至 A6 单元格，并输入需要计提折旧的固定资产原值 50 000 元。分别单击 B1 至 B6 单元格，并分别输入需要计提折旧的期次，输入结果如图 8-18 所示。

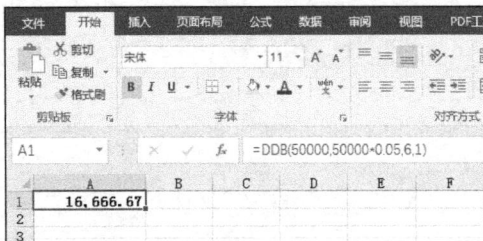

图 8-17　显示第一年折旧数据　　　　　　　图 8-18　输入需要计提折旧的固定资产原值和期次

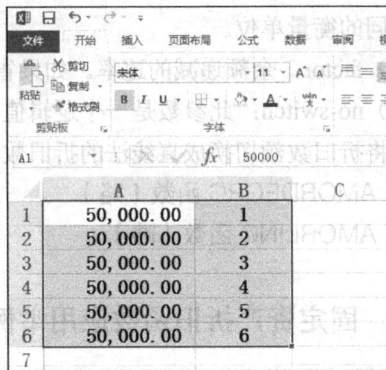

② 单击 C1 单元格，根据以上 DDB 函数的输入方法，引用 A1 和 B1 单元格的数据，完成函数内容的填制，如图 8-19 所示。

> **注意**　固定资产原值（Cost）和进行折旧计算的期次（Period）必须为引用，不得直接输入数据。

③ 单击"确定"按钮，在 C1 单元格生成第一年折旧数据，将指针移至 C1 单元格右下方，当指针变为"+"时，向下拖动进行复制，复制至 C6 单元格，C1 至 C6 单元格则显示第 1 年至第 6 年的折旧额，如图 8-20 所示。

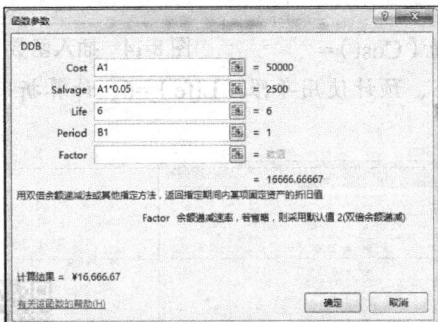

图 8-19　引用或输入折旧参数　　　　　　　图 8-20　产生全部的折旧数据

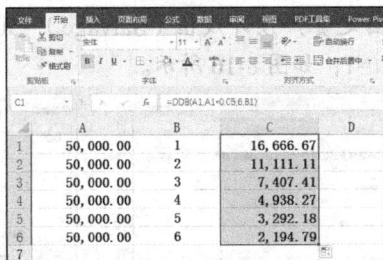

④ 利用 SUM 函数计算 6 年计提折旧金额之和。合计数为 45 610.43，不等于固定资产的原值-净残值（50 000-50 000×0.05=47 500），如图 8-21 所示。出现此情况的原因在于，采用双倍余额递减法计算折旧，最后两年需要改用年限平均法计提折旧。

双倍余额递减法
计提各年折旧

图 8-21　计算各年折旧金额之和

⑤ 单击 C5 和 C6 单元格，删除错误的折旧金额。单击 f_x 按钮，打开"插入函数"对话框，单击"或选择类别"下拉按钮 ，在弹出的下拉列表中选择"财务"选项，在出现的财务函数中选择 SLN 函数。在 Cost 参数中输入固定资产在计提了前 4 年折旧之后的剩余账面价值（50 000-40 123.46）。在 Salvage 参数中输入固定资产的净残值（50 000*0.05=2 500）。在 Life 参数中输入固定资产的剩余使用年限 2 年，如图 8-22 所示。

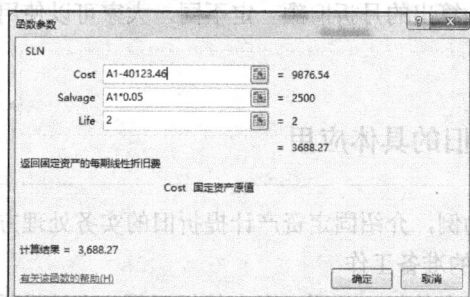

图 8-22　转为年限平均法需要填制的数据

⑥ 单击"确定"按钮后，固定资产在第 5 年需要计提的折旧额为 3 688.27，将该单元格数值复制至 C6 单元格。利用 SUM 函数计算 6 年计提折旧金额之和，合计数为 47 500，等于固定资产的原值-净残值（50 000-50 000*0.05= 47 500），说明折旧金额计算正确，如图 8-23 所示。

图 8-23　修改后的各年折旧金额之和

计算每一年各月
折旧数据

【例 8-3】承【例 8-2】，如果需要计算第一年第一个月的折旧金额，具体操作步骤如下。

单击 E1 单元格，单击 f_x 按钮，打开"插入函数"对话框，单击"或选择类别"下拉按钮 ，在弹出的下拉列表中选择"财务"选项，在出现的财务函数中选择 DDB 函数，按要求设置 DDB 函数的参数：固定资产原值（Cost）=50000、固定资产预计残值（Salvage）=50000*0.05、预计使用总月份（Life）=(6*12=72)、计算折旧的期次（Period）=1，如图 8-24 所示。

单击"确定"按钮后，要计算的折旧值显示在 E1 单元中，如图 8-25 所示。

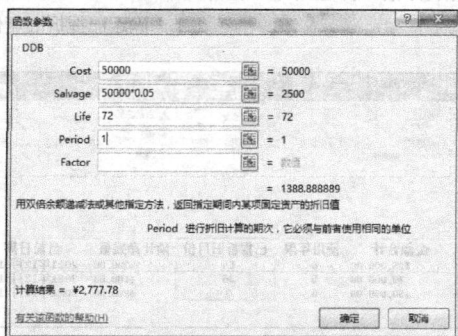

图 8-24　输入按照月份计提的折旧参数

图 8-25　显示第一年第一个月的折旧数据

注意

Period 参数必须与 Life 参数使用相同的衡量单位，该例题均为月。

当然也可以直接使用每一年折旧额除以 12 来简化计算月折旧额。但是这与依据 72 个月的折旧期限、按照双倍余额递减法计算出的月折旧额一定不同，大家可以使用 DDB 函数自己设计公式验证该结果。

8.3.4 固定资产计提折旧的具体应用

以现有的固定资产资料为例，介绍固定资产计提折旧的实务处理方法。

1. 固定资产计提折旧前的准备工作

为了正确、方便地计提现有的每一项固定资产的折旧额，在计提折旧前，需要根据当前的日期先计算每一固定资产已经计提折旧的月份、年份。如果固定资产是依据工作量法计提折旧的，需要输入相关工作量。本小节固定资产具体资料来自 8.2.1 小节并对相关各项固定资产的取得时间进行了调整。

（1）打开“固定资产管理”工作表，建立该工作表副本，选中 K 列，在“开始”选项卡的“单元格”组中单击“插入”下拉列表框，在该下拉列表框中选择“插入单元格”命令，插入“当前日期”列，如图 8-26 所示。假设当前日期为 2021 年 12 月 31 日。

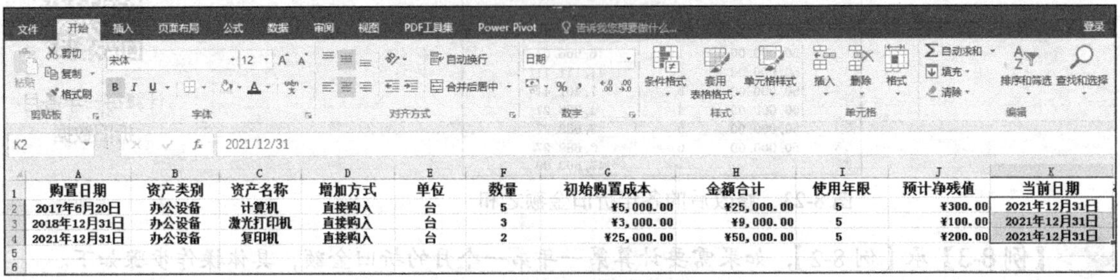

购置日期	资产类别	资产名称	增加方式	单位	数量	初始购置成本	金额合计	使用年限	预计净残值	当前日期
2017年6月20日	办公设备	计算机	直接购入	台	5	¥5,000.00	¥25,000.00	5	¥300.00	2021年12月31日
2018年12月31日	办公设备	激光打印机	直接购入	台	3	¥3,000.00	¥9,000.00	5	¥100.00	2021年12月31日
2021年12月31日	办公设备	复印机	直接购入	台	2	¥25,000.00	¥50,000.00	5	¥200.00	2021年12月31日

图 8-26 确定当前日期

（2）选中 J 列，按照上述程序，插入“已提折旧月份”列。单击 J2 单元格，设置单元格公式为“=INT(DAYS360(A2,L2)/30)”，并将此公式复制到 J 列的其他单元格，在相关单元格显示出具体的已提折旧月份，如图 8-27 所示。在操作时，注意必须将“购置日期”列和“当前日期”列单元格的格式设置为“日期”格式。

确定已提折旧年份

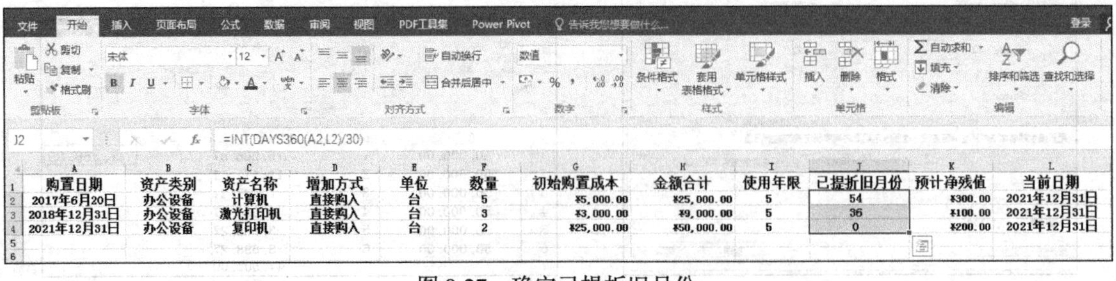

购置日期	资产类别	资产名称	增加方式	单位	数量	初始购置成本	金额合计	使用年限	已提折旧月份	预计净残值	当前日期
2017年6月20日	办公设备	计算机	直接购入	台	5	¥5,000.00	¥25,000.00	5	54	¥300.00	2021年12月31日
2018年12月31日	办公设备	激光打印机	直接购入	台	3	¥3,000.00	¥9,000.00	5	36	¥100.00	2021年12月31日
2021年12月31日	办公设备	复印机	直接购入	台	2	¥25,000.00	¥50,000.00	5	0	¥200.00	2021年12月31日

图 8-27 确定已提折旧月份

函数 DAYS360(A2,L2)用于计算从固定资产购置日期（认定为固定资产使用日期）开始，到当前日期的天数（如果每月按 30 天计算）。函数 DAYS360(A2,L2)/30 用于计算从固定资产使用日期开始到当前日期的月份数，如果该数据不是整数，则在其前面加一条取整函数 INT。

确定已提折旧月份

（3）选中 K 列，按照上述程序，插入“已提折旧年份”列。单击 K2 单元格，设置单元格公式为“=INT(J2/12)”，并将此公式复制到 K 列的其他单元格，在相关单元格显示出具体的已提折旧年份，如图 8-28 所示。

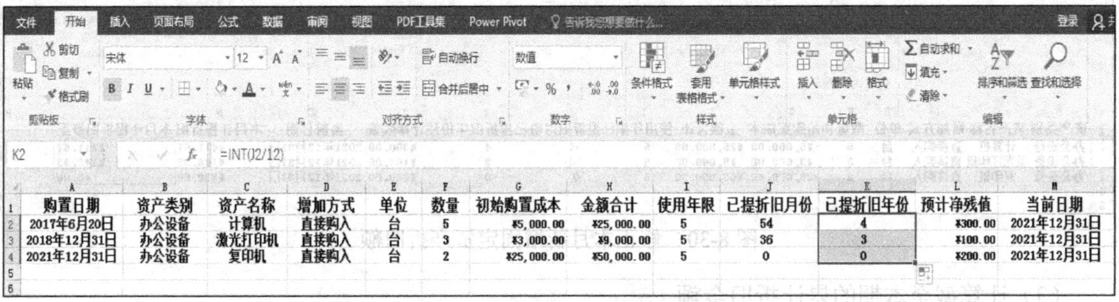
K2 =INT(J2/12)

	A	B	C	D	E	F	G	H	I	J	K	L	M
1	购置日期	资产类别	资产名称	增加方式	单位	数量	初始购置成本	金额合计	使用年限	已提折旧月份	已提折旧年份	预计净残值	当前日期
2	2017年6月20日	办公设备	计算机	直接购入	台	5	¥5,000.00	¥25,000.00	5	54	4	¥300.00	2021年12月31日
3	2018年12月31日	办公设备	激光打印机	直接购入	台	3	¥3,000.00	¥9,000.00	5	36	3	¥100.00	2021年12月31日
4	2021年12月31日	办公设备	复印机	直接购入	台	2	¥25,000.00	¥50,000.00	5	0	0	¥200.00	2021年12月31日

图 8-28　确定已提折旧年份

2. 计提固定资产折旧

在计提固定资产折旧时：第一，需要确定固定资产计提折旧的方法（本例选择年限平均法计提折旧）；第二，需要考虑当月新增固定资产当月不提折旧；第三，需要考虑折旧已经计提完毕仍继续使用的固定资产不应再计提折旧；第四，需要考虑各种情况导致最后一个月计提折旧时，可能会出现固定资产的剩余价值小于按正常公式计算的折旧额，这时的折旧额应为固定资产的剩余价值。

具体操作步骤如下。

（1）计算本月计提折旧金额

根据前文列示，N 列将反映当月计提的折旧金额。单击 N1 单元格，输入“本月计提折旧”。单击 N2 单元格，设置单元格公式为“=SLN(H2,L2,I2*12)”，并将此公式复制到 N 列的其他单元格，在相关单元格显示本月各固定资产具体应计提的折旧额，效果如图 8-29 所示。

确定本月计提折旧金额

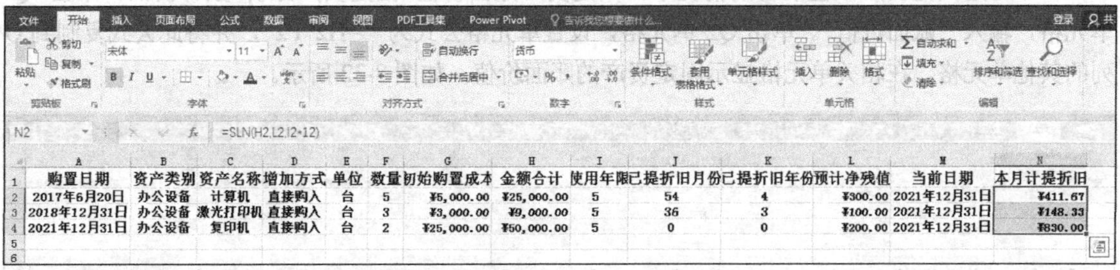
N2 =SLN(H2,L2,I2*12)

	A	B	C	D	E	F	G	H	I	J	K	L	M	N
1	购置日期	资产类别	资产名称	增加方式	单位	数量	初始购置成本	金额合计	使用年限	已提折旧月份	已提折旧年份	预计净残值	当前日期	本月计提折旧
2	2017年6月20日	办公设备	计算机	直接购入	台	5	¥5,000.00	¥25,000.00	5	54	4	¥300.00	2021年12月31日	¥411.67
3	2018年12月31日	办公设备	激光打印机	直接购入	台	3	¥3,000.00	¥9,000.00	5	36	3	¥100.00	2021年12月31日	¥148.33
4	2021年12月31日	办公设备	复印机	直接购入	台	2	¥25,000.00	¥50,000.00	5	0	0	¥200.00	2021年12月31日	¥830.00

图 8-29　确定本月计提折旧金额

（2）调整本月新增固定资产折旧

从图 8-29 可以看出，第 4 行的资产“复印机”属于本月新增固定资产，本月不应计提折旧，但也出现了当月折旧“¥830.00”。考虑到这种情况，将 N 列数据在 O 列进行修正。

单击 O1 单元格，输入“本月计提折旧修正”。单击 O2 单元格，设置单元格公式为“=IF(J2=0,0,N2)”，并将此公式复制到 O 列的其他单元格。此公式的含义为：如果“已提折旧月份”为 0（为当月新增固定资产），则该项固定资产的月折旧额为 0，否则为原月折旧额。经过修正后，可以看出当月新增固定资产的折旧已经显示为“¥0.00”，如图 8-30 所示。

修正后的本月计提折旧金额

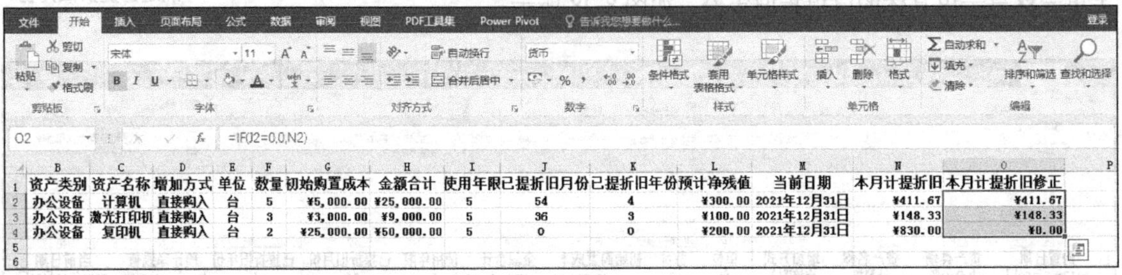

O2 =IF(J2=0,0,N2)

资产类别	资产名称	增加方式	单位	数量	初始购置成本	金额合计	使用年限	已提折旧月份	已提折旧年份	预计净残值	当前日期	本月计提折旧	本月计提折旧修正
办公设备	计算机	直接购入	台	5	¥5,000.00	¥25,000.00	5	54	4	¥300.00	2021年12月31日	¥411.67	¥411.67
办公设备	激光打印机	直接购入	台	3	¥3,000.00	¥9,000.00	5	36	3	¥100.00	2021年12月31日	¥148.33	¥148.33
办公设备	复印机	直接购入	台	2	¥25,000.00	¥50,000.00	5	0	0	¥200.00	2021年12月31日	¥830.00	¥0.00

图 8-30　修正本月新增固定资产折旧额

（3）计算截至本期的累计折旧金额

由于本例中规定的累计折旧的计提方法为年限平均法，所以需要根据已提折旧月份和本期计提折旧的修正数额相乘，计算出累计折旧的金额。单击 P1 单元格，输入“累计折旧”。单击 P2 单元格，设置单元格公式为“=J2*O2”，并将此公式复制到 P 列的其他单元格，在相关单元格显示出具体的从计提折旧开始截至本月的累计折旧金额，如图 8-31 所示。

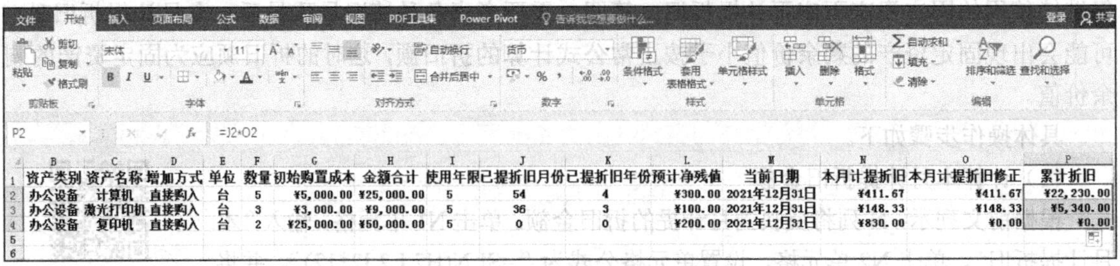

P2 =J2*O2

资产类别	资产名称	增加方式	单位	数量	初始购置成本	金额合计	使用年限	已提折旧月份	已提折旧年份	预计净残值	当前日期	本月计提折旧	本月计提折旧修正	累计折旧
办公设备	计算机	直接购入	台	5	¥5,000.00	¥25,000.00	5	54	4	¥300.00	2021年12月31日	¥411.67	¥411.67	¥22,230.00
办公设备	激光打印机	直接购入	台	3	¥3,000.00	¥9,000.00	5	36	3	¥100.00	2021年12月31日	¥148.33	¥148.33	¥5,340.00
办公设备	复印机	直接购入	台	2	¥25,000.00	¥50,000.00	5	0	0	¥200.00	2021年12月31日	¥830.00	¥0.00	¥0.00

图 8-31　计算累计折旧金额

（4）计算固定资产账面价值

在不考虑固定资产减值准备的情况下，固定资产账面价值=固定资产原价-累计折旧。单击 Q1 单元格，输入“账面价值”。单击 Q2 单元格，设置单元格公式为“=H2-P2”，并将此公式复制到 Q 列的其他单元格，在相关单元格显示固定资产的账面价值，如图 8-32 所示。

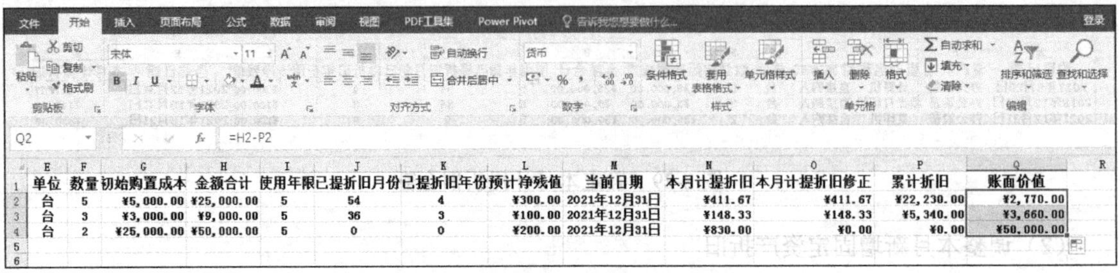

Q2 =H2-P2

单位	数量	初始购置成本	金额合计	使用年限	已提折旧月份	已提折旧年份	预计净残值	当前日期	本月计提折旧	本月计提折旧修正	累计折旧	账面价值
台	5	¥5,000.00	¥25,000.00	5	54	4	¥300.00	2021年12月31日	¥411.67	¥411.67	¥22,230.00	¥2,770.00
台	3	¥3,000.00	¥9,000.00	5	36	3	¥100.00	2021年12月31日	¥148.33	¥148.33	¥5,340.00	¥3,660.00
台	2	¥25,000.00	¥50,000.00	5	0	0	¥200.00	2021年12月31日	¥830.00	¥0.00	¥0.00	¥50,000.00

图 8-32　计算固定资产账面价值

思考练习

一、填空题

1. Excel 常用的处理固定资产折旧的函数通常有固定余额递减法计算折旧的＿＿＿＿函数，在指定日期内按照双倍余额递减法计算折旧的＿＿＿＿函数，使用平均年限法计算折旧的＿＿＿＿函数等。

2. 在使用 DDB 函数计算固定资产折旧时，计算的固定资产在预计使用年限内的折旧金额之和不等于固定资产的净值，需要在最后两年使用＿＿＿＿函数计提折旧。

3. 当月新增的固定资产，当月不提折旧，所以需要调整当月新增的固定资产出现的折旧数据，通常使用＿＿＿＿函数对已有折旧数据调整为 0。

二、简答题

1. 如何利用 Excel 建立固定资产管理明细账？具体可以设置哪些管理项目？
2. 常用的固定资产折旧函数有哪些？各函数的语法是什么？
3. 按月计提的折旧函数与按年计提的折旧函数有何不同？
4. 如何对当月增加的固定资产计提折旧并进行修正？

三、上机练习题

某公司有关固定资产概况如表 8-1 所示。

表 8-1　　　　　　　　　　　　　固定资产概况

项目	金额（元）	预计使用年限（年）	预计净残值率
机器设备	80 000	10	0.3%
办公设备	5 000	5	0.5%
建筑物	30 000 000	20	0.02%

要求：

（1）利用折旧函数，采用年限平均法、双倍余额递减法、年数总和法计算各项固定资产的年折旧额和月折旧额。

（2）假设截止到本年年底各项固定资产已经使用 3 年整，采用以上方法计算各项固定资产的累积折旧额和账面价值。

第9章 Excel 在工资管理中的应用

本章的学习目标

- 掌握如何利用 Excel 制作员工工资表
- 掌握如何利用 Excel 进行工资项目的设置
- 掌握如何利用 Excel 进行工资数据的查询与汇总分析
- 掌握如何利用 Excel 打印工资发放条

工资是企业在一定时间内直接支付给本单位员工的劳动报酬，也是企业进行各种费用计提的基础。工资管理是企业管理的重要组成部分，是每个单位财会部门最基本的业务之一，不仅关系到每个员工的切身利益，也是直接影响产品成本核算的重要因素。手工进行工资核算，需要占用财务人员大量的精力和时间，并且容易出错，采用计算机进行工资核算可以有效提高工资核算的准确性和及时性。通过本章的学习，读者应了解并掌握 Excel 在工资账务处理流程中的应用。

9.1 制作员工工资表

9.1.1 背景资料

宏达公司是一家小型工业企业，主要有管理部、生产部、销售部 3 个部门。另外，它还有 5 种职务类别：公司管理、生产管理、生产工人、销售管理、销售人员。每个员工的工资项目有基本工资、岗位工资、住房补贴、奖金、事假扣款、病假扣款、养老保险扣款、医疗保险扣款等。除基本工资因人而异外（要求必须一一输入），其他的工资项目将根据员工职务类别和部门决定，而且随时间的变化而变化（为便于介绍，假设有 12 名员工）。

20×1 年 1 月宏达股份有限公司员工基本工资情况与出勤情况如表 9-1 所示。

表 9-1　　　　　　　　20×1 年 1 月公司员工基本工资情况与出勤情况

员工编号	姓名	部门	性别	员工类别	基本工资（元）	事假天数（天）	病假天数（天）
1001	李飞	管理部	男	公司管理	4 500		
1002	马媛	管理部	女	公司管理	4 000	2	
1003	李政	管理部	男	公司管理	4 000		2
2001	张丽	生产部	女	生产管理	4 000		
2002	王沙	生产部	男	生产工人	3 500		
2003	孔阳	生产部	男	生产工人	3 500		
2004	赵刚	生产部	男	生产工人	3 000	16	
3001	白雪	销售部	女	销售管理	4 000		
3002	孙维	销售部	男	销售人员	3 800		
3003	齐天	销售部	男	销售人员	3 800		15
3004	叶凡	销售部	男	销售人员	3 500		
3005	王琳	销售部	女	销售人员	3 300		

其他工资项目的发放情况及有关规定如下。

（1）岗位工资：根据员工类别不同进行发放。管理人员（公司管理、生产管理、销售管理）为
4 000 元，生产工人为 3 500 元，销售人员为 4 500 元。

（2）住房补贴：根据员工类别不同进行发放。生产工人为 800 元，销售人员为 900 元，管理人
员为 1 000 元。

（3）奖金：根据部门的效益决定。本月管理部奖金为 2 000 元；生产部奖金为 2 500 元；销售部
奖金与个人销售额相关，完成基本销售额 30 万元的，奖金为 500 元，超额完成的，按超出金额的
1%提成，未完成基本销售额的，没有奖金。

（4）事假扣款规定：如果事假少于等于 14 天，将应发工资平均到每天（每月按 22 天计算），按
天扣钱；如果事假多于 14 天，扣除应发工资的 80%。

（5）病假扣款规定：如果病假少于等于 14 天，生产工人扣款 500 元，非生产工人扣款 800 元；
如果病假多于 14 天，生产工人扣款 800 元，非生产工人扣款 1 200 元。

（6）养老保险扣款：按基本工资+岗位工资的 8%扣除。

（7）医疗保险扣款：按基本工资+岗位工资的 2%扣除。

（8）个人所得税：依据个人所得税税率表（见表 9-2）计算。

表 9-2   个人所得税税率表

级数	全月应纳税所得额	税率	速算扣除数
1	不超过 3 000 元部分	3%	0
2	超过 3 000 至 12 000 元的部分	10%	210
3	超过 12 000 至 25 000 元的部分	20%	1 410
4	超过 25 000 至 35 000 元的部分	25%	2 660
5	超过 35 000 至 55 000 元的部分	30%	4 410
6	超过 55 000 至 80 000 元的部分	35%	7 160
7	超过 80 000 元的部分	45%	15 160

9.1.2 基本工资项目和数据的输入

（1）建立以下工资项目。

员工编号、姓名、部门、性别、员工类别、基本工资、岗位工资、住房补贴、奖金、应发合计、
事假天数、事假扣款、病假天数、病假扣款、其他扣款、扣款合计、养老保险、医疗保险、应扣社
保合计、应发工资、代扣税、实发合计，如图 9-1、图 9-2 和图 9-3 所示。

	A	B	C	D	E	F	G	H	I
1	员工编号	姓名	部门	性别	员工类别	基本工资	岗位工资	住房补贴	奖金
2									
3									

图 9-1　输入基本工资项目（1）

	J	K	L	M	N	O	P	Q	R
1	应发合计	事假天数	事假扣款	病假天数	病假扣款	其他扣款	扣款合计	养老保险	医疗保险
2									
3									

图 9-2　输入基本工资项目（2）

基本工资项目和
数据的输入

	S	T	U	V
1	应扣社保合计	应发工资	代扣税	实发合计
2				
3				

图9-3　输入基本工资项目（3）

（2）进行数据验证控制。为了输入方便并防止出错，可对"部门"列、"性别"列、"员工类别"列设置数据验证控制。以"部门"列为例，单击 C2 单元格，选择"数据"｜"数据工具"｜"数据验证"命令，弹出"数据验证"对话框，在"允许"下拉列表中选择"序列"选项，在"来源"文本框中输入"管理,生产,销售"，如图9-4所示。设置完成后，向下拖动填充柄，将 C2 单元格的数据验证控制复制到 C 列的其他单元格，如图9-5所示。

数据验证性控制

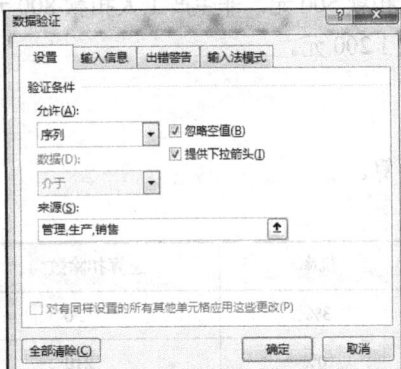

图9-4　数据验证设置　　　　　　　　　图9-5　数据验证控制复制

（3）输入员工编号。可先在 A2 单元中输入第一个员工编号"1001"，然后向下拖动填充柄并同时按下 Ctrl 键自动生成其他管理部门的员工编号，如图9-6所示。使用同样的方法，依次输入生产部门、销售部门的员工编号。

（4）依次输入姓名、部门、性别、员工类别、基本工资、事假天数、病假天数等信息。对于设置了数据验证控制的列也可输入，其他项目的信息不必输入，如图9-7所示。

	A	B	C	D	E
1	员工编号	姓名	部门	性别	员工类别
2	1001	李飞	管理	男	公司管理
3	1002	马媛	管理	女	公司管理
4	1003	李政	管理	男	公司管理
5	2001	张丽	生产	女	生产管理
6	2002	王沙	生产	男	生产工人
7	2003	孔阳	生产	男	生产工人
8	2004	赵刚	生产	男	生产工人
9	3001	白雪	销售	女	销售管理
10	3002	孙维	管理	男	销售人员
11	3003	齐天	生产	男	销售人员
12	3004	叶凡	销售	男	销售人员
13	3005	王琳	销售	女	销售人员

	A	B	C	D	E
1	员工编号	姓名	部门	性别	员工类别
2	1001				
3	1002				
4	1003				
5					

图9-6　输入员工编号　　　　　　图9-7　有关项目的信息输入

（5）也可以采取"记录单"命令。假设已使用前文方法添加了"记录单"按钮，如图9-8所示。

设置记录单

图9-8　添加"记录单"按钮

单击"记录单"按钮，可以输入一条新记录；单击"下一条"按钮，可查询下一条记录；单击"上一条"按钮，可查询上一条记录，如图 9-9 和图 9-10 所示。图 9-11 所示的是宏达公司 20×1 年 1 月员工的基本工资与请假情况。

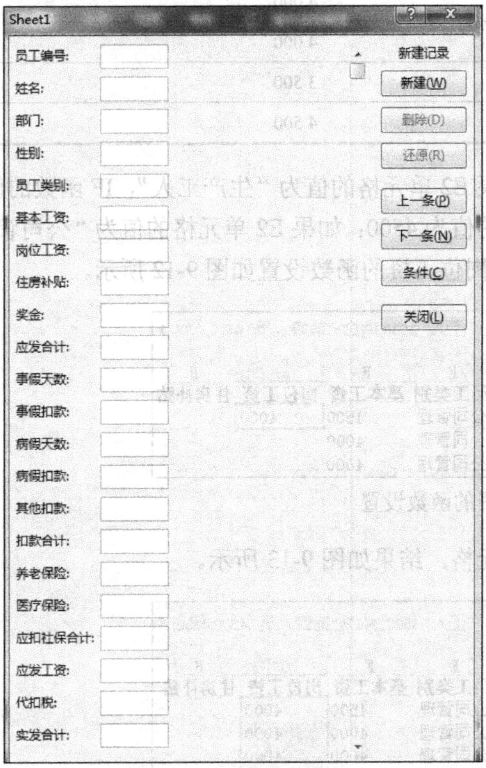

图 9-9　新建记录

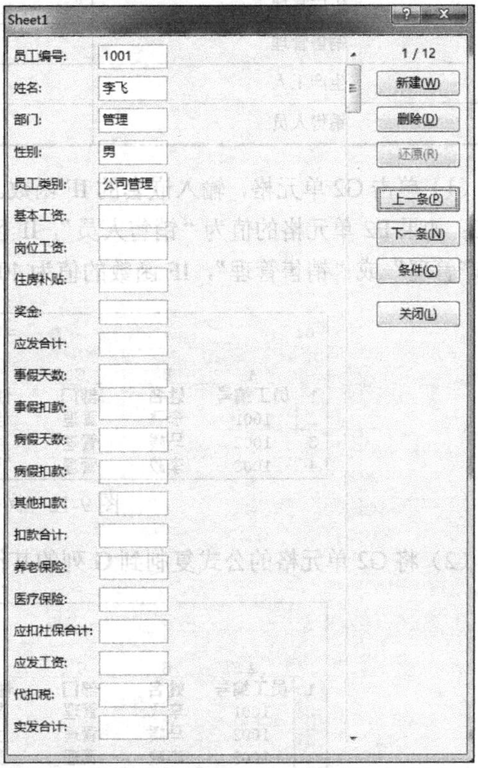

图 9-10　查询记录

	A	B	C	D	E	F	K	L	M
1	员工编号	姓名	部门	性别	员工类别	基本工资	事假天数	事假扣款	病假天数
2	1001	李飞	管理	男	公司管理	4500			
3	1002	马媛	管理	女	公司管理	4000	2		
4	1003	李政	管理	男	公司管理	4000			2
5	2001	张丽	生产	女	生产管理	4000			
6	2002	王沙	生产	男	生产工人	3500			
7	2003	孔阳	生产	男	生产工人	3500			
8	2004	赵刚	生产	男	生产工人	3000	16		
9	3001	白雪	销售	女	销售管理	4000			
10	3002	孙维	销售	男	销售人员	3800			
11	3003	齐天	销售	男	销售人员	3800			15
12	3004	叶凡	销售	男	销售人员	3500			
13	3005	王琳	销售	女	销售人员	3300			

图 9-11　基本工资与请假情况

9.2 工资项目的设置

9.2.1　"岗位工资"项目的设置

根据宏达公司的规定，"岗位工资"根据"员工类别"的不同而不同，具体要求如表 9-3 所示。

岗位工资设置

表9-3　　　　　　　　　　　　　　　　岗位工资情况　　　　　　　　　　　　　　　　单位：元

员工类别	岗位工资
公司管理	4 000
生产管理	4 000
销售管理	4 000
生产工人	3 500
销售人员	4 500

（1）单击 G2 单元格，输入嵌套的 IF 函数。如果 E2 单元格的值为"生产工人"，IF 函数的值为3500；如果 E2 单元格的值为"销售人员"，IF 函数的值为4500；如果 E2 单元格的值为"公司管理""生产管理"或"销售管理"，IF 函数的值为4000。岗位工资的函数设置如图 9-12 所示。

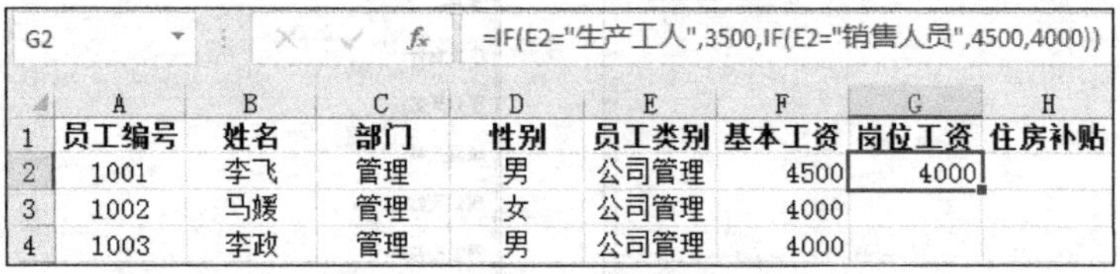

图 9-12　岗位工资的函数设置

（2）将 G2 单元格的公式复制到 G 列的其他单元格，结果如图 9-13 所示。

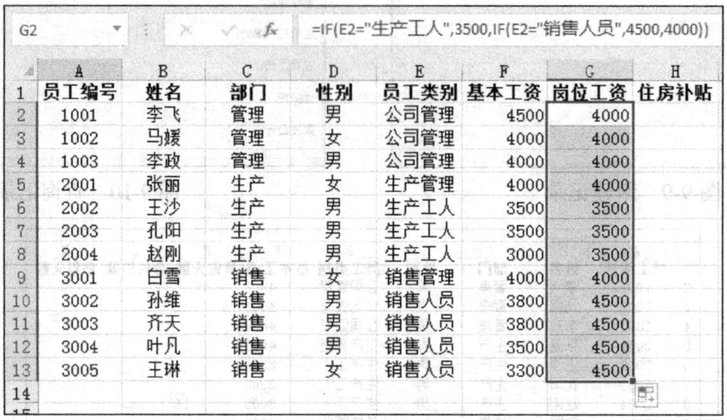

图 9-13　岗位工资的设置结果

9.2.2　"住房补贴"项目的设置

在宏达公司，"住房补贴"是根据"员工类别"来决定的，具体要求如表 9-4 所示。

表9-4　　　　　　　　　　　　　　　　住房补贴情况　　　　　　　　　　　　　　　　单位：元

员工类别	住房补贴
公司管理	1000
生产管理	1000
销售管理	1000
生产工人	800
销售人员	900

（1）单击 H2 单元格，输入嵌套的 IF 函数。如果 E2 单元格的值为"生产工人"，IF 函数的值为 800；如果 E2 单元格的值为"销售人员"，IF 函数的值为 900；如果 E2 单元格的值为"公司管理""生产管理"或"销售管理"，IF 函数的值为 1000。住房补贴的函数设置如图 9-14 所示。

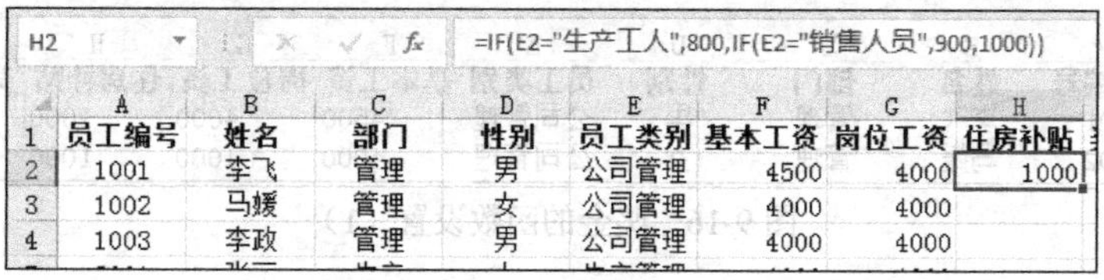

图 9-14　住房补贴的函数设置

（2）将 H2 单元格的公式复制到 H 列的其他单元格，结果如图 9-15 所示。

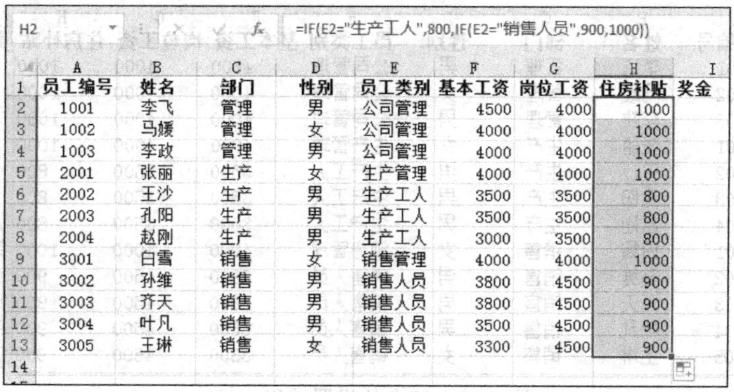

图 9-15　住房补贴的设置结果

9.2.3　"奖金"项目的设置

根据宏达公司的规定，"奖金"根据部门的效益决定，具体要求如表 9-5 所示。

奖金的设置

表 9-5　　　　　　　　　　　　　　　　　奖金情况　　　　　　　　　　　　　　　　　单位：元

部门	奖金
管理部	2 000
生产部	2 500
销售部	与个人销售额相关，完成基本销售额 30 万元的，奖金为 2 000 元；超额完成的，按超出金额的 1%提成；未完成基本销售额的，没有奖金

假设销售部本月销售情况如表 9-6 所示。

表 9-6　　　　　　　　　　　　　　　　　销售情况　　　　　　　　　　　　　　　　　单位：万元

姓名	销售额
白雪	35
孙维	42
齐天	15
叶凡	36
王琳	34

（1）将 I2 单元格的公式设置为"=IF(C2="管理",2000,IF(C2="生产",2500,"销售"))"，如图 9-16 所示。

图 9-16　奖金的函数设置（1）

（2）将 I2 单元格的公式复制到 I 列的其他单元格，结果如图 9-17 所示。

图 9-17　奖金的设置结果（1）

（3）将第一个显示"销售"的 I9 单元格的公式设置为"=IF(AND(C9="销售",销售总额!F2>=30),2000+100*(销售总额!F2-30),0)"，如图 9-18 所示。（该步骤需要用到销售部的销售总额表，如图 9-19 所示）

图 9-18　奖金的函数设置（2）

图 9-19　销售总额表

（4）将 I9 单元的公式复制到 I 列的其他显示为"销售"的单元格，结果如图 9-20 所示。

I9 | =IF(AND(C9="销售",销售总额表!F2>=30),2000+100*(销售总额表!F2-30),0)

	A	B	C	D	E	F	G	H	I	J
1	员工编号	姓名	部门	性别	员工类别	基本工资	岗位工资	住房补贴	奖金	应发合计
2	1001	李飞	管理	男	公司管理	4500	4000	1000	2000	
3	1002	马媛	管理	女	公司管理	4000	4000	1000	2000	
4	1003	李政	管理	男	公司管理	4000	4000	1000	2000	
5	2001	张丽	生产	女	生产管理	4000	4000	1000	2500	
6	2002	王沙	生产	男	生产工人	3500	3500	800	2500	
7	2003	孔阳	生产	男	生产工人	3500	3500	800	2500	
8	2004	赵刚	生产	男	生产工人	3000	3500	800	2500	
9	3001	白雪	销售	女	销售管理	4000	4000	1000	2500	
10	3002	孙维	销售	男	销售人员	3800	4500	900	3200	
11	3003	齐天	销售	男	销售人员	3800	4500	900	0	
12	3004	叶凡	销售	男	销售人员	3500	4500	900	2600	
13	3005	王琳	销售	女	销售人员	3300	4500	900	2400	
14										

图 9-20 奖金的设置结果（2）

9.2.4 "应发合计"项目的设置

此项目为基本工资、岗位工资、住房补贴、奖金的合计数。

（1）选中 J2 单元格，单击"自动求和"按钮，或直接在 J2 单元格中进行公式设置"=SUM(F2:I2)"，如图 9-21 和图 9-22 所示。

VLOOKUP | =SUM(F2:I2)

	A	B	C	D	E	F	G	H	I	J	
1	员工编号	姓名	部门	性别	员工类别	基本工资	岗位工资	住房补贴	奖金	应发合计	事
2	1001	李飞	管理	男	公司管理	4500	4000	1000	2000	=SUM(F2:I2)	

图 9-21 应发合计自动求和

J2 | =SUM(F2:I2)

	A	B	C	D	E	F	G	H	I	J
1	员工编号	姓名	部门	性别	员工类别	基本工资	岗位工资	住房补贴	奖金	应发合计
2	1001	李飞	管理	男	公司管理	4500	4000	1000	2000	11500
3	1002	马媛	管理	女	公司管理	4000	4000	1000		

图 9-22 应发合计的函数设置

（2）将 J2 单元格的公式复制到 J 列的其他单元格，结果如图 9-23 所示。

J2 | =SUM(F2:I2)

	A	B	C	D	E	F	G	H	I	J
1	员工编号	姓名	部门	性别	员工类别	基本工资	岗位工资	住房补贴	奖金	应发合计
2	1001	李飞	管理	男	公司管理	4500	4000	1000	2000	11500
3	1002	马媛	管理	女	公司管理	4000	4000	1000		9000
4	1003	李政	管理	男	公司管理	4000	4000	1000		9000
5	2001	张丽	生产	女	生产管理	4000	4000	1000	2500	11500
6	2002	王沙	生产	男	生产工人	3500	3500	800	2500	10300
7	2003	孔阳	生产	男	生产工人	3500	3500	800	2500	10300
8	2004	赵刚	生产	男	生产工人	3000	3500	800	2500	9800
9	3001	白雪	销售	女	销售管理	4000	4000	1000	2500	11500
10	3002	孙维	销售	男	销售人员	3800	4500	900	3200	12400
11	3003	齐天	销售	男	销售人员	3800	4500	900		9200
12	3004	叶凡	销售	男	销售人员	3500	4500	900	2600	11500
13	3005	王琳	销售	女	销售人员	3300	4500	900	2400	11100
14										

图 9-23 应发合计的设置结果

9.2.5 "事假扣款"项目的设置

在宏达公司，"事假扣款"与事假天数相关，具体如表 9-7 所示。

表 9-7 事假扣款情况

事假天数	事假扣款
大于 14 天	应发工资的 80%
小于等于 14 天	（应发工资/22）×事假天数

（1）将 L2 单元格的公式设置为 "=IF(K2>14,J2*0.8,J2/22*K2)"，如图 9-24 所示。

图 9-24 事假扣款的函数设置

（2）将 L2 单元格的公式复制到 L 列的其他单元格，结果如图 9-25 所示。

图 9-25 事假扣款的设置结果

9.2.6 "病假扣款"项目的设置

在宏达公司，"病假扣款"由病假天数和员工类别来决定，具体如表 9-8 所示。

表 9-8 病假扣款情况

病假天数	员工类别	病假扣款
大于 14 天	生产工人	800
大于 14 天	非生产工人	1 200
小于等于 14 天	生产工人	500
小于等于 14 天	非生产工人	800

（1）将 N2 单元格的公式设置为 "=IF(M2=0,0,IF(M2<=14,IF(E2="生产工人",500,800),IF(E2="生产工人",800,1200)))"，如图 9-26 所示。

图 9-26　病假扣款的函数设置

（2）将 N2 单元格的公式复制到 N 列的其他单元格，结果如图 9-27 所示。

图 9-27　病假扣款的设置结果

9.2.7　"扣款合计"项目的设置

扣款合计是"事假扣款""病假扣款""其他扣款"的合计，假设本月没有发生其他扣款。

（1）将 P2 单元格的公式设置为"=L2+N2+O2"，如图 9-28 所示。

图 9-28　扣款合计的公式设置

（2）将 P2 单元格的公式复制到 P 列的其他单元格，结果如图 9-29 所示。

图 9-29　扣款合计的设置结果

9.2.8　"养老保险""医疗保险"项目的设置

在宏达公司，"养老保险"按基本工资+岗位工资的 8%扣除，"医疗保险"按基本工资+岗位工资的 2%扣除。

（1）将 Q2 单元格的公式设置为"=(F2+G2)*0.08"，如图 9-30 所示。

Q2　=(F2+G2)*0.08

	K	L	M	N	O	P	Q
1	事假天数	事假扣款	病假天数	病假扣款	其他扣款	扣款合计	养老保险
2		0		0		0	680
3	2	1000		0		1000	

图 9-30　养老保险的公式设置

（2）将 Q2 单元格的公式复制到 Q 列的其他单元格，结果如图 9-31 所示。

Q2　=(F2+G2)*0.08

	K	L	M	N	O	P	Q	R
1	事假天数	事假扣款	病假天数	病假扣款	其他扣款	扣款合计	养老保险	医疗保
2		0		0		0	680	
3	2	1000		0		1000	640	
4		0	2	800		800	640	
5		0		0		0	640	
6		0		0		0	560	
7		0		0		0	560	
8	16	7840		0		7840	520	
9		0		0		0	640	
10		0		0		0	664	
11		0	15	1200		1200	664	
12		0		0		0	640	
13		0		0		0	624	
14								

图 9-31　养老保险的设置结果

（3）将 R2 单元格的公式设置为“=(F2+G2)*0.02”，如图 9-32 所示。

R2　=(F2+G2)*0.02

	K	L	M	N	O	P	Q	R
1	事假天数	事假扣款	病假天数	病假扣款	其他扣款	扣款合计	养老保险	医疗保险
2		0		0		0	680	170
3	2	1000		0		1000	640	
4		0	2	800		800	640	

图 9-32　医疗保险的公式设置

（4）将 R2 单元格的公式复制到 R 列的其他单元格，结果如图 9-33 所示。

R2　=(F2+G2)*0.02

	K	L	M	N	O	P	Q	R	S
1	事假天数	事假扣款	病假天数	病假扣款	其他扣款	扣款合计	养老保险	医疗保险	应扣社
2		0		0		0	680	170	
3	2	1000		0		1000	640	160	
4		0	2	800		800	640	160	
5		0		0		0	640	160	
6		0		0		0	560	140	
7		0		0		0	560	140	
8	16	7840		0		7840	520	130	
9		0		0		0	640	160	
10		0		0		0	664	166	
11		0	15	1200		1200	664	166	
12		0		0		0	640	160	
13		0		0		0	624	156	
14									

图 9-33　医疗保险的设置结果

9.2.9 “应扣社保合计”项目的设置

应扣社保合计为“养老保险”和“医疗保险”的合计。

（1）将 S2 单元格的公式设置为"=Q2+R2"，如图 9-34 所示。

图 9-34　应扣社保合计的公式设置

（2）将 S2 单元格的公式复制到 S 列的其他单元格，结果如图 9-35 所示。

图 9-35　应扣社保合计的设置结果

9.2.10　"应发工资"项目的设置

应发工资是"应发合计"和"扣款合计""应扣社保合计"的差额。

（1）将 T2 单元格的公式设置为"=J2-P2-S2"，如图 9-36 所示。

图 9-36　应发工资的公式设置

（2）将 T2 单元格的公式复制到 T 列的其他单元格，结果如图 9-37 所示。

图 9-37　应发工资的设置结果

9.2.11　"代扣税"项目的设置

代扣个人所得税应当根据应发工资的数额而定，根据该企业的情况，假设要求如表 9-9 所示。

所得税设置

表 9-9   个人所得税情况   单位：元

应发工资-5 000	代扣税
应发工资-5 000≤0	0
0<应发工资-5 000≤3 000	（应发工资-5 000）×0.03
3 000<应发工资-5 000≤12 000	（应发工资-5 000）×0.10-210
12 000<应发工资-5 000≤25 000	（应发工资-5 000）×0.20-1 410
25 000<应发工资-5 000≤35 000	（应发工资-5 000）×0.25-2 660
35 000<应发工资-5 000≤55 000	（应发工资-5 000）×0.30-4 410
55 000<应发工资-5 000≤80 000	（应发工资-5 000）×0.35-7 160
80 000<应发工资-5 000	复核应发工资

（1）将 U2 单元格的公式设置为 "=IF(T2-5000<=0,0,IF(T2-5000<=3000, (T2-5000)*0.03,IF(T2-5000<=12000,(T2-5000)*0.10-210,IF(T2-5000<=25000,(T2-5000)*0.20-1410,IF(T2-5000<=35000,(T2-5000)*0.25-2660,IF(T2-5000<=55000,(T2-5000)*0.30-4410,IF(T2-5000<=80000,(T2-5000)*0.35-7160,"复核应发工资")))))))"，如图 9-38 所示。

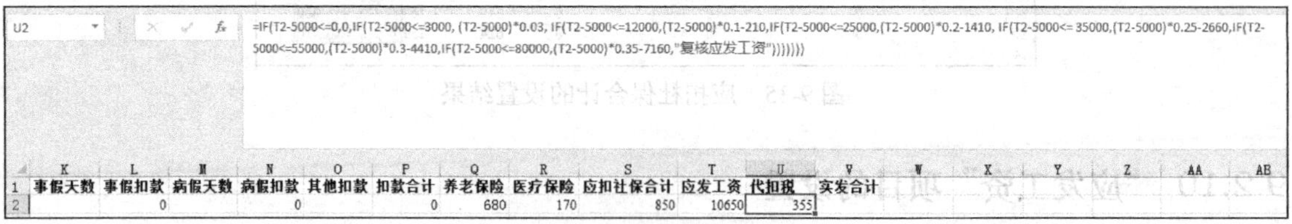

图 9-38　代扣税的函数设置

（2）将 U2 单元格的公式复制到 U 列的其他单元格，结果如图 9-39 所示。

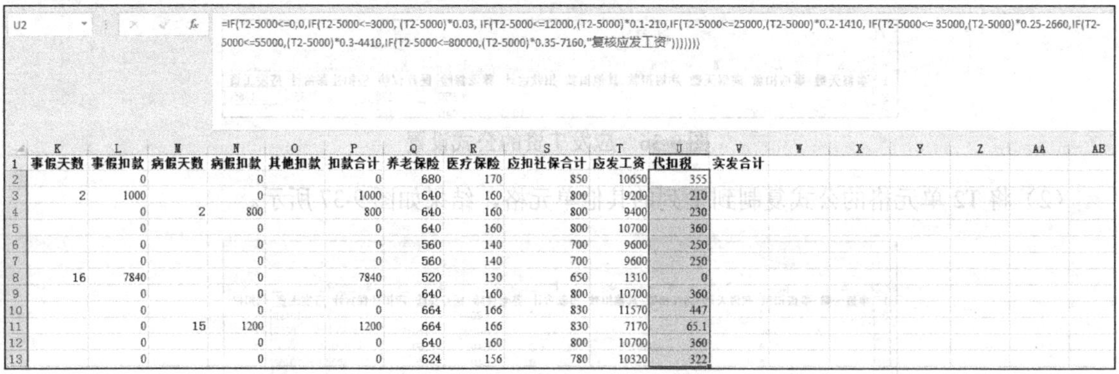

图 9-39　代扣税的函数设置结果

9.2.12　"实发合计"项目的设置

实发合计即实发工资，是"应发工资"与"代扣税"的差。

（1）将 V2 单元格的公式设置为 "=T2-U2"，如图 9-40 所示。

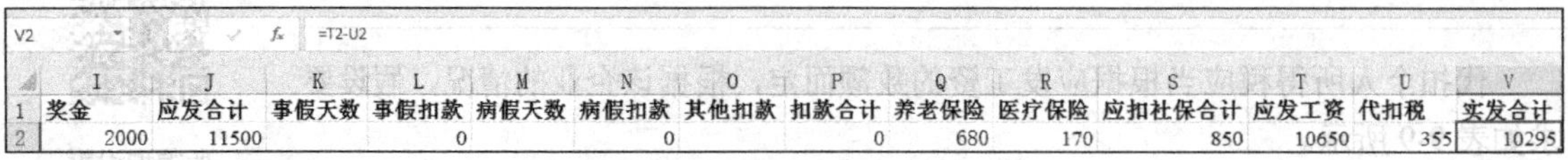

图 9-40　实发合计的公式设置

（2）将 V2 单元格的公式复制到 V 列的其他单元格，结果如图 9-41 所示。

	I	J	K	L	M	N	O	P	Q	R	S	T	U	V
														=T2-U2
1	奖金	应发合计	事假天数	事假扣款	病假天数	病假扣款	其他扣款	扣款合计	养老保险	医疗保险	应扣社保合计	应发工资	代扣税	实发合计
2	2000	11500		0		0		0	680	170	850	10650	355	10295
3	2000	11000	2	1000		0		1000	640	160	800	9200	210	8990
4	2000	11000		0	2	800		800	640	160	800	9400	230	9170
5	2500	11500		0		0		0	640	160	800	10700	360	10340
6	2500	10300		0		0		0	560	140	700	9600	250	9350
7	2500	10300		0		0		0	560	140	700	9600	250	9350
8	2500	9800	16	7840		0		7840	520	130	650	1310	0	1310
9	2500	11500		0		0		0	640	160	800	10700	360	10340
10	3200	12400		0		0		0	664	166	830	11570	447	11123
11	0	9200		0	15	1200		1200	664	166	830	7170	65.1	7104.9
12	2600	11500		0		0		0	640	160	800	10700	360	10340
13	2400	11100		0		0		0	624	156	780	10320	322	9998
14														

图 9-41　实发合计的设置结果

9.3 工资数据的查询与汇总分析

9.3.1　利用筛选功能进行工资数据的查询

要利用筛选功能进行工资数据的查询，首先选择"数据"｜"排序和筛选"｜
"筛选"命令，进入筛选状态，如图 9-42 所示。

	A	B	C	D	E	F	G	H
1	员工编▾	姓名▾	部门▾	性别▾	员工类▾	基本工▾	岗位工▾	住房补▾
2	1001	李飞	管理	男	公司管理	4500	4000	1000
3	1002	马媛	管理	女	公司管理	4000	4000	1000
4	1003	李政	管理	男	公司管理	4000	4000	1000
5	2001	张丽	生产	女	生产管理	4000	4000	1000

图 9-42　筛选状态

利用筛选功能进行
查询

数据查询

1．以员工姓名为依据进行查询

例如，查询姓名为"白雪"的员工工资情况。

（1）单击"姓名"列的下拉按钮，在弹出的下拉菜单中选择"文本筛选"｜"等于"命令，
如图 9-43 所示。

图 9-43　"等于"选项

（2）在打开的对话框中输入需要查询的员工姓名，如图 9-44 所示。单击"确定"按钮，查询结果如图 9-45 所示。

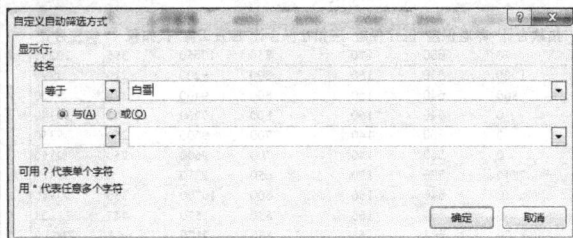

图 9-44　自定义筛选条件

图 9-45　筛选结果

2. 以部门为依据进行查询

例如，查询销售部所有员工的工资情况。

（1）单击"部门"列的下拉按钮，在弹出的下拉菜单中选中"销售"复选框，如图 9-46 所示。查询结果如图 9-47 所示。

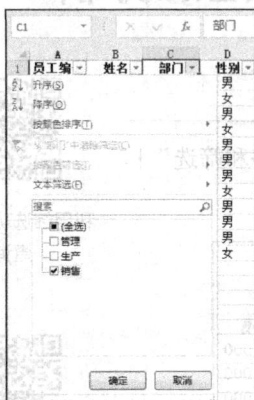

图 9-46　设置条件

图 9-47　查询结果

（2）如果要返回原来的状态，则单击相应列的下拉按钮，然后选中"全选"复选框，如图 9-48 所示。

3. 以员工类别和基本工资为依据进行查询

例如，查询生产工人中基本工资低于或等于 3 000 元的员工的工资情况。

（1）单击"员工类别"列的下拉按钮，选中"生产工人"复选框，如图 9-49 所示。

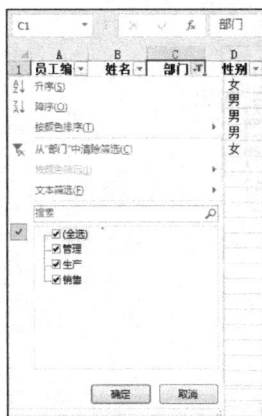

图 9-48　返回原来状态

图 9-49　设置筛选条件

（2）单击"基本工资"列的下拉按钮，选择"数字筛选"｜"自定义筛选"命令，在打开的对话框中输入筛选条件，如图 9-50 和图 9-51 所示。单击"确定"按钮，筛选结果如图 9-52 所示。

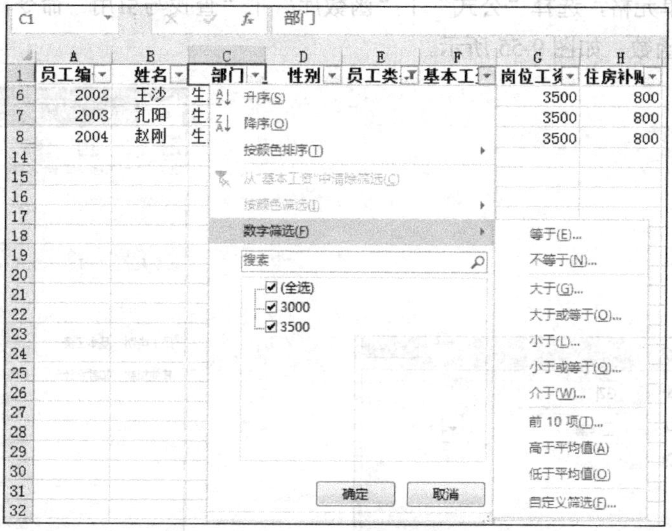

图 9-50　自定义筛选

图 9-51　自定义筛选条件

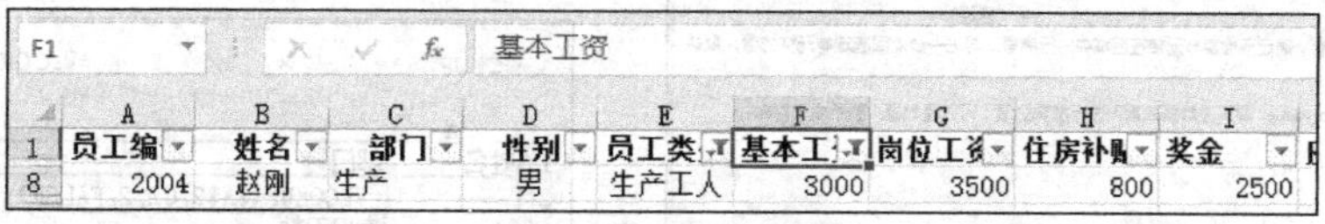

图 9-52　筛选结果

如果要退出筛选状态，选择"数据"｜"排序和筛选"｜"筛选"命令。

9.3.2　利用VLOOKUP函数进行工资数据的查询

利用 VLOOKUP 函数，依据员工的姓名查询个人工资情况。

（1）新增一张工作表，并将它重命名为"工资查询"，在"工资查询"表中输入各个工资项目，结果如图 9-53 所示。

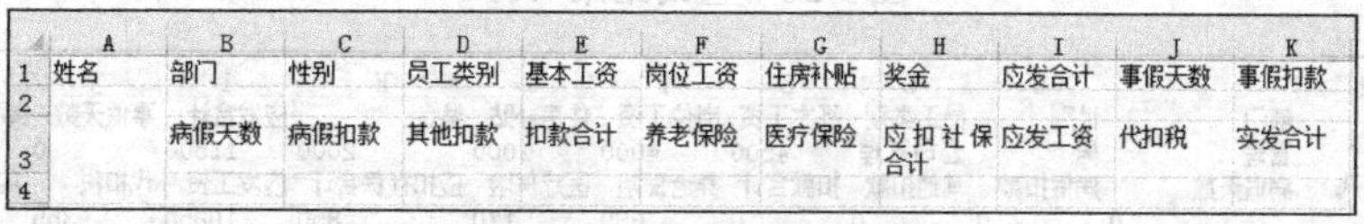

图 9-53　工资查询项目

（2）为了便于函数的设置，将工资数据区"工资表! B2:V13"命名为 GZ。选择"公式"｜"定义的名称"｜"定义名称"命令，设置完成后单击"确定"按钮，如图 9-54 所示。

（3）选择 B2 单元格，选择"公式"｜"函数库"｜"查找与引用"命令，在打开的下拉菜单中选择 VLOOKUP 函数，如图 9-55 所示。

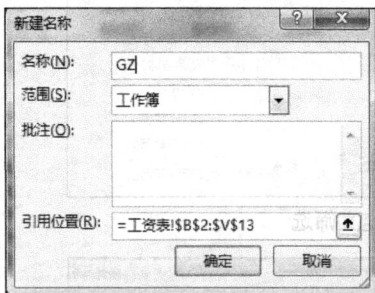

图 9-54　选定区域命名　　　　　　　　　图 9-55　选择 VLOOKUP 函数

（4）设置 VLOOKUP 函数的各个参数，如图 9-56 所示，则 B2 单元格的公式如图 9-57 所示。

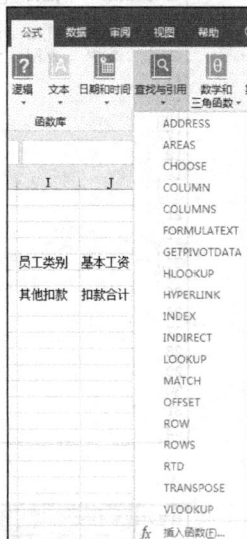

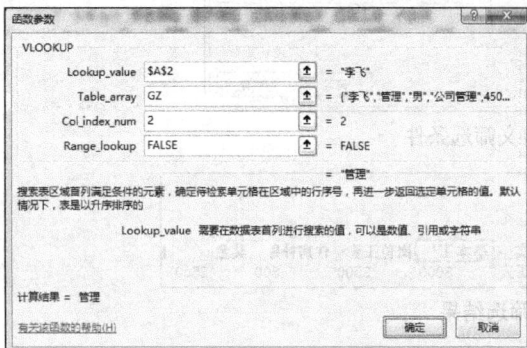

图 9-56　设置 VLOOKUP 函数的各参数　　　　图 9-57　B2 单元格的公式

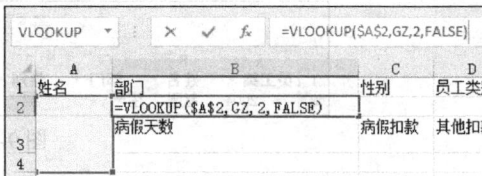

（5）将 B2 单元格的公式复制到其他单元格，并修改 Col_index_num 参数，即引用不同的列数据。

（6）在 A2 单元格输入需要查询的员工姓名，即可查询此员工的工资情况，如图 9-58 和图 9-59 所示。

	A	B	C	D	E	F	G	H	I	J	K
1	姓名	部门	性别	员工类别	基本工资	岗位工资	住房补贴	奖金	应发合计	事假天数	事假扣款
2		销售	女	销售管理	4000	4000	1000	2500	11500	0	0
3	白雪	病假天数	病假扣款	其他扣款	扣款合计	养老保险	医疗保险	应扣社保合计	应发工资	代扣税	实发合计
4		0	0	640	160		800	10700	360	10340	

图 9-58　查询结果（1）

	A	B	C	D	E	F	G	H	I	J	K
1	姓名	部门	性别	员工类别	基本工资	岗位工资	住房补贴	奖金	应发合计	事假天数	事假扣款
2		管理	男	公司管理	4500	4000	1000	2000	11500	0	0
3	李飞	病假天数	病假扣款	其他扣款	扣款合计	养老保险	医疗保险	应扣社保合计	应发工资	代扣税	实发合计
4		0	0	170		850	10650	355	10295		

图 9-59　查询结果（2）

9.3.3　依据部门和员工类别进行统计分析

计算每一部门每一员工类别"应发工资"汇总数和"实发合计"汇总数。

（1）选择"插入"｜"表格"｜"数据透视表"命令，如图 9-60 所示。

（2）选择需要汇总的数据区域，如图 9-61 所示。选择将数据透视表放置在新建的工作表上，单击"确定"按钮。

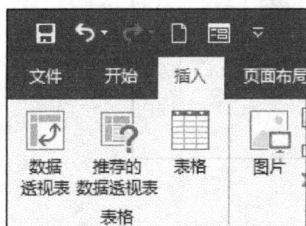

图 9-60　"数据透视表"命令

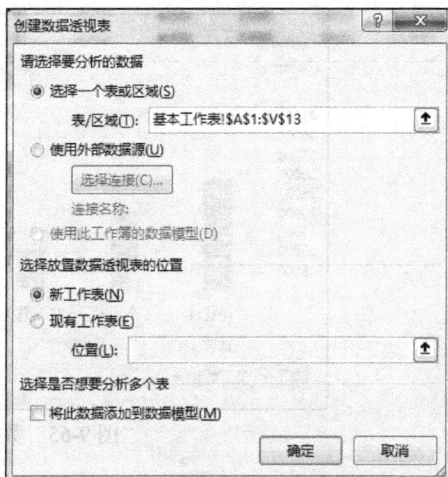

图 9-61　选择需要汇总的数据区域

> **提示**　（1）、（2）两个步骤也可简化为用快速分析工具中的表来进行。选中需要进行分析的数据区域，单击"快速分析"按钮 ，选择"表格"｜"数据透视表"命令。

（3）在"数据透视表字段"对话框中选中"部门""员工类别""应发工资"复选框，设置完成后产生"应发工资"按部门与员工类别的数据透视汇总表，如图 9-62 和图 9-63 所示。

图 9-62　数据透视表字段

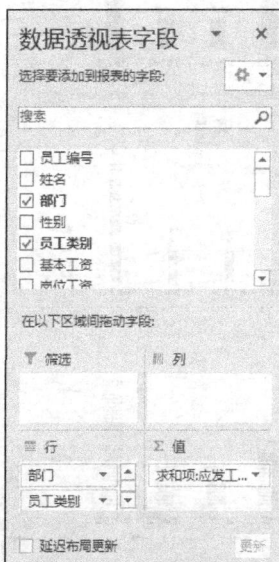

图 9-63　数据透视汇总表

（4）单击数据透视汇总表，选择"数据透视表工具"｜"分析"｜"数据透视图"命令，即可在数据透视表页面形成对应的数据透视图，如图 9-64 和图 9-65 所示。

图 9-64　"数据透视图"命令

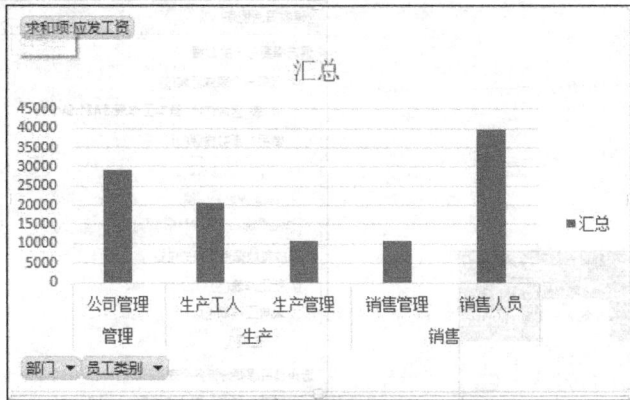

图 9-65　数据透视图

（5）单击该数据透视图旁的图表元素按钮 和图表样式按钮 ，如图 9-66 和图 9-67 所示，按照需求进行调整，形成图 9-68 所示的带有数据标志的数据透视图。

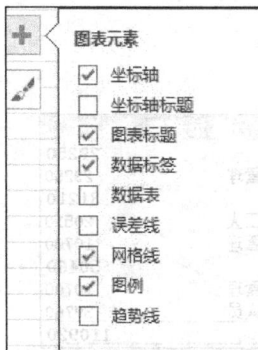

图 9-66　图表元素

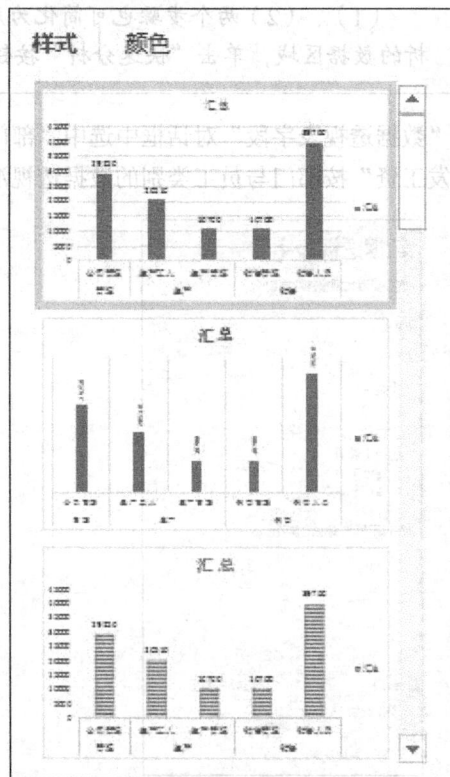

图 9-67　图表样式

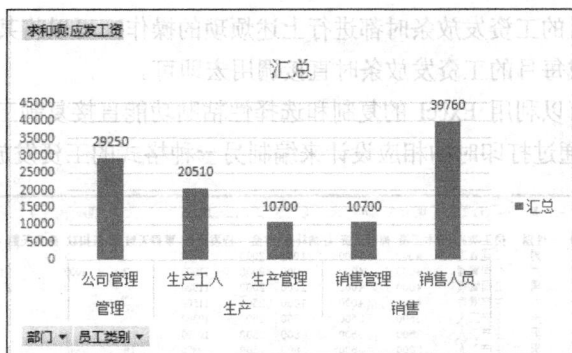

图 9-68　显示带有数据标志的数据透视图

　　（6）单击已形成的数据透视汇总表，在"数据透视表字段"对话框中选中"实发合计"复选框，并取消选中"应发工资"复选框，则当前数据透视汇总表即可变成"实发合计"的数据透视表和数据透视图，结果如图 9-69 和图 9-70 所示。

图 9-69　"实发合计"的数据透视表

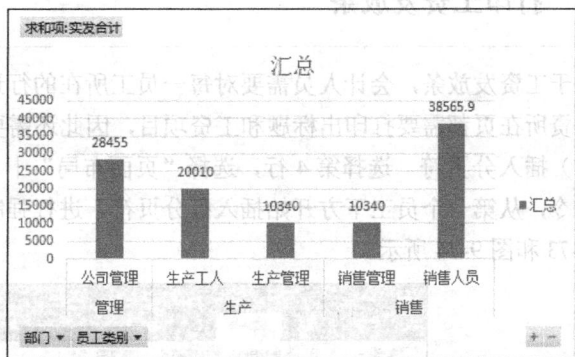

图 9-70　"实发合计"的带有数据标志的数据透视图

9.4 打印工资发放条

9.4.1　生成工资发放条

　　企业需要每月生成并打印出工资发放条发放给员工。每个员工的工资发放条上都需要打印标题，因此可以利用 Excel 中的复制和选择性粘贴功能由工资表数据生成工资发放条，保存在新的工作表中，并将其命名为"工资发放条（1）"，如图 9-71 所示。

图 9-71　工资发放条（1）

为了避免在生成每月的工资发放条时都进行上述烦琐的操作，可以将某一个月的工资发放条的操作录制为宏，以后生成每月的工资发放条时直接调用宏即可。

此外，会计人员还可以利用 Excel 的复制和选择性粘贴功能直接复制工资表制作"工资发放条(2)"，如图 9-72 所示。通过打印时的相应设计来编制另一种格式的工资发放条。

图 9-72　工资发放条（2）

9.4.2　打印工资发放条

对于工资发放条，会计人员需要对每一员工所在的行进行分页设置，并且工资发放条中每个员工的工资所在页都需要打印出标题和工资项目，因此还需要设置跨页列、行标题，最后进行打印。

（1）插入分页符。选择第 4 行，选择"页面布局"｜"页面设置"｜"分隔符"｜"插入分页符"命令，从第一个员工下方开始插入行分页符，进行强制分页，并依次进行直至最后一位员工，如图 9-73 和图 9-74 所示。

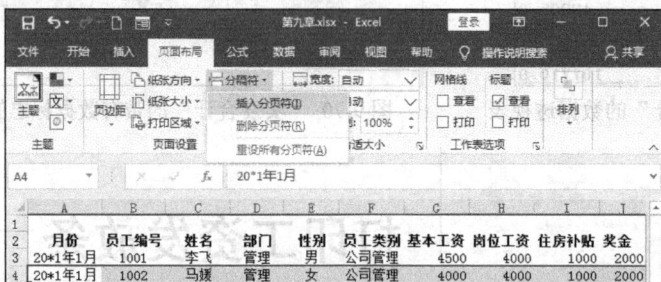

图 9-73　插入分页符

图 9-74　插入分页设置结果

（2）在"页面布局"选项卡的"工作表选项"组中选中"标题"下的"打印"复选框，或单击启动器按钮，打开"页面设置"对话框的"工作表"选项卡，进行"顶端标题行"设置，如图 9-75 所示。这样设置可以保证打印出来的每一个员工的工资发放条上都会出现第一行标题"宏达公司工资发放条"以及第二行标题（工资项目）。

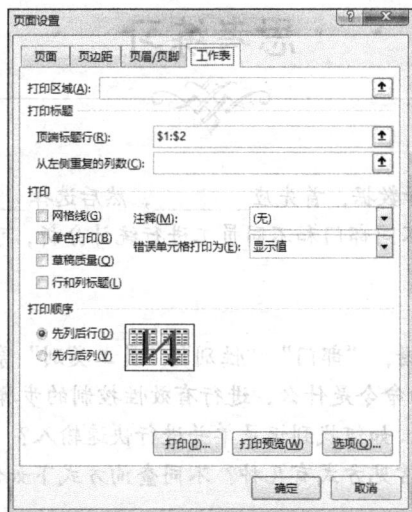

图 9-75　顶端标题行设置

（3）打印预览。单击"打印预览"按钮，则屏幕上将出现打印预览结果，如图 9-76 所示。也可选择"视图"｜"工作簿视图"｜"页面布局"命令查看，结果更清晰，如图 9-77 所示。

图 9-76　打印预览结果

员工编号	姓名	部门	性别	员工类别	基本工资	岗位工资	住房补贴	奖金	应发合计	事假天数	事假扣款	病假天数	病假扣款	其他扣款	扣款合计	养老保险
1001	李飞	管理	男	公司管理	4500	4000	1000	2000	11500		0			0	0	680

图 9-77　选择"页面布局"命令查看

（4）指定工资发放条的打印区域，进行打印。在"页面设置"对话框，切换到"工作表"选项卡，在"打印区域"输入要打印的范围，如图 9-78 所示，然后单击"打印"按钮，即可打印。

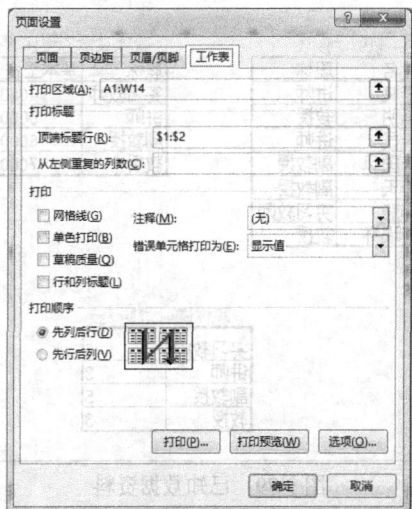

图 9-78　设置打印区域

思考练习

一、填空题

1. 要利用筛选功能查询工资数据，首先应_____，然后选择_____命令，进入_____状态。

2. 根据部门和员工类别对不同部门和不同员工进行统计分析，可以使用_____命令创建数据透视图进行数据可视化分析。

二、简答题

1. 为了方便输入并防止出错，"部门""性别""员工类别"等各列具体内容的输入可以进行有效性控制，进行有效性控制的命令是什么，进行有效性控制的步骤有哪些？

2. 在进行相关内容输入时，如何找到记录单并进行快速输入？

3. 对工资数据进行查询的常见方式有几种？不同查询方式下如何查询所需工资数据？

三、上机操作题

（1）依照下列步骤，完成公司员工工资表设置。

新建 Excel 工作簿，并将 Sheet1 工作表命名为"员工工资表"，按表 9-10 内容输入相关内容并自行修饰工作表。

表 9-10　　　　　　　　　　　　　工资表

序号	姓名	职称	基本工资	超课时费	工资总额	应扣税金	应发工资
101							
102							
103							
104							
105							
106							
107							

（2）利用 Excel 函数功能，并结合图 9-79 所示资料，完成工资表项目的设置。

代号姓名职称对照表

代号	姓名	职称
101	李晓	讲师
102	李明	教授
103	李民	讲师
104	李国风	副教授
105	李天	副教授
106	李静	实习教师
107	李瑞环	教授

职称基本工资课时费对照表

职称	基本工资	课时费
实习教师	4000	40
讲师	5000	50
副教授	6000	55
教授	7000	60

职称课时对照表

实习教师	6
讲师	8
副教授	5
教授	3

图 9-79　已知数据资料

① 把给出资料放在同一表页，作为已知数据库。

② 利用给出资料建立并完成超课时费表，如图 9-80 所示。

超课时费表				
姓名	实际课时	基本课时	超课时数	超课时费
李晓	12.8			
李明	9.6			
李民	4.8			
李国风	3.8			
李天	15			
李静	14			
李瑞环	6.8			

图 9-80　超课时费表

③ 利用 Vlookup 函数等，并结合已知数据库完成工资表项目的设置。

（3）利用 Excel 完成工资表的汇总与查询，如图 9-81 所示。

每月按职称汇总统计表				
职称	基本工资	应交所得税	超课时费	应发工资
实习教师				
讲师				
副教授				
教授				

每月基本工资查询表			
姓名	基本工资	应扣税金	超课时费
李晓 ▼			

图 9-81　工资表的汇总与查询

第10章 | Excel 在财务分析和评价中的应用

图 9-80

图 9-80 所示。

图 9-80

本章的学习目标

- 掌握如何引用已经编制完成的财务报表
- 掌握如何利用 Excel 进行比率分析
- 掌握如何利用 Excel 进行趋势分析
- 掌握如何利用 Excel 进行比较分析
- 掌握如何利用 Excel 进行财务综合评价

通过本章的学习，读者应了解并掌握利用 Excel 对编制完成的财务报表进行财务分析、财务决策的方法和具体函数。

10.1 财务分析概述

财务分析，又称财务报表分析，是指在财务报表及其相关资料的基础上，通过一定的方法和手段，对财务报表提供的数据进行系统和深入的分析研究，揭示有关指标之间的关系、变动情况及其形成原因，从而向使用者提供相关和全面的信息；也就是将财务报表及相关数据转换为对特定决策有用的信息，对企业过去的财务状况和经营成果做出评价并对其未来发展前景做出趋势分析。财务分析和评价，可以为改进企业财务管理工作和优化经济决策提供重要的财务信息。

财务分析中涉及的报表数据不仅种类繁多，而且涉及不同时期、不同企业之间的比较，因此，利用 Excel 所提供的各种功能、函数，财务分析人员可以迅速、准确地完成财务分析工作。

本章将介绍财务分析中的常见方法和如何运用 Excel 进行财务分析。

10.1.1 财务分析目的

财务报表的使用者包括投资人、债权人、企业管理者、政府、雇员、工会和中介机构等利益关系人，不同人员所关心的问题和侧重点不同，因此进行财务分析的目的也有所不同。财务分析的目的主要有以下几个。

1. 评价企业的财务状况

对企业的财务报表等会计资料进行分析，了解企业资产的流动性、负债水平和偿债能力，从而评价企业的财务状况和经营成果，为企业管理者、投资者和债权人等提供财务信息。

2. 评价企业的资产管理水平

企业的生产经营过程就是利用资产取得收益的过程。资产是企业生产经营活动的经济资源，资产的管理水平直接影响企业的收益，它体现了企业的整体素质。通过财务分析，可以了解到企业资产的管理水平和资金周转情况，为评价经营管理水平提供依据。

3. 评价企业的盈利能力

通过财务分析，评价企业的盈利能力。利润是企业经营最终成果的体现，是企业生存和发展的最终目的。因此，不同的利益关系人都十分关心企业的盈利能力。

4. 评价企业的发展趋势

通过财务分析，可以判断出企业的发展趋势，预测企业的经营前景。企业管理层可利用财务分析结果进行生产经营决策、投资决策等，从而避免因决策失误而带来重大的经济损失。

10.1.2　财务分析方法

报表使用者虽然可以从财务报表中获取大量的财务信息，但很难获取各种直接有用的信息，有时甚至还会被会计数据误导，被表面假象蒙蔽。报表使用者为了准确掌握各种会计数据之间存在着的重要关系，并且全面了解企业财务状况和经营成果，通常采用以下几种方法进行财务报表分析。

1. 财务比率分析

财务比率分析是指通过计算相互联系的指标项目之间的比值来确定财务活动的变动程度，反映各项财务数据之间的相互关系，从而揭示企业的财务状况和经营成果。财务比率分析是财务分析中重要的部分。财务比率分析包括同一张报表中不同项目之间的比较和不同财务报表的相关项目之间的比较。财务比率的值是相对数，排除了规模的影响，具有较好的可比性。

2. 财务趋势分析

财务趋势分析是指在不同时期财务报表中相同项目的比较和分析，即将企业连续两期（或多期）的财务报表的相同项目并行排列在一起，并计算相同项目增减的绝对金额和增减的百分比，编制出比较财务报表，以揭示各报表项目在这段时期内所发生的绝对金额变化和百分率变化情况。在计算相同项目增减的绝对金额变化和增减的百分比时，基期（被比较的时期）可以是固定（如基期固定在第一年）的，也可以是变动的（如将计算期的第一期作为基期）。若基期是固定的，则称为定基趋势分析；若基期是变动的，则称为环比趋势分析。

3. 财务比较分析

财务比较分析是指在同一时期财务报表中不同项目之间的比较和分析，主要是通过编制"共同比财务报表"（或称百分比报表）进行分析，即将财务报表中的某一重要项目（如资产负债表中的资产总额或权益总额，利润表中的营业收入，现金流量表中的现金流量总额等）的数据作为100%，然后将报表中其余项目的金额都以这个重要项目的百分比形式做纵向排列，从而揭示出各个项目的数据在企业财务中的相对意义。不仅如此，采用这种形式编制的财务报表还使得在规模不同的企业之间进行经营和财务状况比较成为可能。因为把报表中各个项目的绝对金额都转化成百分数，在经营规模不同的企业之间就形成了可比性，这就是"共同比"的含义。当然，要在不同企业之间进行比较，其前提条件是这些企业应属于同一行业，它们所采用的会计核算方法和财务报表编制程序也必须大致相同，否则就不会得到任何有实际意义的结果。

4. 财务综合分析

财务综合分析是指对各种财务指标进行系统、综合的分析，以便对企业的财务状况做出全面合理的评价。财务综合分析是利用各种因素之间的数量依存关系，通过因素替换，从数量上测定各因素变动对某项综合性经济指标的影响程度的一种方法，具体包括差额分析法、指标分解法、连环替代法和定基替代法等。

10.1.3　财务评价

财务评价是对企业财务状况和经营成果进行的总结、考核和评价。它以企业的财务报表和其他财务分析资料为依据，注重对企业财务分析指标的综合考核。

财务综合评价的方法有很多，包括杜邦分析法、沃尔评分法等。运用科学的财务绩效评价手段，实施财务绩效综合评价，不仅可以真实反映企业经营绩效状况，判断企业的财务管理水平，而且有利于适时揭示财务风险，引导企业持续、快速、健康地发展。

10.1.4　财务分析和评价的数据来源

会计报表的数据是财务分析的主要数据来源。财务分析的数据来源主要有以下两方面。

1. 会计核算数据

会计核算数据是指第 5 章中通过 Excel 生成的资产负债表、利润表和现金流量表等。财务分析以本企业的资产负债表、利润表和现金流量表为基础，通过提取、加工和整理会计核算数据来生成所需的数据报表，然后再对其进行加工处理，便可得到一系列的财务指标。

除了会计核算数据外，进行财务分析还需要其他的数据，如同行业的主要经营比率等，这些数据统称为其他数据。

2. 外部数据库

在 Excel 中获取外部数据源的方式之一是利用 Power Query 获取外部数据源，包括文本类型、数据库、内容包、服务和其他数据源。需要准备一份 Excel 表格作用原始数据，然后使用 Power Query 将原始数据加载到新的表格中，从而可以通过查询编辑器对数据进行处理。在 Excel 2016 中，展开数据选项卡，选择新建查询，然后选择文件类型，并且选择 Excel 文件，找到自己想要的数据源文件。选择文件之后，进入导航器，选择需要加载的工作表。导航器中可以对数据进行两种处理，可以直接将数据进行加载，也可以对数据进行编辑。如果选择编辑，Power Query 的查询编辑器会自动唤起，可以在查询编辑器中对数据进行处理，处理完成之后再加载数据。

利用 VBA 直接与 ODBC 通信获取外部数据库是获取外部数据库的方式之二。在 Excel 中可通过宏调用 Visual Basic for Application（VBA），VBA 又可以直接与 ODBC 通信，从而获取外部数据库。由于篇幅有限，对如何使用 Excel 调用外部数据库这一部分的内容，本书不做详细介绍，有兴趣的读者可以参考和查阅其他书籍。

10.2 财务比率分析

10.2.1　财务比率分析的具体指标

财务比率分析是指将财务报表中的有关项目进行对比，得出一系列的财务比率，以此来揭示企业财务状况和经营成果。常用的财务比率可分为变现能力比率、资产管理比率、长期负债比率、盈利能力比率和市价比率 5 大类。

1. 变现能力比率

变现能力比率又称短期偿债能力比率，是衡量企业产生现金能力大小的比率，它取决于可以在近期转变为现金的流动资产的多少。反映变现能力的财务比率主要有流动比率和速动比率。

（1）流动比率

流动比率是企业流动资产与流动负债之比，其计算公式如下。

流动比率=流动资产÷流动负债

流动资产一般包括货币资金、交易性金融资产、应收票据、应收账款、存货和持有待售资产等。流动负债一般包括短期借款、交易性金融负债、应付票据、应付账款、应交税费、持有待售负债等。

流动比率是衡量企业短期偿债能力的一个重要财务指标。这个比率越高，说明企业偿还流动负债的能力越强，流动负债得到偿还的保障越大。如果流动负债上升的速度过快，则会使流动比率下降，从而引起财务方面的麻烦。一般情况下，营业周期、流动资产中的应收账款和存货的周转速度是影响流动比率的主要因素。因此，在分析流动比率时，还要结合流动资产的周转速度和构成情况。

（2）速动比率

速动比率也称酸性测试比率，是流动资产扣除变现能力较差且不稳定的存货、预付款项等资产后形成的速动资产与流动负债之比。其计算公式如下。

速动比率=速动资产÷流动负债

速动资产=货币资金+交易性金融资产+衍生金融资产+应收票据+应收账款+其他应收款
=流动资产-存货-预付款项-持有待售资产-1 年内到期的非流动资产-其他流动资产

影响速动比率的重要因素是金融资产的变现价值和应收账款的变现能力。

除了以上财务比率之外，还应结合影响变现能力的其他因素来分析企业的短期偿债能力。增强变现能力的因素主要有可动用的银行贷款指标、准备很快变现的长期资产及企业偿债能力的声誉等，减弱变现能力的因素主要有未做记录的或有负债、担保责任引起的负债等。

2. 资产管理比率

资产管理比率，又称运营效率比率，是用来衡量企业在资产管理方面效率高低的财务比率。资产管理比率包括存货周转率、应收账款周转率、流动资产周转率、固定资产周转率和总资产周转率等。通过对这些指标的高低及其成因的考察，利益关系人能够对资产负债表的资产是否在有效运转、资产结构是否合理、所有的资产是否能有效利用以及资产总量是否合理等问题，做出较为客观的认识。

（1）存货周转率

在流动资产中，存货所占的比重较大。存货的变现能力将直接影响企业资产的利用效率，因此，必须特别重视对存货的分析。存货周转率是衡量和评价企业购入存货、投入生产、销售收回等各环节管理状况的综合性指标。它是营业成本与平均存货余额的比值，也称为存货的周转次数。用时间表示的存货周转率就是存货周转天数。其计算公式如下：

存货周转率=营业成本÷平均存货余额
存货周转天数=360÷存货周转率
平均存货余额=（期初存货余额+期末存货余额）÷2

（2）应收账款周转率

应收账款周转率是反映年度内应收账款转换为现金的平均次数的指标。用时间表示的应收账款周转速度是应收账款周转天数，也称为平均应收回收期，它表示企业从取得应收账款的权利到收回款项所需要的时间。其计算公式如下：

应收账款周转率=营业收入÷平均应收账款余额

应收账款周转天数=360÷应收账款周转率

平均应收账款余额=（期初应收账款余额+期末应收账款余额）÷2

（3）营业周期

营业周期是指从取得存货开始到销售存货并收回现金为止的这段时间。营业周期的长短取决于存货周转天数和应收账款周转天数，其计算公式如下：

营业周期=存货周转天数+应收账款周转天数

存货周转率和应收账款周转率以及两者相结合的营业周期是反映企业资产运营效率的主要指标。

（4）流动资产周转率

流动资产周转率是营业收入与平均流动资产总额之比，它反映的是全部流动资产的利用效率。其计算公式如下：

流动资产周转率=营业收入÷平均流动资产总额

平均流动资产总额=（期初流动资产总额+期末流动资产总额）÷2

（5）固定资产周转率

固定资产周转率指的是企业营业收入与平均固定资产净值之比。该比率越高，说明固定资产的利用率越高，管理水平越好。其计算公式如下：

固定资产周转率=营业收入÷平均固定资产净值

平均固定资产净值=（期初固定资产净值+期末固定资产净值）÷2

（6）总资产周转率

总资产周转率指的是企业营业收入与平均资产总额之比，可以用来分析企业全部资产的使用效率。如果该比率较低，企业应采取措施提高营业收入或处置资产，以提高总资产利用率。其计算公式如下：

总资产周转率=营业收入÷平均资产总额

平均资产总额=（期初资产总额+期末资产总额）÷2

3. 长期负债比率

长期负债比率是说明债务和资产、净资产间关系的比率，它反映企业偿付到期长期债务的能力。反映长期偿债能力的长期负债比率指标主要有资产负债率、产权比率、有形净值债务率和利息保障倍数。通过对负债比率的分析，可以看出企业的资本结构是否健全合理，从而评价企业的长期偿债能力。

（1）资产负债率

资产负债率是企业负债总额与资产总额之比，又称举债经营比率，它反映企业的资产总额中有多少是通过举债而得到的。资产负债率反映企业偿还债务的综合能力，该比率越高，企业偿还债务的能力越差；反之，偿还债务的能力越强。其计算公式如下：

资产负债率=负债总额÷资产总额

（2）产权比率

产权比率又称负债权益比率，是负债总额与所有者权益（或股东权益，以下同）总额之比，也是衡量企业长期偿债能力的指标之一。该比率反映了债权人所提供的资金与投资人所提供资金的对比关系，从而揭示企业的财务风险以及所有者权益对债务的保障程度。其计算公式如下：

产权比率=负债总额÷所有者权益总额

（3）有形净值债务率

有形净值债务率是企业负债总额与有形净值的百分比。有形净值等于所有者权益减去无形资产净值。其计算公式如下。

有形净值债务率=负债总额÷（所有者权益总额-无形资产净值）

（4）利息保障倍数

利息保障倍数又称已获利息倍数，是税前利润和利息费用之和与利息费用的比值，反映了企业用经营所得支付债务利息的能力。其计算公式如下：

利息保障倍数=息税前利润÷利息费用

息税前利润=税前利润+利息费用

=净利润+所得税费用+利息费用

如果企业有租金支出，则应予以考虑，相应的比率称为固定负担倍率。其计算公式如下：

固定负担倍率=息税前利润+租金利息费用+租金

公式中的"息税前利润"是指利润表中未扣除利息费用和所得税之前的利润。它可以通过"利润总额+利息费用"计算得到，其中，"利息费用"是指本期发生的全部应付利息，不仅包括财务费用中的利息费用，还包括计入固定资产成本中的资本化利息。我国 2018 年修订后的利润表已将"财务费用"中的"利息费用"单列，外部报表使用人员可以直接取得"利息费用"进行分析。该比率越高，说明企业用经营所得按时按量支付债务利息的能力越强。这会增强贷款人对企业支付能力的信任程度。

除了用以上相关项目之间的比率来反映长期偿债能力之外，还应该注意一些影响长期偿债能力的因素，如经营租赁、担保责任导致的或有负债等。

4. 盈利能力比率

盈利能力比率是考察企业赚取利润能力高低的比率。不论是投资人、债权人还是企业管理人员，都重视和关心企业的盈利能力。盈利能力指标主要通过收入与利润之间的关系、资产与利润之间的关系反映。反映企业盈利能力的指标主要有营业利润率、总资产报酬率、净资产收益率等指标，可以评价企业各要素的盈利能力及资本保值增值情况。此外，在会计实务中也经常使用销售净利率、销售毛利率等指标来分析企业经营业务的获利水平，上市公司经常使用的盈利能力指标还有每股收益、每股股利、市盈率和每股净资产等。

（1）营业利润率

营业利润率指的是企业一定时期营业利润与营业收入的比率。其计算公式如下：

营业利润率=营业利润÷营业收入

（2）销售净利率、销售毛利率

销售毛利率表示每 1 元营业收入扣除销售成本后，有多少剩余可以用于各项期间费用的补偿和形成盈利。销售净利率可以评价企业通过销售赚取利润的能力。该比率越高，说明企业通过扩大销售获取收益的能力越强。销售净利率反映每 1 元营业收入带来净利润的多少，表示通过营业收入获得利润的水平。其计算公式如下：

销售毛利率=销售毛利÷营业收入净额

=（销售收入净额-销售成本）÷营业收入净额

销售净利率=净利润÷营业收入净额

（3）总资产报酬率

总资产报酬率也称资产利润率或总资产收益率，是企业在一定时期内所获得的报酬总额与平均资产总额之比。总资产报酬率用来衡量企业利用全部资产获取利润的能力，反映企业总资产的利用效率。其计算公式如下：

$$总资产报酬率=息税前利润÷平均资产总额$$
$$息税前利润=税前利润+利息费用$$
$$=净利润+所得税费用+利息费用$$

（4）净资产收益率

净资产收益率是在一定时期内企业的净利润与平均净资产之比。净资产收益率是评价企业盈利能力的一个重要财务指标，反映企业自有资本获取投资报酬的高低。其计算公式如下：

$$净资产收益率=净利润÷平均净资产$$
$$平均净资产=（期初所有者权益总额+期末所有者权益总额）÷2$$

5. 市价比率

市价比率又称市场价值比率，实质上是反映每股市价和企业盈余、每股账面价值关系的比率，它是上述4个指标的综合反映。管理者可根据该比率来了解投资人对企业的评价。市价比率包括每股盈余、市盈率、每股股利、股利支付比率和每股账面价值等指标。

（1）每股盈余

每股盈余是扣除优先股股利后的净利润与发行在外的普通股平均股数的比值，是衡量股份制企业盈利能力的指标之一。其计算公式如下：

$$每股盈余=（净利润-优先股股利）÷发行在外的普通股平均股数$$

每股盈余反映普通股的获利水平：指标值越高，每股可获得的利润越多，股东的投资效益越好；指标值越低，每股可获得的利润越少，股东的投资效益则越差。由于每股盈余是一个绝对指标，因此在分析时，还应考虑流通在外的普通股的变化及每股股价高低的影响。

（2）市盈率

市盈率是每股市价与每股盈余相比计算得到的比率，是衡量股份制企业盈利能力的重要指标之一。其计算公式如下：

$$市盈率=每股市价÷每股盈余$$

公式中的每股市价是指每股普通股在证券市场上的买卖价格。每股市价与每股盈余的比率是衡量股份制企业盈利能力的重要指标，市盈率反映投资者对每1元利润愿支付的价格。

（3）每股股利

每股股利是普通股分配的现金股利总额与普通股总股份数的比值，是衡量股份制企业的盈利能力指标之一。其计算公式如下：

$$每股股利=（现金股利总额-优先股股利）÷普通股总股份数$$

（4）股利支付比率

股利支付比率是普通股每股股利与每股盈余的比例，反映普通股股东从每股全部盈余中获得的比例。股利支付比率反映公司的净利润中有多少用于现金股利的分派。其计算公式如下：

$$股利支付比率=每股股利÷每股盈余$$

（5）每股账面价值

每股账面价值是股东权益总额减去优先股权益后的余额与发行在外的普通股股数的比值，反映的是发行在外的每股普通股所代表的企业记在账面上的股东权益额。其计算公式如下：

$$每股账面价值=（股东权益总额-优先股权益）÷发行在外的普通股股数$$

10.2.2　Excel在财务比率分析中的应用

利用 Excel 进行各财务比率的计算，方法比较简单，可直接用 Excel 中的数据调用功能，在财务比率的计算公式基础上，对其进行定义。即根据已有财务报表（主要是资产负债表和利润表）中的原始数据，从不同工作表的财务报表中读取数据，设计相应的公式，并在相应的单元格中输入公式。

下面以宏达公司 20×0 年和 20×1 年的财务报表（资产负债表和利润表）数据为例，利用 Excel 计算和分析财务比率。相关财务报表项目已按《财政部关于修订印发 2019 年度一般企业财务报表格式的通知》进行更新。具体操作步骤如下。

（1）打开"第 10 章.xls x"工作簿，创建宏达公司 20×1 年度的资产负债表和利润表，如图 10-1 和图 10-2 所示。

	资产负债表					
编制单位：宏达公司		20×1年12月31日			单位：万元	
资　　　产	期末余额	年初余额	负债和所有者权益	期末余额	年初余额	
流动资产：			流动负债：			
货币资金	900	800	短期借款	2,300	2,000	
交易性金融资产	500	1,000	交易性金融负债	0	0	
衍生金融资产	0	0	衍生金融负债	0	0	
应收票据	0	0	应付票据	0	0	
应收账款	1,300	1,200	应付账款	1,200	1,000	
预付款项	70	40	预收款项	400	300	
其他应收款	80	60	应付职工薪酬	20	20	
存　货	5,200	4,000	其他应付款	80	80	
持有待售资产	0	0	持有待售负债	0	0	
一年内到期的非流动资产	0	0	一年内到期的非流动负债	0	0	
其他流动资产	0	0	流动负债合计	4,000	3,400	
流动资产合计	8,050	7,100	非流动负债：			
非流动资产：			长期借款	2,500	2,000	
债权投资	400	400	应付债券	0	0	
其他债权投资	0	0	长期应付款	0	0	
长期应收款	0	0	预计负债	0	0	
长期股权投资	0	0	递延所得税负债	0	0	
其他权益工具投资	0	0	其他非流动负债	0	0	
投资性房地产	0	0	非流动负债合计	2,500	2,000	
固定资产	14,000	12,000	负债合计	6,500	5,400	
在建工程	0	0	所有者权益：			
无形资产	550	500	实收资本（或股本）	10,000	10,000	
开发支出	0	0	其他权益工具	0	0	
商誉	0	0	资本公积	1,000	1,000	
长期待摊费用	0	0	其他综合收益	0	0	
递延所得税资产	0	0	盈余公积	1,600	1,600	
其他非流动资产	0	0	未分配利润	2,900	2,000	
非流动资产合计	14,950	12,900	所有者权益合计	16,500	14,600	
资产总计	23,000	20,000	负债和所有者权益总计	23,000	20,000	

图 10-1　宏达公司 20×1 年年末资产负债表

	利润表		
编制单位：宏达公司		20×1年度	单位：万元
项　　　　　目		本期金额	上期金额
一、营业收入		21,200	18,800
减：营业成本		12,400	10,900
税金及附加		1,200	1,080
销售费用		1,900	1,620
管理费用		1,000	800
研发费用		0	0
财务费用		300	200
其中：利息费用		300	200
利息收入		0	0
加：其他收益		0	0
投资收益（损失以"－"号填列）		300	300
公允价值变动收益（损失以"－"号填列）		0	0
信用减值损失（损失以"－"号填列）		0	0
资产减值损失（损失以"－"号填列）		0	0
资产处置收益（损失以"－"号填列）		0	0
二、营业利润（亏损以"－"号填列）		4,700	4,500
加：营业外收入		150	100
减：营业外支出		650	600
三、利润总额（亏损总额以"－"号填列）		4,200	4,000
减：所得税费用		1,050	1,000
四、净利润		3,150	3,000
（一）持续经营净利润（净损失以"－"号填列）		3,150	3,000
（二）终止经营净利润（净损失以"－"号填列）		0	0
五、其他综合收益的税后净额		1,000	1,000
（一）不能重分类进损益的其他综合收益		0	0
（二）将重分类进损益的其他综合收益		1,000	1,000
六、综合收益总额		4,150	4,000

图 10-2　宏达公司 20×1 年度利润表

（2）按照财务分析比率分类创建一个财务比率分析表的框架，效果如图 10-3 所示。

	A	B	C	D
1	**财务比率分析表**		20×1	20×0
2	**一、变现能力比率**			
3	流动比率	**流动资产/流动负债**		
4	速动比率	（货币资金+交易性金融资产+衍生金融资产+应收票据+应收账款+其他应收款）/流动负债		
5				
6	**二、长期负债比率**			
7	资产负债率	负债总额/资产总额		
8	产权比率	负债总额/所有者权益总额		
9	有形净值债务率	负债总额/（所有者权益-无形资产净值）		
10	利息保障倍数	息税前利润/利息费用		
11				
12	**三、资产管理比率**			
13	存货周转率	营业成本/平均存货		
14	应收账款周转率	营业收入/平均应收账款		
15	流动资产周转率	营业收入/平均流动资产		
16	总资产周转率	营业收入/平均资产总额		
17				
18	**四、盈利能力比率**			
19	营业利润率	营业利润/营业收入		
20	总资产报酬率	息税前利润/平均资产总额		
21	净资产收益率	净利润/平均净资产		

图 10-3　财务比率分析表

（3）在财务比率分析表中创建公式和跨表引用数据。以计算 20×1 年流动比率为例，选中 C3 单元格，如图 10-4 所示。

	A	B	C	D
		财务比率分析表	20×1	20×0
2	一、变现能力比率			
3	流动比率	流动资产/流动负债		

图 10-4　选取财务比率分析表的单元格

（4）在 C3 单元格输入"="，进行单元格函数公式的编辑，如图 10-5 所示。

	A	B	C	D
1		财务比率分析表	20×1	20×0
2	一、变现能力比率			
3	流动比率	流动资产/流动负债	=	

图 10-5　编辑公式

（5）根据流动比率公式（流动比率=流动资产/流动负债），单击工作簿中的"资产负债表"工作表，单击 B16 单元格（B16 单元格为宏达公司 20×1 年年末流动资产余额合计），然后在函数编辑栏中输入"/"。单击 E15 单元格（E15 单元格为宏达公司 20×1 年年末流动负债余额合计），生成流动比率计算公式，如图 10-6 所示。

ROUND　fx =资产负债表!B16/资产负债表!E15

	A	B	C	D	E
1		财务比率分析表	20×1	20×0	
2	一、变现能力比率				
3	流动比率	流动资产/流动负债			=资产负债表!B16/资产负债表!E15

图 10-6　流动比率计算公式

（6）按 Enter 键，结束公式的输入，这时单元格中已显示计算结果，注意将单元格的格式调整为数值，如图 10-7 所示。

C3　fx =资产负债表!B16/资产负债表!E15

	A	B	C	D
1		财务比率分析表	20×1	20×0
2	一、变现能力比率			
3	流动比率	流动资产/流动负债	2.01	

图 10-7　流动比率公式计算结果

（7）如果需要计算 20×0 年流动比率，因为计算公式一致，相对引用工作表也一致，所以可以直接将 20×1 年流动比率计算公式复制到 D3 单元格，自动生成 20×0 年流动比率的计算公式，从而进行两年数据的对比（为了简化计算，在输入公式时，均使用各年末数据），如图 10-8 所示。

C3　fx =资产负债表!B16/资产负债表!E15

	A	B	C	D	E
1		财务比率分析表	20×1	20×0	
2	一、变现能力比率				
3	流动比率	流动资产/流动负债	2.01	2.09	
4					
5					

图 10-8　自动生成 20×0 年流动比率公式的计算结果

（8）使用同样的方法，按照公式提示，在相应的单元格中输入速动比率的计算公式，以便计算速动比率，如图 10-9 和图 10-10 所示。

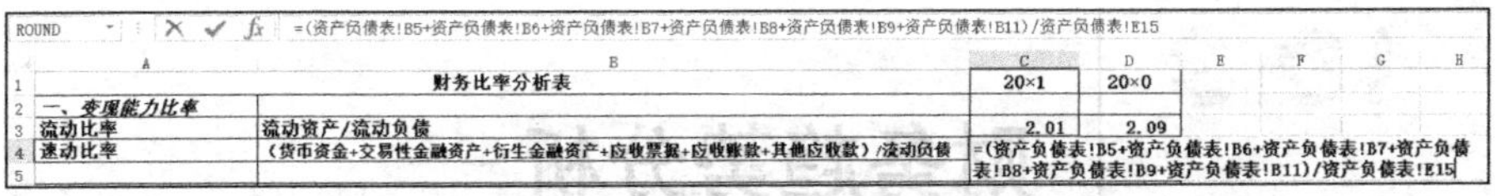

图 10-9　速动比率计算公式

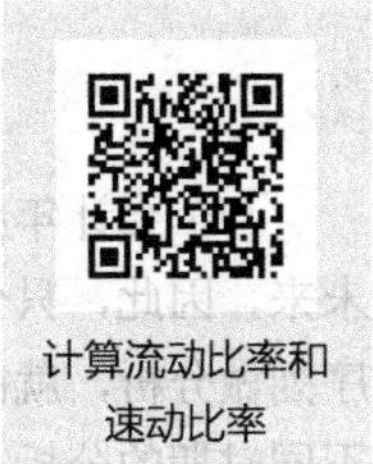

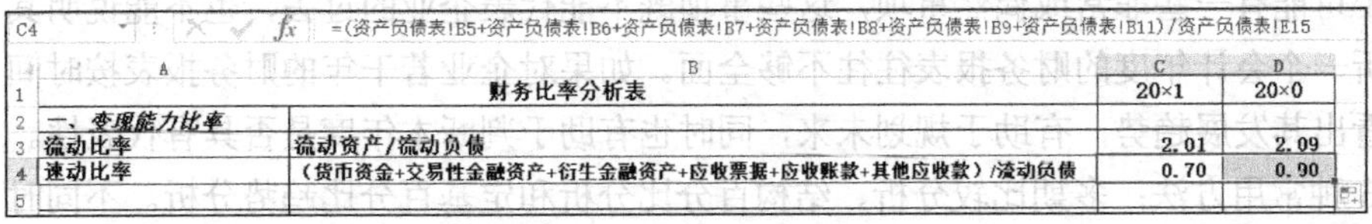

图 10-10　速动比率计算结果

（9）使用相同的方法，按照公式提示，在"财务比率分析表"相应的单元格中输入各个财务比率的计算公式。图 10-11 所示为显示模式是"公式审核"。在"公式"选项卡中的"公式审核"组单击"显示公式"即可，需要显示计算结果时，重新选择该命令即可。

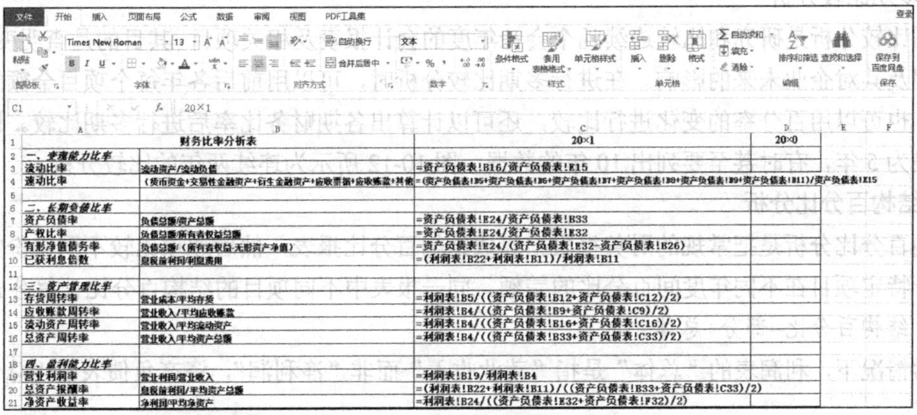

图 10-11　各财务比率计算公式

公式的计算结果如图 10-12 所示。注意：本例 20×0 年各平均指标的计算，例如平均存货余额需要 20×0 年年末和年初的存货数据，由于资料所限无法显示，故此不再计算平均值，选择 20×0 年年末数据进行计算，对指标可比性有一定影响。实务中由于历史资料充分，一般不存在这种问题。

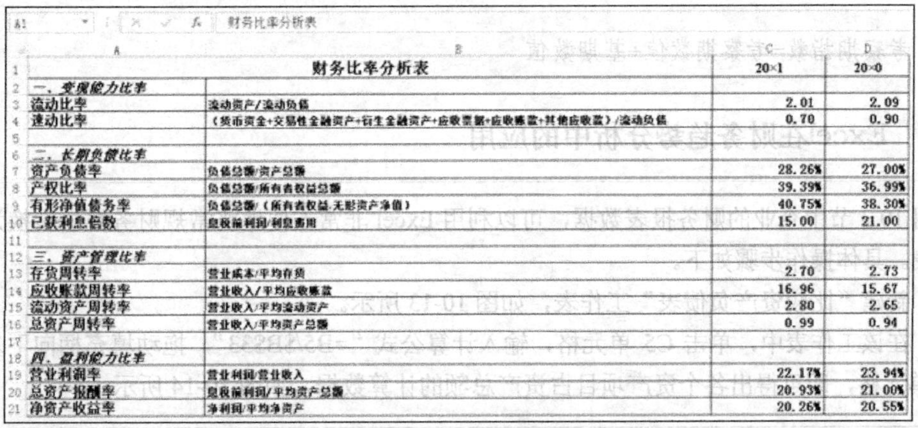

图 10-12　财务比率分析表计算结果

将计算得到的数据与同行业企业的财务指标标准值进行比较，即可对企业的财务状况和经营成果进行评价。

10.3 财务趋势分析

一个会计年度中可能有一些非常或偶然事项，这些事项既不能代表企业的过去，也不能说明其未来，因此，只分析一个会计年度的财务报表往往不够全面。如果对企业若干年的财务报表按时间序列做分析，就能看出其发展趋势，有助于规划未来，同时也有助于判断本年度是否具有代表性。不同时期的分析有3种常用方法：多期比较分析、结构百分比分析和定基百分比趋势分析。不同时期的分析，主要是判断发展趋势，故亦称为趋势分析；分析时主要使用百分率，故称为百分率分析。

10.3.1 趋势分析的具体方法

1. 多期比较分析

多期比较分析是研究和比较连续几个会计年度的会计报表及相关项目。其目的是查明变化内容、变化原因及其对企业未来的影响。在进行多期比较分析时，可以用前后各年每个项目金额的差额进行比较，也可以用百分率的变化进行比较，还可以计算出各期财务比率后进行多期比较。比较的年度数一般为5年，有时甚至要列出10年的数据。图10-12所示为连续两年的比较分析。

2. 结构百分比分析

结构百分比分析是把常规的财务报表换算成结构百分比报表，然后逐项比较不同年份的报表，查明某一特定项目在不同年度间百分比的差额。同一报表中不同项目的结构百分比计算公式为：

结构百分比=部分÷总体

通常情况下，利润表的"总体"是指"营业收入"而非"净利润"，资产负债表的"总体"是指"总资产"。

3. 定基百分比趋势分析

定基百分比趋势分析，首先要选取一个基期，将基期报表上各项数额的指数均定为100，将考察期年度财务报表上各项目的金额与基期报表上同一项目的金额进行对比，由此得出定基百分比报表。通过定基百分比可以看出各项目的发展变化趋势。不同时期的同类报表项目的定基百分比计算公式为：

考察期指数=考察期数值÷基期数值

10.3.2 Excel在财务趋势分析中的应用

沿用10.2节中企业的财务报表数据，可以利用Excel非常方便地将常规财务报表转换为结构百分比报表。具体操作步骤如下。

（1）新建"比较资产负债表"工作表，如图10-13所示。

（2）在该工作表中，单击C5单元格，输入计算公式"=B5/$B$33"，拖动填充柄向下复制公式到C33单元格，即可得出各个资产项目占资产总额的计算数据，如图10-14所示。

> 注意：$B$33表示对B33单元格的绝对引用。复制公式后，单元格中公式的分子会随着单元格的变化而变化，但是分母保持不变。

比较资产负债表					
编制单位：宏达公司		20×1年12月31日		单位：万元	
资　　产	20×1	20×0	负债和所有者权益	20×1	20×0
流动资产：			流动负债：		
货币资金	900	800	短期借款	2, 300	2, 000
交易性金融资产	500	1, 000	交易性金融负债	0	0
衍生金融资产	0	0	衍生金融负债	0	0
应收票据	0	0	应付票据	0	0
应收账款	1, 300	1, 200	应付账款	1, 200	1, 000
预付款项	70	40	预收款项	400	300
其他应收款	80	60	应付职工薪酬	20	20
存　　货	5, 200	4, 000	其他应付款	80	80
持有待售资产	0	0	持有待售负债	0	0
一年内到期的非流动资产	0	0	一年内到期的非流动负债	0	0
其他流动资产	0	0	流动负债合计	4, 000	3, 400
流动资产合计	8, 050	7, 100	非流动负债：		
非流动资产：			长期借款	2, 500	2, 000
债权投资	400	400	应付债券	0	0
其他债权投资	0	0	长期应付款	0	0
长期应收款	0	0	预计负债	0	0
长期股权投资	0	0	递延所得税负债	0	0
其他权益工具投资	0	0	其他非流动负债	0	0
投资性房地产	0	0	非流动负债合计	2, 500	2, 000
固定资产	14, 000	12, 000	负债合计	6, 500	5, 400
在建工程	0	0	所有者权益：		
无形资产	550	500	实收资本（或股本）	10, 000	10, 000
开发支出	0	0	其他权益工具	0	
商誉	0	0	资本公积	1, 000	1, 000
长期待摊费用	0	0	其他综合收益	1, 000	1, 000
递延所得税资产	0	0	盈余公积	1, 600	1, 600
其他非流动资产	0	0	未分配利润	2, 900	1, 000
非流动资产合计	14, 950	12, 900	所有者权益合计	16, 500	14, 600
资产总计	23, 000	20, 000	负债和所有者权益总计	23, 000	20, 000

图 10-13　新建“比较资产负债表”

（3）单击选中 C 列，单击“百分比样式”按钮 %，转换为百分比数据，但此时的百分比数据为整数，不够精确，再单击“增加小数位数”按钮 .00，保留两位小数，完成单元格格式的设置，效果如图 10-15 所示。

编制单位：宏达公司		
资　　产	20×1	
流动资产：		
货币资金	900	0.0391
交易性金融资产	500	0.0217
衍生金融资产	0	0.0000
应收票据	0	0.0000
应收账款	1, 300	0.0565
预付款项	70	0.0030
其他应收款	80	0.0035
存　　货	5, 200	0.2261
持有待售资产	0	0.0000
一年内到期的非流动资产	0	0.0000
其他流动资产	0	0.0000
流动资产合计	8, 050	0.3500
非流动资产：		
债权投资	400	0.0174
其他债权投资	0	0.0000
长期应收款	0	0.0000
长期股权投资	0	0.0000
其他权益工具投资	0	0.0000
投资性房地产	0	0.0000
固定资产	14, 000	0.6087
在建工程	0	0.0000
无形资产	550	0.0239
开发支出	0	0.0000
商誉	0	0.0000
长期待摊费用	0	0.0000
递延所得税资产	0	0.0000
其他非流动资产	0	0.0000
非流动资产合计	14, 950	0.6500
资产总计	23, 000	1.0000

图 10-14　复制计算公式

编制单位：宏达公司		
资　　产	20×1	
流动资产：		
货币资金	900	3.91%
交易性金融资产	500	2.17%
衍生金融资产	0	0.00%
应收票据	0	0.00%
应收账款	1, 300	5.65%
预付款项	70	0.30%
其他应收款	80	0.35%
存　　货	5, 200	22.61%
持有待售资产	0	0.00%
一年内到期的非流动资产	0	0.00%
其他流动资产	0	0.00%
流动资产合计	8, 050	35.00%
非流动资产：		
债权投资	400	1.74%
其他债权投资	0	0.00%
长期应收款	0	0.00%
长期股权投资	0	0.00%
其他权益工具投资	0	0.00%
投资性房地产	0	0.00%
固定资产	14, 000	60.87%
在建工程	0	0.00%
无形资产	550	2.39%
开发支出	0	0.00%
商誉	0	0.00%
长期待摊费用	0	0.00%
递延所得税资产	0	0.00%
其他非流动资产	0	0.00%
非流动资产合计	14, 950	65.00%
资产总计	23, 000	100.00%

图 10-15　设置单元格格式

（4）单击 E5 单元格，输入计算公式 "=D5/$D$33"，拖动填充柄向下复制公式到 E33 单元格；单击 H5 单元格，输入计算公式 "=G5/$G$33"，拖动填充柄向下复制公式到 H33 单元格；单击 J5 单元格，输入计算公式 "=I5/$I$33"，拖动填充柄向下复制公式到 J33 单元格，得到比较资产负债表，如图 10-16 所示。

图 10-16 比较资产负债表

（5）新建"比较利润表"工作表，在该工作表中，单击 C4 单元格，输入计算公式 "=B4/$B$4"，拖动填充柄向下复制公式到 C30 单元格；单击 E4 单元格，输入计算公式 "=D4/$D$4"，拖动填充柄向下复制公式到 E30 单元格，得到比较利润表，如图 10-17 所示。

图 10-17 比较利润表

根据比较资产负债表（见图 10-16）和比较利润表（见图 10-17）的计算结果，可以分析该企业的资产、负债和所有者权益的变化趋势，同时也可以分析应该采取何种有效措施改善财务状况。

此外，为了直观地反映出财务状况的变动趋势，还可以利用图解法进行财务状况趋势分析。所谓图解法，是将企业连续几个会计期间的财务数据或财务指标绘制成图，并根据图形走势来判断企业财务状况及其变化趋势的方法。

这种方法能比较简单直观地反映企业财务状况的发展趋势，使分析者能够发现一些通过比较法所不易发现的问题。

【例 10-1】 假设中达公司 20×1—20×6 年的主营业务利润数据如图 10-18 所示。根据该内容进行图解法操作，具体操作步骤如下。

图 10-18　主营业务利润表

① 单击 A1 单元格，在"插入"选项卡下，单击"图表"组中的"插入折线图或面积图"按钮，如图 10-19 所示。

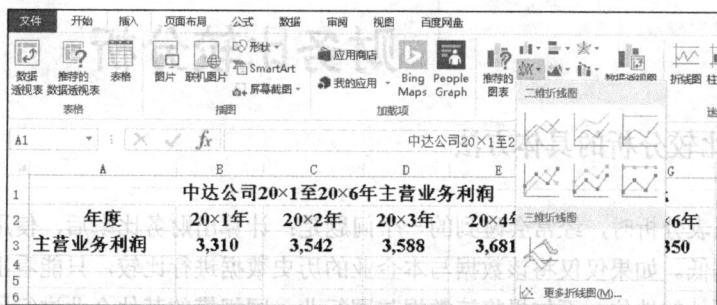

图 10-19　单击"插入折线图或面积图"按钮

② 可以根据制表要求，选择二维折线图、三维折线图以及其他图表类型，选择"二维折线图"中的某种折线图，系统即可自动生成二维折线图，效果如图 10-20 所示。在图表创建完成后，可以按照前文所述，修改其各种属性，以使整个图表更加完善。

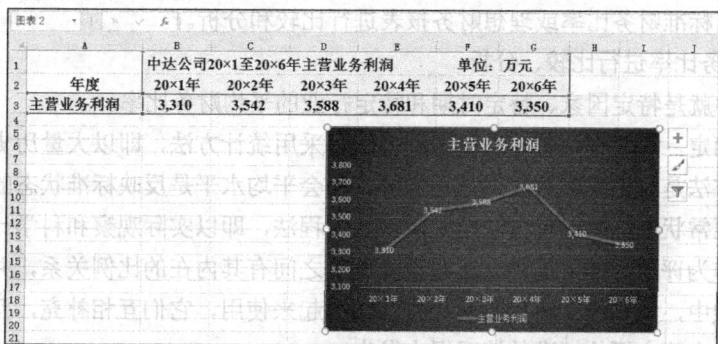

图 10-20　自动生成主营业务利润二维折线图

③ 除了自动生成折线图以外，还可以根据需要将"主营业务利润图"调整为柱形图、饼图、条形图、面积图、散点图以及所需要的其他图表。例如，单击"插入柱形图或条形图"按钮，选择"二维柱形图"中的"簇状柱形图"，即可自动生成二维簇状柱形图，效果如图 10-21 所示。

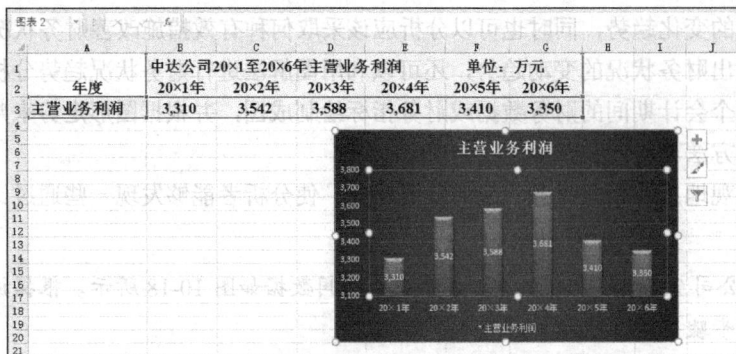

图 10-21　自动生成主营业务利润二维簇状柱形图

从 20×1—20×6 年主营业务利润折线图中可以看出，中达公司的主营业务利润在前 4 年呈上升趋势，20×4 年达到高峰，20×5 年下降。因此，中达公司的财务人员应该寻找 20×5—20×6 年导致销售净利润或主营业务收入下降的原因，以便采取措施尽量提高主营业务利润率或维持主营业务利润率不再继续下跌。

10.4 财务比较分析

10.4.1　财务比较分析的具体方法

在进行财务报表分析时，经常会碰到的一个问题是：计算出财务比率后，使用者会发现无法判断它是偏高还是偏低。如果仅仅将该数据与本企业的历史数据进行比较，只能看出自身的变化，无法知道在竞争中所处的地位。而如果将该数据与同行业、同规模的其他企业进行比较，则可以看出与对方的区别，从而为发现问题和查找差距提供线索。

行业平均水平的财务比率可以作为比较的标准，并经常被作为标准财务比率，如标准的流动比率、标准的净资产收益率等。标准财务比率可以作为评价一个企业财务比率优劣的参照物。以标准财务比率作为基础进行比较分析，更容易发现企业的异常情况，便于揭示企业存在的问题。

通常可以采用标准财务比率或理想财务报表进行比较和分析。

1．用标准财务比率进行比较、分析

标准财务比率就是特定国家、特定时期和特定行业的平均财务比率。

一个标准的确定，通常有两种方法。一种方法是采用统计方法，即以大量历史数据的统计结果作为标准。这种方法是假定大多数数据是正常的，社会平均水平是反映标准状态的，脱离了平均水平，就是脱离了正常状态。另一种方法是采用工业工程法，即以实际观察和科学计算为基础，推算出一个理想状态作为评价标准。这种方法假设各变量之间有其内在的比例关系，并且这种关系是可以被认识的。实践中，人们经常将以上两种方法结合起来使用，它们互相补充，互相印证，单独使用其中的一种方法来建立评价标准的情况很少发生。

对于行业的平均财务报表比率，在使用时应注意以下问题。

（1）行业平均指标是根据部分企业抽样调查得来的，不一定能真实反映整个行业的实际情况。如果其中有一个极端的样本，则可能歪曲整个实际情况。

（2）计算平均数的每一个公司采用的会计方法不一定相同。资本密集型企业与劳动密集型企业可能在一起被计算平均值。有大量债务的企业可能与没有债务的企业在一起被计算平均值。因此，在进行报表分析时往往要对行业平均财务比率进行修正，尽可能建立一个可比的基础。

2. 用理想财务报表进行比较、分析

理想财务报表是根据标准财务报表比率和所考察企业的规模来共同确定的财务报表。该报表反映了企业的理想财务状况，决策人可以将该表与实际的财务报表进行对比分析，从而找出差距和原因。

（1）理想资产负债表

理想资产负债表的百分比结构来自行业平均水平，同时要进行必要的推理分析和调整。表 10-1 所示的是一个以百分比来表示的理想资产负债表。

表 10-1   理想资产负债表

项目	理想比率	项目	理想比率
流动资产：	60%	负债：	40%
速动资产	30%	流动负债	30%
非速动资产	30%	长期负债	10%
固定资产：	40%	所有者权益：	60%
		实收资本	20%
		资本公积	30%
		未分配利润	10%
总计	100%	总计	100%

表 10-1 中的比例数据按以下过程来确定。

① 以资产总计为 100%，根据资产负债率确定负债百分比和所有者权益百分比。通常认为，负债应小于自有资本，这样的企业在经济环境恶化时能保持稳定。但是，过小的资产负债率，也会使企业失去在经济繁荣时期获取额外利润的机会。一般认为自有资本占 60%、负债占 40%是比较理想的状态。当然，这个比率会因国家、历史时期和行业的不同而不同。

② 确定固定资产占总资产的百分比。通常情况下，固定资产的数额应小于自有资本，占到自有资本的 2/3 为宜。

③ 确定流动负债的百分比。一般认为流动比率以 2 为宜，那么在流动资产占 60%的情况下，流动负债是其一半占 30%，因此，在总负债占 40%，流动负债占 30%时，长期负债占 10%。

④ 确定所有者权益的内部百分比结构，其基本要求是，实收资本应小于各项积累，以积累为投入资本的两倍为宜。这种比例可以减少分红的压力，使企业有可能重视长远的发展。因此，实收资本为所有者权益（60%）的 1/3（20%），资本公积和未分配利润是所有者权益（60%）的 2/3（40%）。至于资本公积和未分配利润之间的比例，并非十分重要，因为未分配利润的数额经常变化。

⑤ 确定流动负债的内部结构。一般认为速动比率以 1 为宜。因此，速动资产占总资产的比率与流动负债相同，也应该为 30%，因为存货占流动的资产一半左右，则非速动资产（主要是存货）亦占总资产的 30%。

在确定了以百分比表示的理想资产负债表后，可以根据具体企业的资产总额建立绝对数的理想资产负债表，然后再将企业报告期的实际资料与之进行比较分析，以判断企业财务状况的优劣。

（2）理想利润表

理想利润表的百分比以营业收入为基础计算。一般来说，毛利率因行业而异。周转快的企业奉行薄利多销的销售原则，毛利率一般偏低，如快消行业；周转慢的企业毛利率一般定得比较高，例如奢侈品销售行业。实际上，每个行业都有一个自然形成的毛利率水平。表 10-2 所示的是一个以百分比表示的理想利润表。

表 10-2　　　　　　　　　　理想利润表

项目	理想比率
营业收入	100%
营业成本（包括销售税金）	75%
毛利	25%
期间费用	13%
营业利润	12%
营业外收支净额	1%
税前利润	11%
所得税费用	6%
税后利润	5%

假设某公司所在行业的毛利率为 25%，则销售成本率为 75%。在毛利率当中，可用于期间费用的约占一半，在本例中按 13%处理，余下的 12%是营业利润。营业外收支净额的数额不大，本例按 1%处理。虽然所得税税率为 25%，但是由于有纳税调整等原因，实际负担在一半左右，多数还可能超过一半，故本例按税前利润（11%）的一半多一点处理，定为 6%，这样，余下的税后利润为 5%。

在确定了以百分比表示的理想利润表之后，即可根据企业某期间的营业收入数额来设计绝对数额表示的理想利润表，然后再与企业的实际利润表进行比较，以判断其优劣。

10.4.2 Excel在财务比较分析中的应用

以标准财务比率分析为例进行说明。标准财务比率分析的数据来源为已有的财务报表数据，可采用数据引用的方法来调用相关的数据。本例中的数据来源为 10.2 节中的“财务比率分析表”中的 20×1 年数据，如图 10-12 所示。具体操作步骤如下。

（1）打开 Excel 工作簿，插入一个新的工作表，并将其命名为“标准财务比率分析表”。

（2）在选择项目“财务比率”时，根据需要选择并输入常用财务比率指标（A2:A9 单元格区域中所选用的财务比率），如图 10-22 所示。

（3）在 C2 单元格中输入公式“=VLOOKUP(A2,'财务比率 '! $A$3:$C$21,3,FALSE)”，将该公式复制到 C3～C9 单元格，如图 10-23 所示。

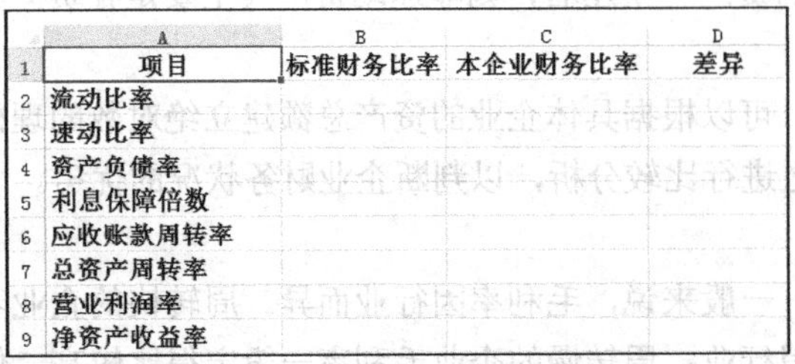

	A	B	C	D
1	项目	标准财务比率	本企业财务比率	差异
2	流动比率			
3	速动比率			
4	资产负债率			
5	利息保障倍数			
6	应收账款周转率			
7	总资产周转率			
8	营业利润率			
9	净资产收益率			

图 10-22　选取常用的财务比率指标

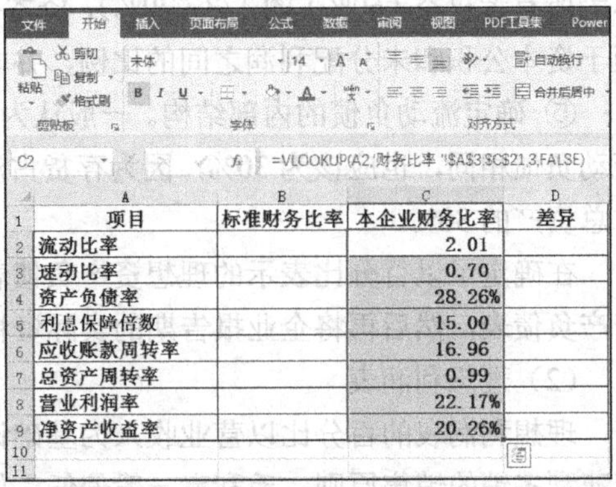

	A	B	C	D
1	项目	标准财务比率	本企业财务比率	差异
2	流动比率		2.01	
3	速动比率		0.70	
4	资产负债率		28.26%	
5	利息保障倍数		15.00	
6	应收账款周转率		16.96	
7	总资产周转率		0.99	
8	营业利润率		22.17%	
9	净资产收益率		20.26%	
10				
11				

图 10-23　引用数据

VLOOKUP 函数是使用频率非常高的查找和引用函数之一，语法结构为 VLOOKUP(lookup_value, table_array,col_index_num,[range_lookup])。

VLOOKUP(A2,'财务比率 '!$A$3:$C$21,3,FALSE)表示，在本章第二节已经完成的“财务比率”工作表 A3:C21 单元格区域内，查询 A2 单元格中的“流动比率”，查询后返回 A3:C21 单元格区域中第 3 列的内容。第四参数[range_lookup]使用 FALSE（也可以用 0），表示使用大致匹配的方式进行查找。

注意 第三参数中的列号，不能理解为“财务比率”工作表中实际的列号，而是指定要返回 A3:C21 单元格区域中第几列的值（20×1 年各项财务比率的计算结果）。

（4）在 B2:B9 单元格区域中输入从有关渠道得到的标准财务比率，在 D2 单元格中输入公式“=C2−B2”，得到企业实际的流动比率与标准的流动比率之间的差异值。将该单元格中的公式复制到 D3:D9 单元格区域，如图 10-24 所示。

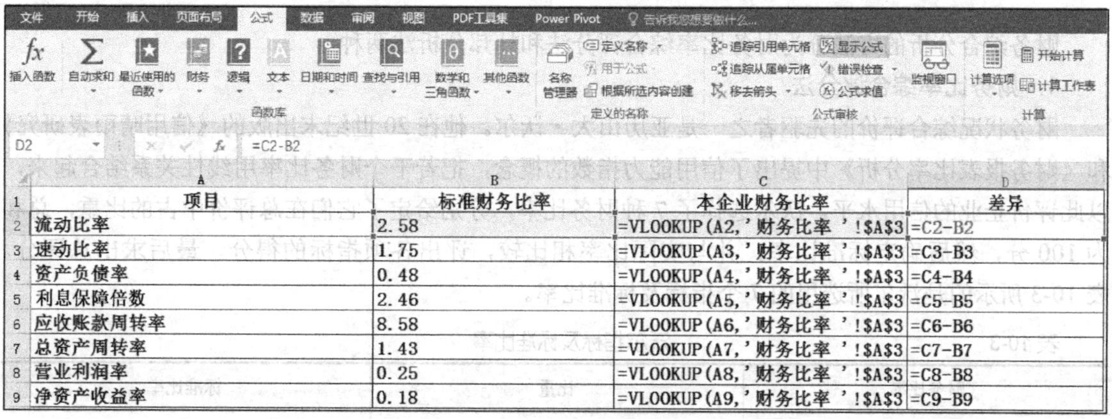

项目	标准财务比率	本企业财务比率	差异
流动比率	2.58	=VLOOKUP(A2,'财务比率 '!$A$3	=C2-B2
速动比率	1.75	=VLOOKUP(A3,'财务比率 '!$A$3	=C3-B3
资产负债率	0.48	=VLOOKUP(A4,'财务比率 '!$A$3	=C4-B4
利息保障倍数	2.46	=VLOOKUP(A5,'财务比率 '!$A$3	=C5-B5
应收账款周转率	8.58	=VLOOKUP(A6,'财务比率 '!$A$3	=C6-B6
总资产周转率	1.43	=VLOOKUP(A7,'财务比率 '!$A$3	=C7-B7
营业利润率	0.25	=VLOOKUP(A8,'财务比率 '!$A$3	=C8-B8
净资产收益率	0.18	=VLOOKUP(A9,'财务比率 '!$A$3	=C9-B9

图 10-24　财务比率差异计算公式

（5）形成标准财务比率分析表，如图 10-25 所示，进而对本企业财务比率与标准财务比率进行比较，找出存在的差异及其形成的原因，并提出改进措施。

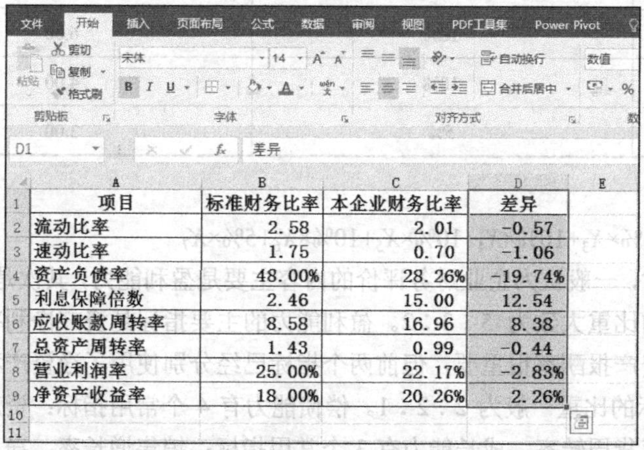

项目	标准财务比率	本企业财务比率	差异
流动比率	2.58	2.01	-0.57
速动比率	1.75	0.70	-1.06
资产负债率	48.00%	28.26%	-19.74%
利息保障倍数	2.46	15.00	12.54
应收账款周转率	8.58	16.96	8.38
总资产周转率	1.43	0.99	-0.44
营业利润率	25.00%	22.17%	-2.83%
净资产收益率	18.00%	20.26%	2.26%

图 10-25　标准财务比率分析表

标准财务比率分析表

10.5 | 财务综合分析

财务分析的最终目的在于全面、客观、准确地揭示与披露企业财务状况和经营成果，并借以对企业经济效益的优劣做出合理评价。显然，仅仅测算几个独立、简单的财务比率，或者将一些孤立的财务分析指标堆砌在一起，彼此毫无联系地考察，无法得出合理、正确的综合性结论，有时甚至会得到错误的结论。企业的财务状况是一个完整的系统，内部各种因素相互依存、相互作用，因此只有将企业偿债能力、营运能力、投资收益实现能力以及发展趋势等各项指标有机联系，作为一套完整的体系，相互配合使用，才能了解企业财务状况内部的各项因素及其相互之间的关系，进而从总体意义上揭示企业财务状况和经营成果的全貌。

10.5.1 财务综合分析的具体方法

财务综合分析的方法分为财务比率综合评分法和杜邦分析法两种。

1. 财务比率综合评分法

财务状况综合评价的先驱者之一是亚历山大·沃尔。他在 20 世纪末出版的《信用晴雨表研究》和《财务报表比率分析》中提出了信用能力指数的概念，把若干个财务比率用线性关系结合起来，以此评价企业的信用水平。沃尔选择了 7 种财务比率，分别给定了它们在总评价中占的比重，总和为 100 分，然后确定标准比率，并与实际比率相比较，评出各项指标的得分，最后求出总评分。表 10-3 所示的是沃尔所选用的 7 个指标及标准比率。

表 10-3　　　　　　　　　　　　　　沃尔指标及标准比率

财务比率	比重	标准比率
流动比率（X_1）	25%	2.00
净资产/负债（X_2）	25%	1.50
资产/固定资产（X_3）	15%	2.50
销售成本/存货（X_4）	10%	8.00
销售额/应收账款（X_5）	10%	6.00
销售额/固定资产（X_6）	10%	4.00
销售额/净资产（X_7）	5%	3.00

则综合财务指标 Y 如下：

$$Y = 25\% \times X_1 + 25\% \times X_2 + 15\% \times X_3 + 10\% \times X_4 + 10\% \times X_5 + 10\% \times X_6 + 5\% \times X_7$$

进行财务状况的综合评价时，一般认为企业财务评价的内容主要是盈利能力，其次是偿债能力，此外还有成长能力。它们之间的比重大致为 5∶3∶2。盈利能力的主要指标是资产净利率、销售净利率和净资产报酬率。虽然净资产报酬率很重要，但前两个指标已经分别使用了净资产和净利润，为了减少重复影响，这 3 个指标的比重一般为 2∶2∶1。偿债能力有 4 个常用指标：资产负债率、流动比率、应收账款周转率和存货周转率。成长能力有 3 个常用指标：销售增长率、净利增长率和人均净利增长率。

综合评价方法的关键技术是标准评分值的确定和标准比率的建立。标准比率应以本行业平均数为基础，适当进行理论修正。

2. 杜邦分析法

杜邦分析法是利用各个主要财务比率之间的内在联系，建立财务比率分析的综合模型，来综合地分析和评价企业财务状况和经营业绩的方法。采用杜邦分析图将有关分析指标按内在联系加以排列，从而直观地反映出企业的财务状况和经营成果的总体面貌。该分析法由美国杜邦公司创造，因此称之为杜邦系统（The DuPont System），图 10-26 所示为杜邦分析体系。

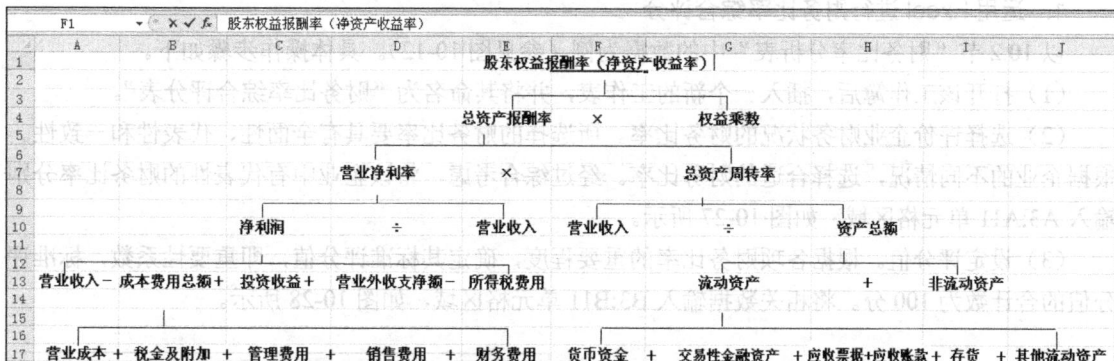

图 10-26　杜邦分析体系

杜邦分析体系的作用在于解释指标变动的原因和变化趋势，为决策者采取措施指明方向。从杜邦分析体系中可以了解到下面的财务信息。

（1）股东权益报酬率是一个综合性极强、极具代表性的财务比率，它是杜邦系统的核心。企业财务管理的重要目标之一就是实现股东财富最大化，股东权益报酬率反映了股东投入资金的盈利能力，反映了企业筹资、投资和生产运营等各方面经营活动的效率。股东权益报酬率取决于企业的总资产报酬率和权益乘数。总资产报酬率主要反映企业运用资产进行生产经营活动的效率如何，而权益乘数则主要反映企业的筹资情况，即企业资金的来源结构如何。

（2）总资产报酬率又称净资产收益率，是反映企业盈利能力的一个重要财务比率，它揭示了企业生产经营活动的效率，综合性也很强。企业的营业收入、成本费用、资产结构、资产周转速度以及资金占用量等各种因素都直接影响总资产报酬率。总资产报酬率是营业净利率与总资产周转率的乘积。因此，可以从企业的销售活动与资产管理各方面来对其进行分析。

（3）从企业的销售方面来看，营业净利率反映了企业净利润与营业收入之间的关系。一般来说，营业收入增加，企业的净利润也会随之增加。但是，要想提高营业净利率，则必须一方面提高营业收入，另一方面降低各种成本费用，这样才能使净利润的增长高于营业收入的增长，从而使营业净利率提高。

（4）在企业资产方面，主要应该分析以下两个方面。

① 分析企业的资产结构是否合理，即流动资产与非流动资产的比例是否合理。资产结构实际上反映了企业资产的流动性，它不仅关系到企业的偿债能力，也会影响企业的盈利能力。

② 结合营业收入，分析企业的资产周转情况。资产周转速度直接影响企业的盈利能力。如果企业资产周转较慢，就会占用大量资金，导致资金成本增加，企业的利润减少。对资产周转情况，不仅要分析企业总资产周转率，更要分析企业的存货周转率与应收账款周转率，并将其周转情况与资金占用情况结合分析。

总之，从杜邦分析体系可以看出，企业的盈利能力涉及生产经营活动的方方面面。股东权益报酬率与企业的筹资结构、销售规模、成本水平以及资产管理等因素密切相关，这些因素构成了一个完整的系统，而系统内部各因素之间又相互作用。只有协调好系统内部各个因素之间的关系，才能使股东权益报酬率提高，从而实现股东财富最大化的财务管理目标。

10.5.2　Excel在财务综合分析中的应用

1. 运用 Excel 进行财务比率综合评分

以 10.2 节"财务比率分析表"中的数据为例（参见图 10-12）。具体操作步骤如下。

（1）打开该工作簿后，插入一个新的工作表，并将其命名为"财务比率综合评分表"。

（2）选择评价企业财务状况的财务比率。所选择的财务比率要具有全面性、代表性和一致性。根据企业的不同情况，选择合适的财务比率。经过综合考虑，将该企业中有代表性的财务比率分别输入 A3:A11 单元格区域，如图 10-27 所示。

（3）设定评分值。根据各项财务比率的重要程度，确定其标准评分值，即重要性系数，标准评分值的合计数为 100 分。将相关数据输入 B3:B11 单元格区域，如图 10-28 所示。

图 10-27　财务比率综合评分表　　　图 10-28　确定评分值

（4）设定标准值。确定各项财务比率的标准值，即企业现实条件下的最优值。标准值参考同行业的平均水平，并经过调整后确定。分别将标准值输入 C3:C11 单元格区域，如图 10-29 所示。

图 10-29　确定标准值

（5）计算企业在某一定时期内各项财务比率的实际值。这里仍然采用 VLOOKUP 函数进行数据的调用。每个财务比率计算所引用的公式如图 10-30 所示。

	A	B	C	D	E	F
1				财务比率综合评分表		
2	财务比率	评分值	标准值	实际值	关系比率	实际得分
3	流动比率	10	1.62	=VLOOKUP(A3,'财务比率 '!SAS3:SCS21,3,FALSE)		
4	速动比率	10	1.1	=VLOOKUP(A4,'财务比率 '!SAS3:SCS21,3,FALSE)		
5	资产负债率	12	0.43	=VLOOKUP(A5,'财务比率 '!SAS3:SCS21,3,FALSE)		
6	存货周转率	10	6.5	=VLOOKUP(A6,'财务比率 '!SAS3:SCS21,3,FALSE)		
7	应收账款周转率	8	13	=VLOOKUP(A7,'财务比率 '!SAS3:SCS21,3,FALSE)		
8	总资产周转率	10	2.1	=VLOOKUP(A8,'财务比率 '!SAS3:SCS21,3,FALSE)		
9	总资产报酬率	15	0.32	=VLOOKUP(A9,'财务比率 '!SAS3:SCS21,3,FALSE)		
10	净资产收益率	15	0.58	=VLOOKUP(A10,'财务比率 '!SAS3:SCS21,3,FALSE)		
11	营业利润率	10	0.15	=VLOOKUP(A11,'财务比率 '!SAS3:SCS21,3,FALSE)		
12	合计	100				

图 10-30　实际值的调用公式

（6）计算企业在该时期内各项财务比率的实际值与标准值之比，即计算关系比率。单击 E3 单元格，输入计算公式"=D3/C3"。将 E3 单元格中的公式复制到 E4:E11 单元格区域，如图 10-31 所示。

（7）利用关系比率计算出各项财务比率的实际得分。各项财务比率的实际得分是关系比率和评分值的乘积。单击 F3 单元格，输入计算公式"=E3×B3"。将 F3 单元格中所使用的公式复制到 F4:F11 单元格区域，如图 10-32 所示。

	A	B	C	D	E	F
1				财务比率综合评分表		
2	财务比率	评分值	标准值	实际值	关系比率	实际得分
3	流动比率	10	1.62	2.01	1.24	
4	速动比率	10	1.1	0.70	0.63	
5	资产负债率	12	0.43	0.28	0.66	
6	存货周转率	10	6.5	2.70	0.41	
7	应收账款周转率	8	13	16.96	1.30	
8	总资产周转率	10	2.1	0.99	0.47	
9	总资产报酬率	15	0.32	0.21	0.65	
10	净资产收益率	15	0.58	0.20	0.35	
11	营业利润率	10	0.15	0.22	1.48	
12	合计	100				

图 10-31　计算关系比率

	A	B	C	D	E	F
1				财务比率综合评分表		
2	财务比率	评分值	标准值	实际值	关系比率	实际得分
3	流动比率	10	1.62	2.01	1.24	12.42
4	速动比率	10	1.1	0.70	0.63	6.32
5	资产负债率	12	0.43	0.28	0.66	7.89
6	存货周转率	10	6.5	2.70	0.41	4.15
7	应收账款周转率	8	13	16.96	1.30	10.44
8	总资产周转率	10	2.1	0.99	0.47	4.70
9	总资产报酬率	15	0.32	0.21	0.65	9.81
10	净资产收益率	15	0.58	0.20	0.35	5.24
11	营业利润率	10	0.15	0.22	1.48	14.78
12	合计	100				

图 10-32　计算各项财务比率的实际得分

（8）计算总得分。单击 F12 单元格，并单击"求和"按钮 Σ，按 Enter 键后得到合计值。或采用输入计算公式"=SUM(F3:F11)"的方法，得到合计值，结果如图 10-33 所示。

	A	B	C	D	E	F
1				财务比率综合评分表		
2	财务比率	评分值	标准值	实际值	关系比率	实际得分
3	流动比率	10	1.62	2.01	1.24	12.42
4	速动比率	10	1.1	0.70	0.63	6.32
5	资产负债率	12	0.43	0.28	0.66	7.89
6	存货周转率	10	6.5	2.70	0.41	4.15
7	应收账款周转率	8	13	16.96	1.30	10.44
8	总资产周转率	10	2.1	0.99	0.47	4.70
9	总资产报酬率	15	0.32	0.21	0.65	9.81
10	净资产收益率	15	0.58	0.20	0.35	5.24
11	营业利润率	10	0.15	0.22	1.48	14.78
12		100				75.74

财务比率综合
评分表

图 10-33　计算实际得分合计数

如果综合得分等于或接近 100 分，说明其财务状况良好，达到了预先确定的标准；如果综合得分过低，说明其财务状况较差，应该采取措施加以改善；如果综合得分超过 100 分，说明财务状况很理想。

在本例中，该企业的财务比率综合评分为 75.74 分，说明该企业的财务状况不太理想，低于同行平均水平。决策者需要对此财务状况加以分析，了解造成不理想状态的原因，并加以改进。

2. 运用 Excel 进行杜邦分析

下面以某企业为例，借助杜邦分析体系，说明该方法在 Excel 中的应用。具体操作步骤如下。

（1）打开工作簿，建立一个新工作表，并将其命名为"杜邦分析表"，然后输入相关比率及数据，如图10-34所示。

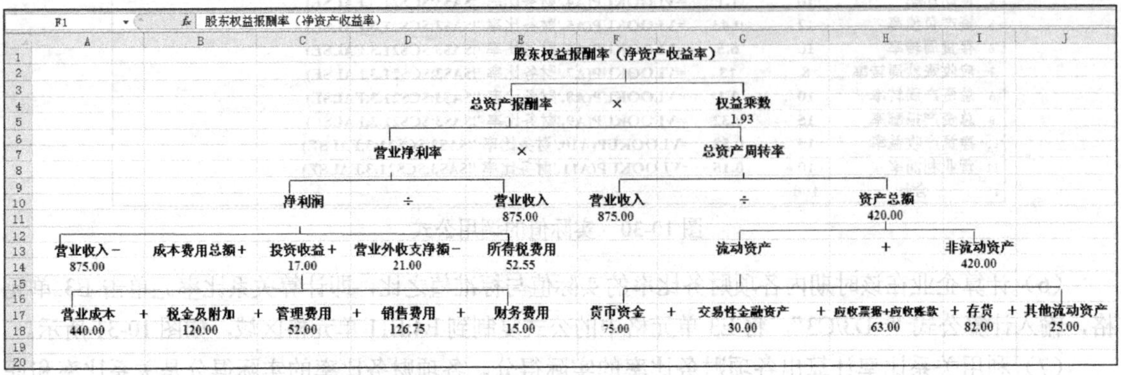

图10-34　杜邦分析法的公式、数据

（2）在图中需要输入公式的单元格中输入相应的公式，如图10-35所示。

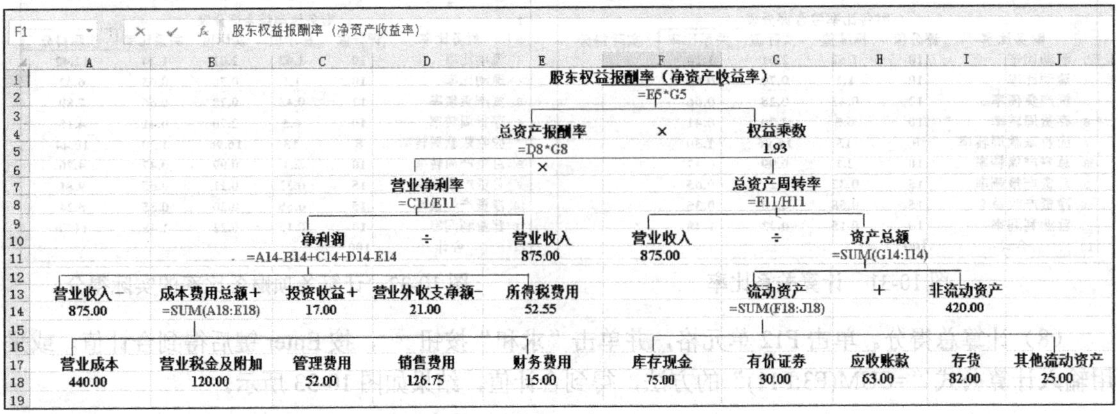

图10-35　杜邦分析法的公式表示

（3）按Enter键显示计算结果，如图10-36所示。

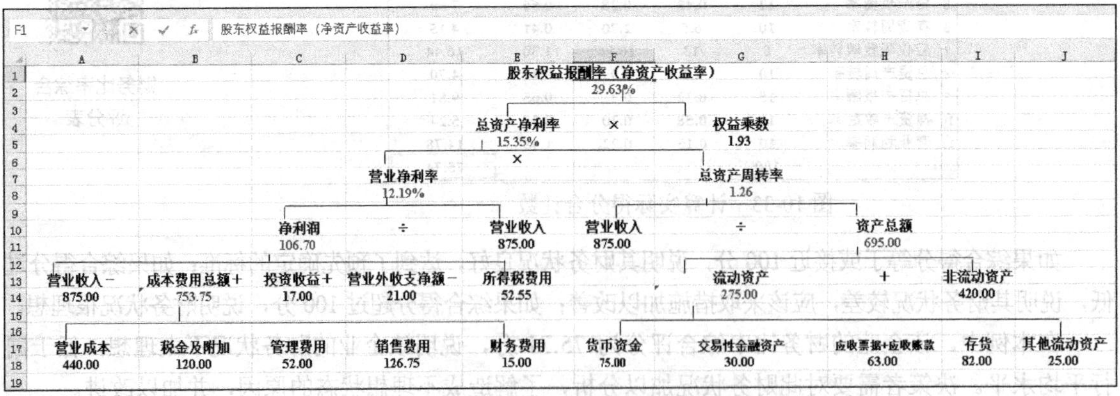

图10-36　杜邦分析法计算结果

思考练习

一、填空题

1. 常用的财务比率可以分为_____比率、_____比率、_____比率、_____比率和_____比率五大类。

2. 设计"标准财务比率分析表",输入常用的财务比率名称后,可以使用_____函数对其他 Excel 工作表中已经计算完成的各个财务比率结果进行查找和引用。

3. 财务综合分析的常用方法有_____和_____。

二、简答题

1. 比率分析法、趋势分析法、比较分析法、综合分析法等不同财务分析方法的分析侧重点有何不同?

2. 如何使用 Excel 进行以上财务分析?

三、上机操作题

(1)资料:某公司有关财务信息如表 10-4 和表 10-5 所示。

表 10-4   利润资料   单位:万元

项目	20×1 年度	20×2 年度
主营业务收入	42 768	48 253
主营业务成本	31 611	34 832
营业毛利	11 157	13 421
销售及管理费用	6 542	7 437
财务费用	960	1 086
营业利润	3 655	4 898
营业外支出	578	506
利润总额	3 077	4 392
所得税费用	936	1 182
净利润	2 141	3 210

表 10-5   资产负债资料   单位:万元

项目	20×1 年 12 月 31 日	20×2 年 12 月 31 日
资产总计	34 753	46 282
长期负债	10 760	18 491
所有者权益合计	12 993	16 793

要求:

① 根据上述资料,计算以下财务比率:销售毛利率、销售净利率、营业利润率、销售净利率、总资产利润率和总资产报酬率。

② 对该企业的盈利能力进行评价。

注意   为简化起见,总资产和长期负债及所有者权益直接使用期末数。

（2）资料：某公司过去 5 年的销售记录如表 10-6 所示。

表 10-6　　　　　　　　　　　　　销售记录

年份	销售额（元）
20×1 年	1 890 532
20×2 年	2 098 490
20×3 年	2 350 308
20×4 年	3 432 000
20×5 年	3 850 000

要求：请对该公司连续 5 年的销售情况做出趋势分析图。

（3）资料：某企业 20×1 年年末资产负债数据（假定全部数据均在表中）如表 10-7 所示。

表 10-7　　　　　　　　　　　资产负债数据　　　　　　　　　　　　单位：万元

资产	年初数	年末数	负债及所有者权益	年初数	年末数
货币资金	1 000	960	短期借款	2 000	2 800
应收账款	?	1 920	应付账款	1 000	800
存货	?	4 400	预收账款	600	200
其他流动资产	0	64	长期借款	4 000	4 000
固定资产	5 790	6 400	所有者权益	5 680	5 944
总计	13 280	13 744	总计	13 280	13 744

补充资料：
① 年初速动比率为 0.75，年初流动比率为 2.08。
② 该企业所在行业的平均流动比率为 2。
③ 该企业为汽车生产厂家，年初存货构成主要为原材料、零配件，年末存货构成主要为产成品（汽车）。

要求：
① 计算该企业年初应收账款、存货项目的金额。
② 计算该企业年末流动比率，并做出初步评价。
③ 分析该企业流动资产的质量，以及短期偿债能力。

（4）资料：已知某企业 20×1 年、20×2 年的有关资料如表 10-8 所示。

表 10-8　　　　　　　　　　　企业相关信息　　　　　　　　　　　单位：万元

项目	20×1 年	20×2 年
营业收入	280	350
全部成本	235	288
其中：销售成本	108	120
管理费用	87	98
财务费用	29	55
销售费用	11	15
利润总额	45	62
所得税费用	15	21
税后净利	30	41

续表

项目	20×1 年	20×2 年
资产总额	128	198
其中：固定资产	59	78
库存现金	21	39
应收账款（平均）	8	14
存　货	40	67
负债总额	55	88

要求：运用杜邦财务分析体系对该企业的股东权益报酬率及其增减变动原因进行分析。

（5）资料：假设某企业所处行业各指标的重要性系数及其标准值和企业的实际值如表 10-9 所示。

表 10-9　　　　　　　　　　　　　重要性系数、实际值和标准值对照

指标	重要性系数	实际值	标准值
营业利润率	0.15	14%	15%
总资产报酬率	0.15	10%	9%
净资产收益率	0.15	13%	12%
资产保值增值率	0.10	9%	8%
资产负债率	0.05	45%	50%
流动比率	0.05	1.7	2
应收账款周转率	0.05	3 次	4.5 次
存货周转率	0.05	2.5 次	3 次
社会贡献率	0.1	18%	20%
社会积累率	0.15	25%	28%
合计	1.0	—	—

要求：运用财务比率综合评分法对该企业的实际财务状况进行评价。

参考文献

[1] 王国胜. Excel 2016 公式与函数辞典[M]. 北京：中国青年出版社，2016.

[2] Excel Home. Excel 2016 函数与公式应用大全[M]. 北京：北京大学出版社，2017.

[3] Excel Home. Excel 2016 应用大全[M]. 北京：北京大学出版社，2018.

[4] Excel Home. Excel 2016 高效办公 会计实务[M]. 北京：人民邮电出版社，2019.

[5] 神龙工作室. Excel 2016 数据处理与分析从入门到精通[M]. 北京：人民邮电出版社，2021.

[6] 周丽媛. Excel 在财务管理中的应用[M]. 大连：东北财经大学出版社，2017.

[7] 刘心军. Excel 财务会计实战应用[M]. 北京：清华大学出版社，2017.

[8] 衣光臻. Excel 在财务会计中的应用[M]. 北京：中国人民大学出版社，2019.

[9] 韩小良. Excel 财务会计常用表单设计案例精讲[M]. 北京：水利水电出版社，2019.

[10] 张敦力. Excel 在财务管理中的应用[M]. 北京：中国人民大学出版社，2019.

[11] 韩良智. Excel 在财务管理中的应用[M]. 北京：清华大学出版社，2020.

[12] 孔令一. Excel 在财务管理中的应用[M]. 上海：立信会计出版社，2020.

[13] 企业会计准则编审委员会. 企业会计准则详解与实务[M]. 北京：人民邮电出版社，2020.

[14] 注册会计师协会. 财务成本管理[M]. 北京：经济科学出版社，2020.

[15] 注册会计师协会. 会计[M]. 北京：中国财政经济出版社，2020.

[16] 财政部. 企业会计准则（合订本）2020 [M]. 北京：经济科学出版社，2020.